A Door to Understanding the Economy

経済認識の扉

Takahashi Nobukatsu
髙橋 信勝

八千代出版

はしがき

　19世紀の前半に，人類に対する情愛の人ジョン・ステュアート・ミルは，人間生活の充実を「生活のアート」の問題として提起した．ケインズに引き継がれるこのミルの発想は，物質的富裕の追求のみが人間の幸福の条件ではないことを物語っている．また，それはミルの停止状態論における労働時間の削減の議論をも併せて考えるとき，今日耳目を集めているワーク・ライフ・バランス論の先駆けであると評価されるであろう．しかし，この「生活のアート」という発想は，基礎的な消費財がある程度充足された状況を暗に想定している点で，逆説的なことに，物質的な富裕の追求の重要性を示唆している．その意味では，今も昔も，経済学の針路は物質的富裕の増進（＝経済成長）であることを，アダム・スミスとともに認めなければならない．もちろん，成長か反成長かという二項対立ではなく，本文で触れるように，経済活動の持続性の視点から，より高い次元での議論の統合が望まれる．

　さて，本書は経済に関する本ではあるが，たとえば，ハロッドやドーマーらの経済成長論の手ほどきを意図した類の経済学の本ではない．経済（学）の概説書あるいは各種テーマごとの入門書，経済学への誘いを謳った文献は，図書館に足を運ぶならば，まさに汗牛充棟の感を免れない．そこで，本書と類書との構成上の違いを述べておきたい．本書では，国民経済における3つの経済主体——企業・家計・政府——の特徴について，経済学に主軸を置きつつ他の学問領域の知見を踏まえて論じる一方，それぞれの社会的責任に論及している．また，本書では，経済についての認識を段階的に深めていくことができるような構成を意図した．

　かのミルは，分配に関する制度の可変性と歴史性を説いたことでも有名である．ミルのテクストの当該箇所を改めて読むと，現存する制度は複数の選択肢のなかの1つにすぎないこと，したがって，現存の制度を足掛かりにして新たな別の制度を構想することの重要性を思い知らされる．本書では，経済について，法を含めたその制度についての言及が相当数を占めるが，制度を知ることの究極の意義はミルが示唆したとおりであろう．さらに本書では，

経済についての見方である経済思想——それを経済「思想」という言葉で表現するのは稚拙であることを承知のうえで——に，若干触れている．Ｕ教授の発想にならいつつ，経済思想についていえば，経済思想そのものを知ることが目的ではなく，それを使って，あるいはそれをとおして変転やむなき経済の現実をつかむことが経済思想に触れる目的であり，意義であろう．

　筆者は，大学生時代に政治学を専攻したが，政治学の根源にある高尚ではあるが人間臭い発想に戸惑いを覚え，それに馴染むことができなかった．しかし，のちに経済思想を再考する視点を政治学から与えられたと感じることは多い．経済活動のみならず，経済の学びにおいても，迂回生産は有益なのかもしれない．とくにそのことを痛感したのは，シスモンディの人口思想に取り組んでいたときであった．シスモンディは，スミスやセーとは異なり，彼と同郷人であるルソーの影響であろうが，経済学の基盤に社会契約論を置いていた．シスモンディから遡って，ルソーの社会契約論を学ぼうとしたときに手に取ったのがＦ教授の政治思想史研究である．その緻密な社会契約論研究からは貴重な示唆を得たことが思い出される．

　かつてスミス経済学の啓蒙書を執筆したＴ教授は，経済学の創設者スミスを，音楽史において広大な展開の可能性を秘めたバッハなる海になぞらえた．言い得て妙である．本書のタイトル「経済認識の扉」は，ケネー研究者として著名であったＳ教授の著書のなかの「経済学の門戸をたたく」という表現から示唆を得たものである．Ｔ教授の発想力にくらべれば，本書のタイトルは実がないかもしれない．しかし，扉の先に経済と経済学に関する膨大な知見があること，実はその知見に至る扉はいくつかあり，どれをひらけばよいのかという迷いが多いこと，そのことが読者に伝わればと願う．筆者自身は，その迷いのなかで１枚の扉を選んだ者たちの１人である．その扉は，「経済の歴史と経済学の歴史」という名の扉であった．読者各自が「経済認識の扉」をひらくうえで，本書が扉のノブをまわす一助になることを願う．

　本書を最初に構想した時期は，いまから15年以上も前に遡る．当時，筆者は「社会経済学」を講義する機会をもったが，そのときの講義内容は本書の各章の随所に生かされている．その後，筆者は「教養としての経済学」を

講義する機会を得て現在に至っている．本書の土台となっているのは，この講義を準備する段階で作成したノート群である．本書の内容は拙いものであるが，これをもって筆者の教育・研究活動を故郷の東北の地で見守り続けている父と母に対しての報告に代えたい．

2019 年 4 月

神田駿河台の研究室にて　　髙橋　信勝

目　　次

はしがき　*i*

第1章　経済活動と経済学 …………………………………………………… *1*
　　　　——自己保存，経済システム，成長志向と成長志向の再考——

1　経済活動とは何か（1）——自己保存と稀少性　*1*

2　経済活動とは何か（2）——生産要素，経済活動，分業と資本の活用　*3*

3　経済活動とは何か（3）——経済問題と経済システム　*5*

4　国民経済における経済主体の区分——企業，家計，政府　*7*

5　経済学の原像を探る（1）——経済の循環と相互依存の認識　*9*

6　経済学の原像を探る（2）——経済学の学際性と成長志向　*12*

7　経済学の原像を探る（3）——成長志向の再考　*13*

8　経済学の有用性——経済学の領域区分をめぐる問題　*16*

第2章　市　場　経　済 …………………………………………………… *21*
　　　　——価格調整メカニズムと資源配分——

1　市場とは何か——経済主体のあいだの交換を可能にするもの　*21*

2　市場経済社会の特徴——私有財産秩序のもとでの自由な経済活動　*22*

3　需要曲線と供給曲線——家計と企業の経済行動の集約　*24*

4　均衡価格と市場の価格調整メカニズム　*25*

5　弾力性——価格変動と需要量・供給量の変動との関係　*26*

6　需要曲線と供給曲線のシフト——与件の変化と均衡点の移動　*28*

7　均衡分析の2つの論じ方——群生する樹木をみるのか森の生態系を
　みるのか　*29*

8　市場による資源配分——有限な資源を過不足なく最適な用途へ　*31*

9　市場の特性——価格は受け入れるものか操作可能なものか　*32*

10　「市場の経済学」と完全競争の想定　*35*

11　市場の限界（1）——「市場の成功」と「市場の失敗」　*36*

12　市場の限界（2）——「市場の成功」のその先にある課題　*38*

第3章　一国経済を全体としてみる …………………………………… *41*
　　　　——GDP，経済成長，景気循環——

1　GDP ——一国の経済活動の大きさを測る基本スケール　*41*

2 名目と実質——価格の変化か生産量の変化か　42

3 ペティの法則——産業の基盤の変化と就業人口の移動　44

4 GDP の国際比較——日本は世界第3位の経済大国　45

5 GNI ——国境を越えた経済活動の把握　46

6 NDP ——経済活動の持続性の考慮　47

7 GDP の三面等価の原則——三面鏡に映る一国の経済活動の全姿　48

8 景気循環—— 一国の経済活動の「体調」の周期的変動　51

第4章　貨幣と金融 …………………………………………………………… 55
——「経済の血液」と経済主体のあいだを結ぶ絆——

1 物々交換と欲望の二重の一致　55

2 貨幣の機能——交換の媒介，価値の尺度，価値の貯蔵　56

3 貨幣と貨幣制度の進化史　58

4 金融——直接金融と間接金融　60

5 金融機関の種類——銀行だけが金融機関ではない　61

6 銀行の主要業務——預金業務，融資業務，決済業務　66

7 通貨と金融の管理者としての日本銀行　68

8 金融政策（1）——公開市場操作と「無担保コールレート（オーバーナイト物)」　71

9 金融政策（2）——ゼロ金利政策後に見出された金融政策の新たな方向性　73

第5章　生産の担い手としての企業 …………………………………………… 77
——市場経済社会の「私器」の性格——

1 企業の本質——財とサービスの供給，利潤の追求　77

2 企業の形態——所有に伴う経営への関与とその稀薄化　78

3 株式会社における「所有と経営」をめぐる問題——株式会社の「三権分立」　81

4 諸刃の剣としての株式市場——大企業の成長と死命を制する巨大市場　84

5 企業間関係——企業集団と企業系列　88

6 企業間関係の性格と企業間関係における管理と事業の分離傾向　91

7 ゴーイング・コンサーンとしての企業とステイクホルダー　94

第6章　家計の機能とその運営 …………………………………………… 99
——収支管理，生活設計，生産者への"protest"——

1　家計の機能——消費主体，貯蓄主体，生命力の再生産の主体　*99*

2　家計と経済のサービス化——家事労働の外部化の進展　*101*

3　家計の管理の意義——収支管理，生活設計，生産者への"protest"　*102*

4　収支項目とその管理——消費と貯蓄のバランス，消費支出項目間の
バランス　*104*

5　生活設計の必要性——家計の構成員の増減と家計支出の変動　*106*

6　生活設計と貯蓄形成——安全性，収益性，流動性　*110*

7　消費者主権の理念と現実——情報の非対称性　*111*

8　生産者への"protest"（1）——消費者の組織化　*113*

9　生産者への"protest"（2）——商品テストと情報発信　*115*

10　消費者行政——消費者問題への政府の取り組み　*118*

11　消費者の自己陶冶とその社会的責任　*121*

第7章　政府の経済活動 ……………………………………………… 125
——非市場的な資源配分と政府の社会的責任——

1　古典派経済学の政府論と政府の活動領域の拡大　*125*

2　財政の機能——資源配分機能，所得再分配機能，景気調整機能　*127*

3　予算——政治的資源配分の管理手段　*129*

4　財政支出——高度経済成長期と今日の比較　*132*

5　租税の本質とスミスの租税原則　*133*

6　租税の種類——日本の租税制度の多様性　*135*

7　租税負担をめぐる問題——所得税，法人税，消費税　*137*

8　均衡財政から赤字財政の容認へ　*141*

第8章　労働問題 …………………………………………………… 145
——少子高齢社会における多元的な共生——

1　少子高齢社会における人口問題　*145*

2　労働力人口——その減少はなぜ望ましくないのか　*146*

3　「就社」——学窓を出て企業へ　*149*

4　失業の区分と対策——摩擦的失業，構造的失業，需要不足失業　*152*

5　賃金の大きさを決める要因　*155*

目　次　*vii*

6 労働者の2つの働き方——正規雇用と非正規雇用 *157*

7 非正規雇用が抱える問題——経済面の不安と結婚への足踏み *159*

8 出産・育児と就業のトレードオフの緩和——育児休業と短時間勤務 *162*

9 少子高齢社会における多元的な共生 *165*

第9章 対外経済 ……………………………………………………… *169*
——国境を越える経済的自由主義——

1 経済学の歴史の起点——重商主義 *169*

2 貿易の必要性——スミス，リカードウ，ヘクシャーとオリーン *170*

3 貿易の構図——垂直貿易と水平貿易 *174*

4 保護貿易の論拠——生産の効率性をあえて度外視する理由 *175*

5 国際収支——対外経済の概略をつかむ *179*

6 為替レート——変動相場制と固定相場制 *182*

7 為替レートを左右する要因——国際収支，購買力，金利，為替介入 *185*

8 日本の貿易の特徴——加工貿易の変質 *187*

9 ブレトン・ウッズ体制の回顧——アメリカという
「リヴァイアサン」 *190*

10 自由貿易の推進主体——GATT と WTO *193*

人名索引 *199*
事項索引 *201*

第1章　経済活動と経済学

——自己保存，経済システム，成長志向と成長志向の再考——

1　経済活動とは何か（1）——自己保存と稀少性

　人間は欲望の動物である．ここで欲望という場合，食べることに代表されるような肉体の維持に必要な最低限の欲望から，人目を引く豪奢なダイヤモンドを身に着けたいという欲望まで，種々様々なものが考えられる．もちろん，食べることでさえも，粗食の段階から舌鼓を打つような食材や料理の段階までを考えることができるから，欲望とその対象の幅は，私たちが想像する以上に広い．このような人間の欲望の多様性を認めたうえで，人間は動物，生きものであるという原点に立ち戻るならば，様々な欲望を満たして「生命力 life force」を維持していくこと，すなわち，「自己保存 self-preservation」は，何にもまして重要であることが分かる．この自己保存を図るには，欲望を充足する手段（財 goods とサービス services）を獲得し，使用しなければならない（消費）．しかし，欲望を満たす手段は，万人が望むだけあらかじめ用意されているわけではない．

　ホッブズ（Thomas Hobbes, 1588-1679）は人間を生きものとして捉え，自己保存を図る人間を想定した[1]．彼はさらに，一定量の財をめぐって自己保存に腐心する人間の熾烈な闘争を，「万人の万人に対する戦争 such a warre [=war], as is of every man, against every man」として描いた（[ ] は引用

---

*　本章の基本文献：竹内啓『現代経済入門』（新世社，2001年），坂井素思『産業社会と消費社会の現代——貨幣経済と不確実な社会変動』（放送大学教育振興会，2003年），塩澤修平『経済学・入門〔第2版〕』（有斐閣，2003年），森田雅憲『入門 経済学』（ミネルヴァ書房，2004年），井堀利宏『入門経済学〔第2版〕』（新世社，2007年）．

1 ）福田歓一『近代政治原理成立史序説（福田歓一著作集第2巻）』（岩波書店，1971年 ［1998年]）228-229頁．

者の補足）[2]．ホッブズにおいては，この闘争を回避するために社会契約が案出されるが，しかし，よくよく考えてみると，この種の闘争へ人間が駆り立てられるのは，財の数量の増加を図るという方向へ議論が展開しないからであった．この論点は，経済学が本来的にもっている成長志向に接続するが，いまはそれを問わない．いずれにせよ，自己保存を図る人間は，必要な財をみずから進んで作り出さなければならない．スミス（Adam Smith, 1723-1790）が『国富論』のなかで指摘したように，消費はあらゆる生産の唯一の目的である[3] 所以はここにある[4]．確かに，スミスのこの言説の前後の文脈は，私益を公益と称して消費者の利益を犠牲にすることを厭わない商工業者，自己の産業の保護を政府に強力に求める商工業者を念頭に置いたものであった．しかし，その点を踏まえてもなお，スミスが生産の最終目的としての消費――きわめて常識的であるが，それゆえに議論が素通りする論点――を確認した意義は大きい．

　ところで，自己保存のために必要な財とは，具体的にどのような性質をもつものであろうか．メンガー（Carl Menger, 1840-1921）は，ある財を我がものとすることができる量とその財の必要量，この2つを比較して，財を「経済財 economic goods」（支配可能量＜必要量）と「非経済財 non-economic goods」（支配可能量＞必要量）に区分した[5]．メンガーのこの量的関係に着目する区分は，今日においても，人が対価を支払わずに思うがままに利用でき

---

2) T. Hobbes, *Leviathan*, edited by R. Tuck, Revised Student Edition, Cambridge University Press, 1651 [1996], pp. 87-88. 永井道雄・上田邦義訳『リヴァイアサン』全2冊（中央公論新社，2009年）第1分冊，170-172頁．当該箇所でみられる「保存」の原語は "conservation" である．

3) A. Smith, *An Inquiry into the Nature and Causes of the Wealth of Nations*, edited by R. H. Campbell, A. S. Skinner and W. B. Todd, Liberty Fund, 1776 [1982], Vol. 2, p. 660. 大河内一男監訳『国富論』全4冊（中央公論新社，2010年）第3分冊，295頁．

4) 「自己保存」の考え方が良しも悪しくも経済学の議論のなかでみられる事例としては，マルサス（Thomas Robert Malthus, 1766-1834）の『人口論』が挙げられる．マルサスは，「自己保存の強力な法則 mighty law of self-preservation」について説いている．T. R. Malthus, *An Essay on the Principle of Population*, in *The Works of Thomas Robert Malthus*, edited by E. A. Wrigley and D. Souden, William Pickering, 1789 [1986], Vol. 1, p. 69. 永井義雄訳『人口論』（中公文庫，1973年）117頁．

る空気のような「自由財 free goods」と，その獲得と利用にさいして何らか
の費用を要する「経済財」という財の区分に受け継がれている．生産の対象
となるのは「経済財」＝有限な財，すなわち，「稀少性 scarcity」という表
現で特徴づけられる財であり，人びとの交換の対象となる．

2　経済活動とは何か（2）——生産要素，経済活動，分業と資本の活用

　私たち人間が単独で，あるいは相互に協力して生産を行う場合に必要なも
のは「生産要素 factors of production」とよばれ，通常は，自然資源を代表
する「土地 land」，機械などの「資本 capital」，働くことが可能な人間の
「労働力 labor force」を指す．これらに加えて，マーシャル（Alfred Marshall,
1842-1924）のように，「組織 organization」を生産要素の1つとして数えあげ
ることも可能である[6]．なお，資本に対して，労働力と土地は「本源的生産
要素 primary factors of production」とよばれる．

　財，すなわち，経済財それ自体が有限であることは先に述べたが，実は，
財を生産するのに必要な生産要素それ自体も有限である．財と生産要素のい
ずれもが有限であるということは，私たち人間は，稀少性の世界に置かれて
いることを意味する．それゆえ，「経済活動 economic activity」の本質は，
限られた資源を無駄なく使用して，自己保存に役立てることにほかならない．

　消費するためには，まず生産しなければならないが，消費された財は再び
生産しなければならない．また，人間の経済活動の全体のなかで，自家生産
＝自家消費が占める比率は社会の規模が大きくなるにつれて低くなるから，
生産されたものを，それを必要とする人びとのあいだで分け合う分配を見落
とすわけにはいかない．経済活動は，本来的に《生産⇒分配⇒消費⇒生産
……》の繰り返しである．しかし，経済活動は，このような繰り返しである
とはいえ，生産それ自体が消費である点に留意する必要がある．生産される

5）C. Menger, *Principles of Economics*, translated by J. Dingwall and B. F. Hoselitz,
　　New York University Press, 1871［1981］, pp. 94-101.　安井琢磨・八木紀一郎訳『国
　　民経済学原理』（日本経済評論社，1999 年）45-52 頁.
6）マーシャルの生産要素論については，橋本昭一「生産要素論」，橋本昭一編著『マー
　　シャル経済学』（ミネルヴァ書房，1990 年）を参照.

第 1 章　経済活動と経済学　　*3*

経済財は，消費者が直接にそれを使用（＝消費）するときには「消費財 consumption goods」とよばれるが，新たな生産のために，たとえば，原材料や機械として使用（＝消費）するときには「生産財 production goods」あるいは「資本財 capital goods」とよばれる．経済財についてのこの区分にもとづいて，人びとが消費財を効率よく生産する方法とは何か，労働の生産性はどのようにして高められるのかを考えてみよう．

　第1の方法は，生産という共通の目的のもとに人びとが相互に協力し合う「分業 division of labor」である．"labor" を "divide" すること，すなわち，労働を分割するというのは，1つの仕事をいくつかの作業工程に分けたのち，各作業工程を専門に担当する人を配置して生産を共同で行うことである．各作業工程を担うのは，かならずしも1人であるとは限らない．複数の人間が同じ作業工程を同時に担当する場合，このような協力の仕方は「協業 cooperation」とよばれる．いま論じている分業は，厳密にいえば，技術的分業であるが，この技術的分業は協業と結びつくことで生産をめぐる協力の効果を飛躍的に高める．技術的分業によって労働の生産性が高まるのは，スミスによれば，①同一作業に特化することによる技能の増進，②ある作業から他の作業へ移るさいの時間的ロスの節約，③機械の発明の促進という3つの要因によって説明できる[7]．

　第2の方法は，生産財＝資本（財）の活用である．資本は，機械や工場設備などの「固定資本 fixed capital」と，原材料や在庫などの「流動資本 circulating capital」の2つに分けられる．先に，労働力と土地は本源的生産要素であると説明したが，資本は，その存在に先行する労働力と土地という生産要素から生産されるがゆえに，その本源性の程度は低い[8]．労働力と土地によって生産された財であると同時に，生産に使用するための財であること

---

7 ）Smith, *Wealth of Nations*, Vol. 1, p. 17.　大河内監訳『国富論』第1分冊，18頁.

8 ）マーシャルの主著『経済学原理』の第4編では，土地に代表される自然，労働，資本，産業組織の順に生産要素が説明されている．この説明の順序は，生産要素の本源性の問題についてのマーシャルの基本認識を示しているものといえよう．A. Marshall, *Principles of Economics*, Unabridged 8th ed., Cosimo, 1890 [2009], p. 116.　永澤越郎訳『経済学原理』全4冊（岩波ブックセンター信山社，1985年）第2分冊，3頁.

が資本の本質である．このような資本のなかでも，固定資本は，消費財の生産量を飛躍的に増加させる．いまコメ作りを考えてみよう．労働力の持ち主である人間が素手で未開の土地を農地に変えて，コメ作りの全作業を素手で行うケースと，まず土地の開拓と稲作に必要な用具類（＝固定資本）を生産し，そのあとで，それらを使用してコメ作りを行うケースとでは，どちらがコメの収穫量は多くなるであろうか．もちろん，後者のケースのほうがコメという消費財の生産量は断然多くなるはずである．本源的生産要素にもとづいて消費財の生産を直接に志向するのではなく，その消費財を効率的に生産するための生産財＝資本（財）をまず生産すること，すなわち，生産の回り道の意義に着目したのがベーム‐バヴェルク（Eugen von Böhm-Bawerk, 1851-1914）であり，このような生産方法は，「迂回生産 roundabout production」とよばれる[9]．以上のように，労働の生産性は，分業と生産財＝資本（財）の活用の2つによって高められる．

3 経済活動とは何か（3）――経済問題と経済システム

前節で説明した経済活動の内容を踏まえて，改めて「経済問題 economic problem」とは何かを考えると，それは，人間の自己保存のための財をいかに用意するのかという問いに集約されよう．この歴史を貫く普遍的な経済問題は，①どのような財をどれだけ生産するのか，②その財を有限な生産要素という制約のもとで，どのような方法により，生産するのか，③その財を誰のために生産するのかという3つの問題に分けることができる．①と②の生産の問題に関連して，生産要素を特定の財の生産に振り向けることは，おのずと他の財の生産の可能性を制約することに留意しよう．また，先に指摘したように，消費はあらゆる生産の唯一の目的である以上，生産された財を誰が使用するのかを問う③の分配の問題は，①と②の生産の問題に劣らず重要である[10]．これらの3つの問題は，「伝統的・慣習的経済 traditional and custmary economy」「指令・計画経済 command and planned economy」

9）馬場啓之助『近代経済学史』（東洋経済新報社，1970 年）102-103 頁．

「市場経済 market economy」という3つの経済システムにもとづいて，その回答を考えることができる[11]．

　伝統的・慣習的経済の場合，問題の解決は，すべて過去の事例の積み重なりのなかに求められる．たとえば，江戸時代に，ある農民がなぜ自分はコメを作らなければならないのかと自問したとしよう．その問いに対する回答は次のようになる．その人の父も母も祖父と祖母もコメを作ってきたがゆえに，自分も先例にならってコメ作りに勤しまなければならず，またそのコメ作りの方法は一家伝来の方法による．予想される最大のコメの収穫量は，その一家伝来の方法（技術水準）によって決まる．さらにコメは，自家消費に充てられるのではなく，武士という支配層のために生産される．この経済システムが支配的な社会は身分が固定化し，職業の選択が制約された社会であり，その意味では，有為な人材を広く経済の発展のために活用できない停滞社会であるといえよう．

　指令・計画経済の場合には，まさに指導者や中央計画機関からの指令が問題をすべて解決するであろう．私たちがどのようなものを口にし，どのような衣服を身に着け，どのような家に住むのか．そのような理想とも願望ともいえかねる計画を実現するために，生産すべき財の種類・数量・生産方法とその分け方を誰かが，あるいはある組織が決定すればよいのである．

　市場経済の場合，指令・計画経済のように，特定の指令を出す人物や組織

---

10) レプケ（Wilhelm Röpke, 1899-1966）などが指摘していた①と②の問題に，③の分配の問題が加えられて，3つの経済問題として人口に膾炙したのはサミュエルソン（Paul Anthony Samuelson, 1915-2009）によってであろう．W. Röpke, *Civitas Humana: A Humane Order of Society*, translated by C. S. Fox, William Hodge, 1944 [1948], p. 4. 喜多村浩訳『ヒューマニズムの経済学——社会改革・経済改革の基本問題〔合冊版〕』（勁草書房，1952年）9頁．P. A. Samuelson and W. D. Nordhaus, *Economics*, 16th ed., McGraw-Hill, 1996, p. 8.『サムエルソン　経済学〔原書第13版〕』全2冊（岩波書店，1992-1993年）上巻，24頁．

11) もちろん，市場経済の場合でも，「伝統と慣習」「指令と計画」の要素が混成している．しかし，本文で述べたように，主要な要素に着目して経済システムを3つに区分したうえで，経済問題を考えることには，それなりの意義がある．経済問題の解決法の特徴については，以下の文献が詳しい．R. L. Heilbroner and W. Milberg, *The Making of Economic Society*, 7th ed., Prentice Hall, 2001, pp. 6-12. 香内力訳『経済社会の興亡』（ピアソン・エデュケーション，2000年）28-39頁．

が強権的に経済活動を統制するわけではない．生産者は消費者が望むものを予測して財を自由に生産し，消費者もまた自分が望む財を自由に購入する．生産者と消費者はともに，財の価格を経済活動の最も重要な参照基準としている．生産者は消費者の欲望に応えなければ見放されるから，生産者はつねに新しい財あるいは既存の財の品質の向上に努めることになる．その点で伝統的・慣習的経済に見出される経済活動の停滞性という難点は，市場経済においては小さい．

4　国民経済における経済主体の区分──企業，家計，政府

財の生産者あるいは消費者というとき，ある人間や組織が果たす特定の機能に着目しているにすぎない．確かに工場で働く労働者は生産者であるが，その労働者は労働力を含めた生命力を維持するために，消費者として様々な財を購入する．いま経済活動の様々な局面で，どのような機能を果たすのかという視点からみると，一国を舞台とする経済活動という演劇の演じ手（経済主体 economic unit）は，「企業 business」「家計 household」「政府 government」の3つになる．

企業とは，財やサービスを生産し，それを販売して利潤を得る経済主体である．企業が生産や販売を行うためには，企業という組織の構成要素，すなわち，人的要素としては労働力が，物的要素としては土地や原材料，機械，工場設備などが必要である．企業は，この2つの要素のうち主に人的要素を家計から調達する．家計の構成員は，生計をともにする個々人である．家計の構成員は，かならずしも家族と同一ではないが，いま便宜上，家族と同等であると想定すると，たとえば，就労前の子どもは，自分で生活の資を稼ぐことはできないから父母の収入によって，共同の消費を行いながら自己保存を図っていることになる．それでは，この家計の収入は，どのようにして得られるのであろうか．父や母が広大な土地や多額の金融資産を有していれば，それを企業に貸し付けて，地代や利子などの収入が得られるかもしれない．しかし，家計の構成員である父や母は，そのような財産とよべるものをもたない場合でも，その労働力を企業に提供することにより，すなわち，企業で

第1章　経済活動と経済学　　*7*

働くことにより，賃金とよばれる収入を得ることができる．働くことの対価として企業から得た賃金は，家計において，様々な財の購入に充てられる．家計は，その収入のすべてを消費に使い尽くすのではなく，生活設計のための貯蓄形成にも充当する．この貯蓄は各家計のレベルでは少額であっても，銀行をはじめとする金融機関に預け入れられると多額のまとまった資金となり，企業に対して貸し出される．

　企業と家計と政府，これら３つの経済主体の相互関係を，三角形を使用して説明してみよう．企業と家計は，三角形の底辺の２つの頂点にそれぞれ位置づけられる．そうすると，政府は，残りの頂点——底辺の真ん中へまっすぐに垂線を引くことができる上部の頂点——に位置づけられるであろう．ただし，一国の経済活動，すなわち，「国民経済 national economy」においては，「民間部門 private sector」を構成する企業と家計が主役であり，「公共部門 public sector」である政府は脇役である．この点を踏まえると，より正確には，三角形は逆三角形として描かなければならない．政府は脇役とはいえ，私有財産秩序の維持に代表されるような，民間部門の活動を支える重要な役割を演じている．他方で，この逆三角形は，一国の経済活動が景気循環の荒波に揉まれる船のように不安定であることをも示す．

　政府は，企業や家計に対して，防衛・警察・消防・教育などの公共サービスを提供し，また民間部門の経済活動を円滑にするために道路・漁港・ダム・公園などの「社会資本 social overhead capital」を整備する．こうした政府の経済活動は，家計からは労働力を購入することで，企業からは財を購入することで可能になる．その主な原資は，政府が企業と家計から強制的に徴収する租税である．

　以上のように，企業と家計と政府をそれぞれの頂点とする逆三角形の内部での様々な経済活動の全体が国民経済とよばれるものであり，その大きさは逆三角形の面積によって表すことができるであろう．今日，日本をはじめとする世界各国の国民経済は，他国の国民経済と貿易のみならず，資本と労働力の移動をつうじて結びつきを強めている．一国の国民経済を論じるさいに，他国の逆三角形の国民経済との貿易をはじめとする経済関係をも視野に入れ

る場合は「開放経済 open economy」とよばれるが，それを視野に入れない場合は「閉鎖経済 closed economy」とよばれる．また，経済学のなかには国家間の経済活動を論じる「国際経済学 international economics」という分野もある．確かに，その議論の内容は外国為替市場の問題のように，国民経済と国民経済を繋ぐあいだの領域を対象とするものが多いが，議論の軸足を国民経済に定めると，その外で展開される "external" な経済活動は「対外経済 foreign economy」として意識しなおされるであろう．さらに，地球環境問題のように，世界各国の国民経済を全体として捉える場合には，「世界経済 world economy」が議論の対象となる．

5　経済学の原像を探る（1）——経済の循環と相互依存の認識

前節では，国民経済における 3 つの経済主体を説明した．経済学の創設者とよばれる人たちは，経済活動の主役たちをどのように捉え，その取引の様子をどのように描いたのであろうか．経済学の原像を探るために，経済学の歴史を垣間みることにしよう．

18 世紀フランスの経済学者ケネー（François Quesnay, 1694-1774）は『経済表』[12] のなかで，「生産階級 classe productive」（農業関係者），「不生産階級 classe stérile」（商工業者），「地主階級 classe des propriétaires」の 3 つの経済主体を想定し，理想的農業王国における経済主体間の取引を活写した [13]．この王国の経済活動の期首には，生産階級は農産物 50 億，地主階級は貨幣 20 億，不生産階級は貨幣 10 億を保有している．経済活動は時の経過ととも

---

12)『経済表』には「原表」「略表」「範式」の 3 つのタイプがあるが，経済学の歴史の概説書では，「経済表の分析」所収の「範式」について説明されることが多い．本節でも先例にならって「範式」を取り上げる．F. Quesnay, *Analyse de la formule arithmétique du tableau économique*, in *Physiocratie: droit naturel, tableau économique et autre textes*, édition établie par J. Cartelier, GF-Flammarion, 1766 [1991], pp. 207-233. 平田清明・井上泰夫訳『ケネー 経済表』（岩波文庫，2013 年）109-146 頁．

13) 一筋縄ではいかない「範式」の合理的な説明については，以下の文献を参照．久保田明光『重農学派経済学——フィジオクラシー』（前野書店，1965 年）72-75 頁．米田昇平「再生産秩序と自由——F. ケネー」，高哲男編『自由と秩序の経済思想史』（名古屋大学出版会，2002 年）43-44 頁．

第 1 章　経済活動と経済学　　*9*

に期末を迎えるが，その期末において3つの経済主体は期首におけるのと同額の財と貨幣をもつ.

2節で生産財＝資本（財）の区分を紹介したが，ケネーの議論のなかでは次のような用語で登場する．生産階級は，農具などの固定資本に相当する「原前払い avances primitives」100億をもち，1年間でその10億が減耗する．ケネーはこの部分を原前払いの「利子 intérêts」とよんだが，今日では「固定資本減耗 consumption of fixed capital」あるいは「減価償却費 depreciation cost」に相当するものである．また，生産階級は流動資本に相当する「年前払い avances annuelles」を，種子や肥料，生産階級の食料などに充てられる農産物20億のかたちでもっている．不生産階級は固定資本をもたず，流動資本を購入するための資金である年前払いの貨幣10億のみをもつ．3つの経済主体間で繰り広げられる取引の関係を，各経済主体の視点から大きく3つに整理してみよう（ローマ数字とダッシュを付したローマ数字の箇所は，各取引の対応関係を示す）.

生産階級は，先に紹介した2種類の前払い，すなわち，固定資本と流動資本によって前の期に農産物50億を生産済みである．このうちの農産物20億は，今期の流動資本として生産階級自身が使用する．したがって，残余の農産物30億が三等分されて，経済主体間の取引の対象となる．第1に，農産物10億が地主によって食料として購入される（Ⅰ）．第2に，不生産階級によって，まず工業用の原材料として農産物10億が（Ⅱ），ついで食料として農産物10億が購入される（Ⅲ）．この3つの取引により，生産階級は農産物30億を貨幣化したことになる．しかし，このうちの貨幣10億は，不生産階級からの工業製品の購入に充てられる（Ⅳ）．この工業製品は固定資本の減耗分の補塡に相当する．残りの貨幣20億は，生産階級が農業を行うために土地を借りていることの対価として，期末に地主階級に地代として支払われる（Ⅴ）．生産階級は，以上のような取引を行いながら，固定資本100億（そのうちの減耗分の補塡10億）と流動資本20億によって農業生産に従事し，農産物50億を期末までに生産することになる．そのうち新たに生産された20億は「純生産物 produit net」とよばれる.

10

地主階級は期首に貨幣20億を保持しているが，それを均等に分けて，生産階級からは食料用の農産物を購入し（I′），不生産階級からは工業製品を購入する（VI）．地主階級は，期末には，生産階級から貨幣20億を地代として受け取る（V′）．

　不生産階級は期首に貨幣10億を保持している．この貨幣10億によって，不生産階級は生産階級から工業用の原材料である農産物を購入し（II′），工業製品20億を生産する．このうち工業製品10億は地主に販売されて，不生産階級は貨幣10億を得るが（VI′），さらにこれを元手にして生産階級から食料用の農産物を購入する（III′）．他方で不生産階級は，残余の工業製品10億を生産階級に販売する（IV′）．この工業製品は，先にみたように生産階級によって固定資本の減耗分の補填のために使用される．不生産階級が期末に保持する貨幣は，この販売の売上げである貨幣10億のみである．この貨幣は念のために確認すると，不生産階級が次期に，工業用の原材料を購入するための資金，不生産階級の年前払いの貨幣10億にほかならない．また，先にみたようにケネーの想定では，純生産物は生産階級においてしか生産されないが，不生産階級は確かに，原材料と食料として使用される合計20億の農産物から工業製品20億を生産したにとどまっており，純生産物は生産していないことになる．

　理想的農業王国では，上記のような経済活動が期間ごとに繰り返されるが，そこでは経済の成長はみられない．なぜならば，ケネーが語ったのは，フランスという農業王国のまさに理想的な，あるいは望みうる最上の状態（成長の限界）だからである．加えて，農業を担う生産階級のみが純生産物をもたらすという想定は妥当ではなく，工業化以前の農業社会における議論の制約を認めなければならない．しかし，そのような問題点があるとしても，ケネーの上記の議論のなかからは経済学の原像が鮮明に浮かび上がってくる．ケネーの『経済表』は，一国の経済活動全体を簡明に描写したものである．ケネーは，様々な仕事に就いている人びとを3つの経済主体に抽象化したうえで，それらの経済主体によって演じられる複雑な経済活動というドラマのなかに規則的に繰り返される本質的な関係性を見出した．そのような意味で，

ケネーは，生産と消費が貨幣によって媒介されつつ絡み合いながら展開していく経済循環の発見者であり，経済循環は各経済主体の単独の経済活動の単なる寄せ集めではないことを鋭く指摘した最初の経済学者であった．経済循環の議論は，相互依存の関係——経済主体間の取引（財の移動と貨幣の移動）——を抜きにしては，語りえないのである．経済循環の継続性あるいはその発展性を探る問題をも含めて，ケネーの『経済表』は経済学が立ち向かうべき課題を後世に残したといえよう．

6　経済学の原像を探る（2）——経済学の学際性と成長志向

　スミスが18世紀半ばからグラスゴー大学で学生に向けて，今日，経済学とよばれるようになった学問を講義し始めたとき，その内容は「道徳哲学 moral philosophy」とよばれる学問の一分野であった．経済学の原像を探るために，今度は，スミスが論じた道徳哲学の構成をみてみよう．それは，①自然神学，②倫理学，③法学，④経済学に相当する内容の4部構成であった[14]．この内容構成をみる限り，道徳哲学とは，総合的な人文・社会科学であったことが分かる．ここでスミスにおける経済学の人間論的基礎や法学の内容を論じる余裕はないが，しかし，彼の学問の体系からは，経済学の後景には倫理学や法学の問題意識が控えていること，またそれらの学問の垣根を意識しつつそれを乗り越えていこうとする姿勢（＝経済学の学際性）が窺われる点だけは指摘しておきたい．スミスは今日，『国富論』を刊行した経済学者として著名であるが，そのスミスは『国富論』の刊行以前に『道徳感情論』と題された倫理学の著作を世に問い，『国富論』刊行後は法学の単著の刊行を目論んでいたのである．

　次に，経済学の生誕を告げた『国富論』の構成をみてみよう[15]．『国富論』は5編構成であり，第1編では分業，価値・価格，所得——3大生産要素で

---

14) 岡田純一『アダム・スミス』（日本経済新聞社，1977年）17-18頁．なお，私たちをスミスの経済学へ誘う好個の文献としては，岡田の前掲書に加えて次のものがある．高島善哉『アダム・スミス』（岩波書店，1968年），田中秀夫『原点探訪——アダム・スミスの足跡』（法律文化社，2002年）．

15) 詳しくは，岡田『アダム・スミス』98-100頁を参照．

ある労働力・資本・土地に対応する賃金・利潤・地代——が，第2編では経済成長が主要テーマとなっている．第3編はヨーロッパの経済の歴史を，第4編は国を豊かにするために政府はどのような考え方で経済活動に関わってきたのか——干渉か自由か——を論じている．最終第5編では，政府支出，租税，政府の借入れである公債が取り上げられる．『国富論』の構成を一瞥すると，経済学の創設者スミスが1冊の書物で経済学の主要テーマを論じ切っていたことが分かる．『国富論』の各編のテーマは，スミスにとっては，1つの課題，すなわち，『国富論』のサブタイトルである「諸国民の富の本質と原因に関する研究」に集約される．経済学の歴史のうえでのこの課題の設定の意義は，ホッブズによって切りひらかれた人びとの自己保存という議論を分業社会という枠組みのなかで財の生産を増やす議論へ，つまり，経済成長を考察する議論へと方向づけたことであった．

　前節ではケネーを，本節ではスミスを取り上げて経済学の原像を説明してきた．ケネーは経済循環の構想と経済的な相互依存の関係を明示した点で，スミスは経済学の針路を物質的富裕の増進（＝経済成長）に見定めた点で，ともに経済学の創設者とよばれるのにふさわしい．私たちは，分業社会に生まれ落ち，その網の目のなかで自己保存のための物質的富裕を追求し続ける．それゆえ，誤解を恐れずにいえば，経済学の原像とは，自己保存を図る人間が織りなす経済的な相互依存の関係と経済成長を考察する学問ということになる．

7　経済学の原像を探る（3）——成長志向の再考

　これまでの説明で経済学の原像の核として，物質的富裕の追求，経済成長志向という点が明らかになった．しかし，経済成長の問題については，もう少し立ち入って考えてみる必要がある．そこで本節では，ミル（John Stuart Mill, 1806-1873）の議論を取り上げてみよう．ミルは『自由論』や『代議制統治論』『功利主義』などの著作を残し，広く人文・社会科学の領域に大きな足跡を残したイギリスの思想家である．ミルの名が経済学の歴史に刻み込まれたのは，1848年に公刊された『経済学原理』によってである．この著作は，

スミスの『国富論』と同じように，今日においても経済を学ぶ者が汲み取るべき貴重な知見に満ちている．ここではミルの「停止状態 stationary state」論に焦点を絞ろう[16]．

　ミルによれば，スミスをはじめとする自分よりも前の経済学者たちは，経済成長のペースが徐々に低下して，結局，成長なき世界に到達することを危惧していた．しかし，ミル自身は，そのような議論とは一線を画して，停止状態の再評価を試みている．ミルのこの再評価の視点とは，いかなるものであろうか．

　第1に，人間と自然との共生という視点が挙げられる．人口が増加すれば，その分だけ食料の増産が必要となり，従来の未耕地は穀物生産のために開拓されるであろう．このように経済活動の拡大を是とする立場からは，従来は手つかずのままであった自然は，またそこに生きる動植物の住処は人間の食料生産のための手段としてしか評価されない．ミルは，このような立場に異を唱えるとともに，独自の対自然観を打ち出す．スミスの認識では，人は分業社会に生まれ落ち，この分業社会の一員として自己保存を図る．しかし，自己保存を図る人間が生の意味をみつめなおす場，一時的とはいえ，そのような場に身を置いて沈思黙考することの重要性をミルは鋭くつく．すなわち，「優美で壮大な自然と向きあう孤独は，思想と大志の揺籃である」（圏点は引用者のもの）[17]．ミルの自然環境への危機意識は，彼のこの対自然観に根差すものであった．

　第2は，人びとの自己保存の内容あるいは質という視点である．スミスが，あらゆる財の「真の価格 real price」とはその財を獲得するための「労苦と骨折り toil and trouble」であると指摘していたように[18]，確かに労働には

───────────────

16) ミルの停止状態論は，ミル研究者を引きつけてやまないテーマの1つである．杉原四郎『J. S. ミルと現代』（岩波書店，1980年），四野宮三郎『J. S. ミル思想の展開1──21世紀へのメッセージ』（御茶の水書房，1997年）を参照．

17) J. S. Mill, *Principles of Political Economy: With Some of Their Applications to Social Philosophy*, in *Collected Works of John Stuart Mill*, edited by J. M. Robson, University of Toronto Press, 1848 [1967], Vol. 3, p. 756. 末永茂喜訳『経済学原理』全5冊（岩波文庫，1959-1963年）第4分冊，108頁．

18) Smith, *Wealth of Nations*, Vol. 1, p. 47. 大河内監訳『国富論』第1分冊，60頁．

「苦」という側面がある．しかし，労働には「快」の側面もある．分業社会のなかで生きる者，たとえば，企業で働く者は，その組織のなかで仕事を達成する喜びや，孤立的な労働とは次元を異にする協働の喜びなどを味わう．だが，この点を踏まえたうえでなお，労働以外の時間をいかに確保し，いかにそれを自己の価値観にもとづいて有意義に過ごすのかという問いかけは重要である．ミルの「生活のアート Art of Living」という発想は，この種の問いかけにほかならない．生産技術の進歩により，産出量を増加することは可能になるが，むしろそのような技術の進歩を労働時間の削減の方向へ活用するならば，労働時間以外のゆとりのある生活時間——自己保存の質を高めるための時間——を働き手は得られるであろう[19]．自己保存の質を高めることは，神谷[20]にならえば，ただ漫然と生の流れに流されるのではなく，「いきがい」をもつ生き方という課題に立ち向かうことであろう．

　以上のように，停止状態を再評価するミルの視点は，スミスが示した経済学の針路＝経済成長志向に再考を迫るものであった．だが，議論を短絡化させないために，ケネーの『経済表』の含意をここで再度振り返ってみたい．『経済表』の範式は，所与の労働力（≒人口）と資源（≒土地の広さと資本）と技術（≒資本集約的な大農法）を前提条件とする理想的農業王国での，最善の経済活動の再生と持続を描いたものであり，その議論のなかでは，すでに経済の成長志向に対する一定の歯止めが暗示されていた．国民経済のレベルから世界経済のレベルに目を転じると，たとえば，環境問題の考察は，世界的規模での経済活動の持続性という論点を明らかに意識したものである．経済成長は望ましいとしても，私たちはその望ましさを手放しで認めることはできない．なぜならば，経済活動の持続性を犠牲にして得られる経済成長は，長期的には人類全体の自己保存を危ういものにしかねないからである．経済活動の持続性のための成長志向の再考という経済学の原像に秘められた光明

---

19) Mill, *Principles of Political Economy*, Vol. 3, p. 756. 末永訳『経済学原理』第4分冊，109頁．
20) 神谷美恵子『生きがいについて（神谷美恵子著作集第1巻）』（みすず書房，1966年[1980年]）14頁．

第1章　経済活動と経済学　　*15*

は，「持続可能な開発 sustainable development」をめぐる議論を照らし出す
うえで役立つように思われる．なお，持続可能な開発の定義は，「環境と開
発に関する世界委員会 WCED (World Commission on Environment and Develop-
ment)」の 1987 年の報告書 *Our Common Future* によれば，次のとおりであ
る．すなわち，「持続可能な開発とは将来世代がそのニーズを満たすための
能力を損なうことなく，現世代のニーズを満たす開発である」[21]．

8　経済学の有用性——経済学の領域区分をめぐる問題

　今日，大学などの高等教育機関には経済学を学部名や学科名に冠した組織
が存在し，そこでは経済学の研究と教育を仕事にする者と，経済学を専攻す
る学生が日々膝をつき合わせてこの学問に取り組んでいる．また，経済学を
専門に教授しない高等教育機関においても，経済学は，社会科学を代表する
「人間教養の学」として，法学や社会学とならんで必修科目としての位置づ
けを与えられることが多い．

　ところで，経済学を学ぶ意義とは何であろうか．これは経済学の有用性の
問題であるが，この問題を考える前に，経済学の社会的認知と専門化につい
てみておきたい．ここでも経済学の歴史は，議論の糸口を私たちに与えてく
れる．

　『経済表』の著者ケネーは，前半生を外科医として過ごした[22]．ケネーは，
いわばフランス経済の再建策という処方箋を求めて，フランス経済の病理を
明らかにすべく，経済の正常な状態——財と貨幣の取引の順調な連鎖——に
ついて考察した[23]．しかし，ケネーは，フランスの民衆に向けて経済学的
な議論を発信したわけではなかった．『経済表』とそれに関連する経済政策

---

21)　太田宏「持続可能な開発のメルクマール——持続可能性の目標と指標」，日本国際連
　　合学会編『国連研究』第 7 号（国際書院，2006 年 5 月）14-15 頁，35 頁注 8.
22)　ポンパドゥール夫人（Madame de Pompadour, 1721-1764）の侍医，ついでルイ 15
　　世（Louis XV, 1710-1774）の侍医となったケネーは，ヴェルサイユ宮殿に一室を与
　　えられ，フランスの政治・経済の実情に精通するようになる．ケネーの生涯について
　　は，関末代策『F. ケネー——生涯と思想』（文雅堂銀行研究社，1973 年）の「前編
　　フランスア・ケネーの生涯」が詳しい．

の提言は，為政者，すなわち，当時のフランス国王ルイ 15 世および支配階級である貴族層を対象としたものであった．他方で，スミスにとっての経済学は，国民を富裕にすると同時に，政府の活動のための十分な財源を確保するという二重の目的をもつ学問であった．スミスにおいては，経済学を学ぶべき者は「政治家あるいは立法者」であった[24]．このように，経済学を為政者の学問とみる経済学観は，フランスの古典派経済学者セー（Jean-Baptiste Say, 1767-1832）において 1 つの転機を迎える．セーによれば，人びとの努力の成果である種々の財を享受するのは，まさしく各個人であるから，経済学は万人にとっての関心事となる[25]．セーが経済学入門の執筆に腐心したのは，経済学を国民一般が学ぶべき学問として広く紹介し，その社会的認知を高めるためであった．

　経済学の社会的認知をめざした制度化は，一朝一夕にしてなったわけではない．経済学の創設者と目されるスミスが担当したのは，先にみたように道徳哲学の講座であった．イギリスの高等教育機関において，経済学の講座を担当した最初期の経済学者はマルサスであった．南によれば，1805 年にマルサスは，東インド会社の幹部養成校東インド学校の近代史および経済学の教授職に就いた[26]．だが，経済学の制度化については，大学をはじめとする教育・研究組織における専門職の出現のみでは語り尽くせないものがある．経済学の制度化は，経済学者が集う研究会や学会の創立，専門雑誌の創刊，あるいは議会などの公の場での討論において経済学的な思考にもとづく議論が戦わされていくことなど，多方面で進んできた．

23）ケネーが一国の経済循環の構想を得たのは，ハーヴェーの血液循環図（1628 年）かではないかとの評価がある．文献史的確証は得られないとはいえ，興味深い解釈である．なお，『経済表』を医学や血液循環との類推で読み解くことに慎重な研究者もいる．渡辺輝雄『創設者の経済学（渡辺輝雄経済学史著作集第 1 巻）』（日本経済評論社，1961 年［2000 年］）335-339 頁．

24）Smith, *Wealth of Nations*, Vol. 2, p. 428. 大河内監訳『国富論』第 2 分冊，267 頁．

25）J.-B. Say, *Catéchisme d'économie politique, ou instruction familière qui montre de quelle façon les richesses sont produites, distribuées et consommées dans la société*, 2ᵉ éd., GF-Flammarion, 1821 [1996], p. 309. 堀経夫・橋本比登志訳『経済学問答』（現代書館，1967 年）7 頁．

26）南亮三郎『マルサス評伝――その生誕 200 年の記念に』（千倉書房，1966 年）43-45 頁．

しかし，この経済学の制度化は，社会的認知を得る過程で専門分化を伴う[27]．財の生産において分業が有益であるように，学問の領域においても分業は確かに有益である．経済学については，「経済理論 economic theory」「経済史 economic history」「経済政策 economic policy」という３つの領域に大別して，それぞれの研究・教育の意義が説かれることが多い．経済活動の様々な事実を対象とし，そのあり様や変化について規則性を見出そうとするのが経済理論であり，規則性よりは事実のもつ特殊性の重みに留意して過ぎ去った経済活動の流れを追うのが経済史である．これに対して，経済政策は，経済活動の現状の難点を経済理論や経済史の知見にもとづいて明らかにしたうえで，その将来の改善をめざす．このような意味での経済学における分業と統合という視点からみると，経済理論と経済史は，経済政策のしもべということになるであろう．経済学の原像において触れたように，一国の富裕の持続的な増進は，経済学が生まれながらにして，みずからに課した課題であった[28]．ただし，経済学の研究・教育における専門分化＝役割分担は，人びとの物質的富裕の増進に資する限りで，社会の理解や信認を得られるにすぎない．表現をかえていえば，経済理論，経済史，経済政策という３つの領域の内部での行きすぎた細分化は，分業の利益をもたらす統合を阻みかねない[29]．

　私たちは，分業社会のなかに生まれ落ち，この分業社会のなかで各自の経済的役割を果たしながら自己保存を図り，なおかつその自己保存の質を高め

---

27) この問題については，たとえば，いわば世界中の経済学者たちにとっての経済学の模範国アメリカを取り上げた佐和の議論が興味深い．佐和隆光『経済学とは何だろうか』（岩波書店，1982 年）の「制度化された経済学——1950 年 – 60 年代のアメリカ」を参照．

28) 経済理論，経済史，経済政策の３つの領域区分に関して，「経済学の発生史的性格としての実践性」（圏点は引用者のもの）を強調する興味深い議論については，大石泰彦「総論——近代経済学とは何か」，大石泰彦編『現代経済学入門〔増補改訂版〕』（有斐閣，1973 年）23-24 頁を参照．

29) もちろん，問われるべきことは社会科学の，あるいはそのなかの１つである経済学の細分化そのものではなく，内田によれば，「専門の学問を結び合わせる総合の場がなぜないのか，どう設定すればいいのか」（圏点は引用者のもの）という点であるが，その問いへの答えは容易には見出しがたい．内田義彦『生きること学ぶこと〔新版〕』（藤原書店，2004 年）136 頁．

ていこうとしてやまない生きものである。このことを私たちは、スミスやミルとともに認めなければならない。この分業社会は、市場経済社会化したことにより、その生産力を飛躍的に高めてきた。この分業社会＝市場経済社会の仕組みや、その背後にある考え方をこの社会に生きる者が知ることは、その立ち向かうべき問題の所在についての気づきをとおして、その改善のための声を上げることに繋がるに違いない。経済学が「人間教養の学」として学ぶに値する学問である所以はそこにある。また、経済学の専門分化した海で針路を見失うことなく、経済学の学びをすすめるためには、経済学の３つの領域を重ね合わせようとする姿勢が絶えず問われる。

第2章 市場経済
——価格調整メカニズムと資源配分——

1 市場とは何か——経済主体のあいだの交換を可能にするもの

「市場」という言葉には，日本語では2通りの読み方がある．「いちば」と読む場合と「しじょう」と読む場合である．第1章で述べた経済学の領域区分を想起すると，経済史では中世ヨーロッパにおける定期祭市に関する知見に接することができる[1]．私たちの日常生活においても「いちば」と読むときは，水産物などの生鮮食料品が取引される特定の場所を指すことが多い．そこでは「せり」が行われ，取引される財について最も高い価格を提示した者がその財の買い手となる．

しかし，経済学で，そのなかでも経済理論において議論の対象となる「しじょう」は具体的な取引の場所に限定されない．間宮によれば，「いちば」は「具体的な場所」を指すのに対して，「どこか抽象的で場所性も希薄になっている」のが「しじょう」である（圏点は引用者のもの）[2]．また，のちに説明するように，その「しじょう」では市場需要曲線が個々の家計の需要量を合算して導かれるように，個々の家計の具体的な取引内容が問題になるわけではない．経済学で議論の対象となる市場とは，財やサービスの取引，さ

---

* 本章の基本文献：井堀利宏『入門ミクロ経済学〔第2版〕』（新世社，2004年），清野一治『ミクロ経済学入門』（日本評論社，2006年），佐々木宏夫『ミクロ経済学』（新世社，2008年），武隈慎一『ミクロ経済学〔新版〕』（新世社，2016年），伊藤元重『ミクロ経済学〔第3版〕』（日本評論社，2018年）．

1) 11世紀から13世紀のフランスでは，パリ東南部に位置するシャンパーニュ地方の定期祭市がとくに有名であった．この地方では，年初のラニーから始まってトロアイユで終わる6つの定期祭市が各6週間ずつ開かれた．森本矗「封建経済の崩壊」，加勢田博編『概説 西洋経済史』（昭和堂，1996年）35-36頁．

2) 間宮陽介『市場社会の思想史——「自由」をどう解釈するか』（中央公論新社，1999年）2頁．

21

らにはそれらを生産するのに必要な生産要素の取引を望む家計や企業が，需要者側と供給者側に分かれて対峙し，価格を指針として形成する関わり合いの総体である．そのような関わり合いの総体である市場は，インターネットでの取引のように空間の制約に縛られない．「経済主体間の財の交換を可能にすること」[3]，この機能が見出されれば，私たちはその財について市場を語ることができる．

　家計と企業が何を市場において取引するのかという視点から市場を大別すると，「生産物市場 product market」と「生産要素市場 factor market」の2つに分けることができる．企業によって生産された財が売買される生産物市場では，企業と企業のあいだでの取引もあるとはいえ，需要者としては家計，供給者としてはもちろん企業が想定されている．これに対して，生産要素市場とは生産要素が売買される市場であり，この市場では，逆に需要者としては企業，供給者としては家計が想定される．生産物市場については具体的に特定の財の取引が行われる市場を，また生産要素市場についても特定の生産要素，たとえば，労働力が取引される「労働市場 labor market」などを考えることができる．

2　市場経済社会の特徴——私有財産秩序のもとでの自由な経済活動

　前章で論じた「経済問題」に回答を与える仕組みとして，基本的に市場経済が支配的になっている社会が「市場経済社会 market economy society」である．この市場経済社会の制度的基盤は私有財産秩序であり，この秩序は法と政府によって維持される[4]．私有財産秩序のもとでは生産要素は誰かに帰属しており，また経済活動に対する生産要素の貢献の対価として支払われる報酬はその要素所有者のものになる．生産要素の所有者は自分のものを可

3）武隈『ミクロ経済学〔新版〕』5頁.
4）スミスは，経済活動にとっての私有財産秩序の意義を次のように指摘している．「商業や製造業は，正規の司法行政が行われず，国民が自分の財産の所有について不安を感じ，契約の信義が法律によって保障されず，国家の権威が支払能力のあるすべての人びとに，債務の支払いを強制するよう，つねに正しく行使されるものと考えられていない国家では，久しく栄えることはとうていありえない」．Smith, *Wealth of Nations*, Vol. 2, p. 910. 大河内監訳『国富論』第4分冊，284頁.

能な限り有効に活用しようとするはずであり（経済人 homo economicus の想定），どの企業で働くのか，どの企業に土地を貸与するのかといった用途を決めるのは要素所有者本人である．このことは，次に述べる経済活動の自由の問題にも関わるが，市場経済社会では経済活動のあらゆる局面において人びとの自主的な意思決定が基本となっている[5]．

　市場経済社会の最大の特徴は，経済活動の自由である．企業は誰からも命令されることなく自由に生産し，家計もまた財の選択を誰かによって強制されることなく，財を自由に購入し，消費することができる．他方で市場経済社会は，経済活動が自由であるがゆえに競争社会でもある．企業は確かに自由に財を生産することができるが，どのような財を生産するのかについては市場の動向に敏感でなければならない（消費者主権 consumer sovereignty）．第5章でみるように，企業とは利潤を追求する組織であるから，企業間では消費者あるいは家計が求める財の生産と販売をめぐって絶えず利潤獲得競争が行われている．企業はまた，良質な労働力の提供者の確保をめぐって競争するが，労働者のあいだでも働き口や昇進をめぐる競争があり，労働者は「エンプロイアビリティ employability」（雇用に値する能力）を高めなければ失業の憂き目をみるであろう．以上のように，市場経済社会は自主性を重んじる自由な競争社会であるため，経済的な勝者と敗者という色分けが鮮明になる自己責任の社会でもある．

　市場経済社会では，多種多様な財の生産と消費のつり合いは，カオスと見まがえるような個々の企業と家計双方の相互作用によって調整される．個々の企業と家計が注視するのは市場での価格の動きであり，この価格こそが稀少な資源を各種の用途に過不足なく配分するメカニズムの心髄である．企業にとっては，財の価格が高いということは家計がその財を希求しているという情報と同じ意味であるから，企業はその財の増産を図るであろう．逆に財の価格が低すぎて利潤を確保できない企業は減産を迫られ，増産のために新たな生産要素を必要としている企業へ資源は配分しなおされることになる．

5）坂井『産業社会と消費社会の現代』81-82頁．

以上のように，市場経済社会では，経済活動は基本的に市場を意識して，あるいは価格を参照基準として営まれる．しかし，市場は後述するように，機能不全に陥ることがあるため，今日の市場経済社会の実相は政府が経済活動に介入する混合経済の社会である．

いま指摘したような市場経済社会の特徴を念頭に置きながら，次節以下では，市場経済の働きを理解するために需要と供給と価格について略説したのち，資源配分の問題を論じる．

3　需要曲線と供給曲線──家計と企業の経済行動の集約

財やサービスの特定の価格に対応する購入量を「需要量 quantity demanded」とよぶが，その価格の変化と家計の需要量の変化とのあいだには，どのような関係があるのだろうか（以下では財のみについて考える）．家計はその限られた収入という制約のもとでは，一般に財の価格が高ければ需要量を減らし，価格が安ければ需要量を増やす．ある家計における財 A の各価格に対応する需要量の組み合わせを示す軌跡は，財 A の個別需要曲線とよばれる．これを社会集団の全体について考えると，各家計の価格別の需要量を合算して描かれる軌跡，すなわち，財 A の「市場需要曲線 market demand curve」が得られる．この市場需要曲線は価格を縦軸に，需要量を横軸にとると右下がりとなる（以下では「需要曲線」と略記する）．

また，ある価格に対応する財の販売量は「供給量 quantity supplied」とよばれるが，利潤を追求する企業は，一般に財の価格が高ければ供給量を増やし，価格が安ければ供給量を減らす．供給についても，企業ごとの財 A の価格と供給量の組み合わせである個別供給曲線と，社会集団全体を対象とする財 A の「市場供給曲線 market supply curve」を求めることができる．この市場供給曲線は価格を縦軸に，供給量を横軸にとると右上がりとなる（以下では「供給曲線」と略記する）．

家計の需要曲線は財を消費する主体としての家計の経済行動を，また企業の供給曲線は財を生産する主体としての企業の経済行動を抽象化して示した

ものである[6]．家計と企業にとっては，スミスが着目したように「利己心 private interest」が行動原理であり，「価格」は行動の指針なのである．

4 均衡価格と市場の価格調整メカニズム

前節において，様々な財のなかで特定の財 A について価格と需要量，価格と供給量の関係を考えた．この財 A が売買される市場の様子を考察するには，その需要曲線と供給曲線を 1 つの図——価格を縦軸，取引量を横軸にとった L 字の図——のなかに書き込んでみればよい．需要曲線と供給曲線はある 1 点において交わるはずであるが，この交点を E としよう．2 つの曲線が交わるということは，需要量と供給量がこの E で一致していることを意味する．このときの市場の状態が「均衡 equilibrium」であり，E は需給均衡点とよばれる．また E に対応する価格 P^* が「均衡価格 equilibrium price」であり，取引量 Q^* が「均衡取引量 equilibrium quantity」である．

いま需要曲線と供給曲線を 1 つの図のなかで表し，市場における均衡を即座に確認することができたが，市場での取引の様子を描写する場合には，家計の側も企業の側も価格を指針として，結局，E に辿り着くというように表現するのが妥当である．以下では，均衡価格よりも価格が高い場合（ケース①）と低い場合（ケース②）について市場の価格調整の様子を考える[7]．この市場の調整のエッセンスは，価格を市場参加者である家計と企業に指し示す「せり人」がいるかのごとく想定し，あたかもそのみえざるせり人の手によって価格の変更が市場参加者に周知される点であり，さらにその価格の変更を指針としながら需要と供給をめぐる経済行動を家計と企業が変えていく点である．

さて，ケース①として価格 P_1 を考えよう．縦軸上の P_1 から右方向へ水平に線を引いていくと，まず需要曲線と交差し，ついで供給曲線と交差する．

6）篠原総一「市場と価格の決まり方」，篠原総一・野間敏克・入谷純『初歩から学ぶ経済入門——経済学の考え方』（有斐閣，1998 年）21-23 頁．
7）篠原「市場と価格の決まり方」，篠原・野間・入谷『初歩から学ぶ経済入門』25-26 頁，井堀利宏『入門経済学〔第 2 版〕』（新世社，2007 年）143-144 頁．

第 2 章 市場経済 *25*

それぞれ交差した点から今度は横軸へ向かって下に垂線を引いていくと，原点Oからの横軸上の距離によって測られる P_1 に対応する需要量は，供給量よりも少ないことが分かる（超過供給 excess supply）．ここで，みえざるせり人の手の働きにより，市場での取引に参加している家計と企業に対して価格の引下げが伝えられると，「利己心」にもとづいて行動する企業は供給量を減らしていく一方，家計は需要量を増やしていく．その結果，超過供給の状態は価格の低下につれて均衡に近づいていく．

次に，ケース②として価格 P_2 を考える．P_1 のときと同じように，P_2 から右方向へ水平に線を引いていき，供給曲線と需要曲線と交わるそれぞれの点から垂線を下ろす．そうすると，P_2 に対応する需要量は供給量よりも多いことが分かる（超過需要 excess demand）．このケース②では，みえざるせり人の手の働きにより，市場参加者に対して価格の引上げが伝えられる．企業は供給量を増やしていくが，家計は需要量を減らしていく．結局，超過需要の状態は価格の上昇とともに解消されて均衡に至る．

再度確認すると，超過供給と超過需要は価格の低下と上昇により，おのずと解消の方向へと導かれて，E点において需要と供給は一致する．以上のように均衡をもたらす市場経済のメカニズムが「市場の価格調整メカニズム」とよばれるものである．

5　弾力性——価格変動と需要量・供給量の変動との関係

ある財の価格が低下（上昇）すれば，家計の需要量は増加（減少）する．この関係を表すのが右下がりの需要曲線であった．しかし，このように右下がりという場合，需要曲線の傾き加減は，市場で取引されるあらゆる種類の財についてまったく同じであるといえるのであろうか．答えは否である．市場で取引される財のなかには，価格の小さい変動が需要量の大きな変動をもたらす財もあれば，逆に価格の変動幅にくらべて需要量の増減幅が小さい財もある．マーシャルは，価格の変動によって引き起こされる需要の変動の程度を考えるために，「需要の価格弾力性 price elasticity of demand」という考え方を提起した．マーシャルによれば，需要の価格弾力性は，「価格の一定

の下落に対して需要量が大幅に増大するのか小幅にしか増大しないのか，ま
た価格の一定の上昇に対して大幅に減少するのか小幅にしか減少しないのか
におうじて大きくもあれば小さくもある」[8].

　ある財の需要の価格弾力性は，「需要の変化率÷価格の変化率」で求めら
れる[9]. 通常，価格と需要は相反関係にあるが，数値の大小を確認するため
に絶対値で示す．上記の計算式によると，たとえば，財Bの価格が5%低下
したときに，需要が15%増加するならば需要の価格弾力性は3（←15÷5）と
なる．また財Cの価格が5%低下したときの需要の増加が4%である場合，
需要の価格弾力性は0.8（←4÷5）である．財Bのように数値が1よりも大
きければ，「需要の価格弾力性は大きい」あるいは「弾力的である」と表現
し，数値が財Cのように1よりも小さい場合は，「需要の価格弾力性は小さ
い」あるいは「非弾力的である」と表現する．

　財Bは，価格の変動が需要量の大きな変動をもたらす財であり，その需
要曲線の傾きは緩やかである．このような価格弾力性の大きい財の例として
は，ダイヤモンドのような贅沢品を挙げることができる．他方で，財Cは,
価格の変動が需要量の小さな変動をもたらすにすぎない財であり，その需要
曲線の傾きは急である．価格弾力性の小さいCのような財は，毎日，口に
する水や塩，コメなどの生活必需品である．需要量の変動が価格の変動にあ
まり左右されない財とは，日々の生活で欠かすことができない財ということ
になる．家計でつねに一定量が消費される財の場合，価格の上昇に応じて購
入量を即削減するという調整は難しく，逆にその価格の低下は購入量の大幅
な増加を促すとは考えられない．ただし，コメについては，たとえば，パン
を代わりに購入するという選択肢があるのに対し，水と塩は代わりうる財を
考えにくく，その分，需要の価格弾力性はコメよりも小さくなる．

8）Marshall, *Principles of Economics*, p. 86. 永澤訳『経済学原理』第1分冊，150-
　151頁．なお，マーシャル自身は『経済学原理』の当該箇所では，「1つの市場にお
　ける需要の弾力性（あるいは感応性）*elasticity* (or *responsiveness*) *of demand* in a
　market」（イタリックによる強調はマーシャルのもの）と表現している．
9）需要と供給，それぞれの価格弾力性の詳細については，井堀『入門経済学〔第2
　版〕』52-53頁，伊藤『ミクロ経済学〔第3版〕』48-53頁，86-87頁を参照．

第2章　市場経済　　*27*

財の価格変動は企業の供給量の変動にも影響を及ぼす．その影響の程度を示すのが「供給の価格弾力性 price elasticity of supply」であり，「供給の変化率÷価格の変化率」によって求められる．たとえば，財 D の価格が 5 % 低下したときに，その供給が 10 % 増加するとしよう．財 D の供給の価格弾力性は 2（← 10 ÷ 5）となる．このように 1 よりも数値が大きければ「供給の価格弾力性は大きい」あるいは「弾力的である」と表現する．ある財の価格の小さな変動に伴って供給量が大きく変動するということは，その財の右上がりの供給曲線の傾きが緩やかであることを意味する．大規模な製造業企業が価格の上昇に対応して，財 D のように供給を増加することが可能な場合，その財の供給曲線は水平に近いものとなる．他方で，財 E について，その価格が 5 % 低下したときに供給が 1 % 増加するならば，供給の価格弾力性は 0.2（← 1 ÷ 5）であり，1 よりも小さい．この場合は「供給の価格弾力性は小さい」あるいは「非弾力的である」と表現する．価格の変動が供給量の小さな変動しかもたらさないということは，傾きが急な供給曲線を描くことで示される．供給が非弾力的な財 E の事例としては，鮮魚などの生鮮食料品が挙げられる．

6　需要曲線と供給曲線のシフト──与件の変化と均衡点の移動

　前節までは，需要量と供給量の変化について，価格との関連で説明してきた．すなわち，ある財についての家計と企業の経済行動を，その財の需要曲線（価格の変化に対応する需要量の変化）と供給曲線（価格の変化に対応する供給量の変化）に集約して議論してきた．しかし，需要量と供給量に影響を及ぼすのは，実は，当該の財の価格だけではない．

　ある財の需要を変化させる要因としては，当該の財の価格以外に，他の財の価格，所得，嗜好などがある．財 A がサンマ，このサンマと競合する財 F がイワシであるとしよう（代替財 substitutional goods のケース）．何らかの理由でイワシの漁獲高が大幅に減少し，イワシの価格が上昇するならば，人びとはイワシに代わりうる大衆魚であるサンマの需要量を増やすかもしれない．また，日常生活を送るのに不自由を感じない健康を維持しつづけることの重

要性が人びとに認識されて，「健康寿命 healthy life expectancy」への関心が高まるなかで，動脈硬化を予防する脂肪分がサンマに多く含まれているという研究成果が公表されたとしよう．この場合にもサンマに対する需要量は増加するかもしれない．以上のように，財Fの価格の上昇や嗜好の変化を理由とする財Aの需要の増加は，需要曲線の右上方へのシフトによって表される．なお，再度確認するならば，財Aの価格変化に対応する需要量の変化は需要曲線上の位置の変化であるのに対して，いま説明したのは財Aの需要曲線それ自体のシフトである．

　財の供給についても，それを変化させる要因は当該の財の価格に限られず，それ以外に，原材料などの生産要素の価格や技術の進歩などを挙げることができる．今度は，財Aを，サンマを入れる発泡スチロール製の箱であると仮定しよう．箱の生産コストを引き下げるプロセスイノベーションの普及は箱の供給量を増やすであろうが，このような供給の増加は，供給曲線の右下方へのシフトによって表される．これに対して，箱の原材料となる石油の価格が上昇する場合，箱の供給量は減少するであろう．これは供給曲線の左上方へのシフトによって表されるが，財の価格変化に対応する供給曲線上の位置の変化とは異なる．

　さらに需要曲線と供給曲線が同時にシフトする場合も考えられる．いずれにせよ，重要なのは，これらのシフトの組み合わせによって，当初説明した財Aの均衡点および均衡価格が移動するという点である．4節で財Aの均衡価格を説明したが，そのときの説明では，本節で問題にした需要曲線と供給曲線をシフトさせる要因を変化しないもの，すなわち，所与のものとして前提に置いていたのである．

7　均衡分析の2つの論じ方——群生する樹木をみるのか森の生態系をみるのか

　均衡の説明には2つの論じ方がある．第1の論じ方は，1つの財の市場だけを問題にして需要と供給の均衡を議論する方法であり，「部分均衡分析 partial equilibrium analysis」とよばれる．この方法はマーシャルによって均衡分析のなかに導入されたが，本章でこれまで取り上げてきた財Aにつ

第2章　市場経済　*29*

いての均衡の説明は，実は部分均衡分析であった．たとえていうならば，森のなかの群生する樹木に照準を絞るのが部分均衡分析である．しかし，現実の経済活動は様々な要因が相互に影響し合っており，財 A の価格の動きを詳細にみていこうとするならば，財 A と関連をもつ財 F を含めた多数の財の価格変動や，さらに財 A を生産するのに必要な生産要素 G（原材料に加えて労働など）の価格変動をも視野に入れる必要がある．このように，視野を個別の財の市場から一挙にすべての市場へ拡大し，需要・供給・価格の市場間の相互の依存関係を踏まえたうえで，すべての市場における需要と供給の均衡を議論する方法が「一般均衡分析 general equilibrium analysis」である．この一般均衡分析は，森の生態系を総合的に理解しようとする姿勢につうじるものがある．森は確かに樹木が生い茂っている場所ではある．しかし，その樹木にもスギをはじめとして様々な種類があり，さらにその特定の種類の樹木の生育に影響を及ぼす自然環境の要因は数え上げればきりがない．経済全体を見渡す一般均衡という考え方の想源は，第 1 章で説明したようにケネーの『経済表』にまで遡ることができるが，この一般均衡を数学の手法を用いて示すという功績を残したのはワルラス（Marie Esprit Léon Walras, 1834-1910）である [10]．

　なお，部分均衡分析における与件の変化の議論，たとえば，財 A の生産要素である財 G の価格の変化がもたらす財 A の均衡点の移動は，確かにある財と他の財とのあいだの関係に着目したものであるが，それは一般均衡分析の議論ではないことに留意する必要がある．部分均衡分析の要諦は，市場相互間の影響関係の連鎖を断ち切るために，特定の財の市場を対象とする点にある．前節の議論の運び方から分かるように，あくまでも与件の変化，すなわち，財 G の価格の変化がもたらす財 A の価格の変化が問題なのであり，

10）ワルラスの主著は，1874 年から 1877 年にかけて刊行された『純粋経済学要論』である．[M. E.] L. Walras, *Elements of Pure Economics: Or the Theory of Social Wealth*, translated by W. Jaffé, Routledge, 1874-1877 [2010]．久武武夫訳『純粋経済学要論——社会的富の理論』（岩波書店，1983 年）．ワルラス経済学のエッセンスについては，岡田純一『経済思想史』（東洋経済新報社，1970 年）第 4 章「レオン・ワルラスの経済学体系」，柏崎利之助『ワルラス』（日本経済新聞社，1977 年）を参照．

このようにして均衡点が移動したのちの財 A の価格が，今度は他の財 F へどのように影響するのかは問題にしていない．なぜならば，財 F の価格の変化が巡りめぐって財 A の価格をさらに変化させるかもしれないからである．

　経済的な相互依存の関係という用語は，経済活動を理解するためのキーワードの 1 つである．この用語は価格について考察するさいにも片時も忘れてはならないであろう．しかし，財 A の需要と供給と価格を論じるときに，最初から，あれの影響もこれの影響も，さらにまた別の影響もというように他の要因の複雑な影響関係を一挙に考慮しようとすると，問題にしている財 A の均衡という本質をつかみがたくなるおそれがある．

8　市場による資源配分——有限な資源を過不足なく最適な用途へ

　財 A の均衡価格を説明した 4 節の議論に戻り，なぜ市場は効率的に資源を配分するのかを考えてみたい．いまゴム製の長靴が財 A であり，その右下がりの需要曲線と右上がりの供給曲線が与えられて図上で重ね合わされた結果，需給均衡点 E に対応する均衡価格 P^* が 5000 円，均衡取引量 Q^* が 15 万足であるとしよう．

　政府が漁師にとっては，長靴は必需品であるとの理由でその生産目標を 20 万足とし，製靴企業にその生産を行わせるならば，どのような事態が生じるであろうか．政府目標の 20 万足という供給量は図の横軸上で示せば，明らかに Q^* よりも右の位置で示されるはずであるが，その点から上方へ，すなわち，長靴の需要曲線と供給曲線と交わるように垂線を伸ばす．さらに 2 つの交点から左の縦軸へ向かって直線を引くと，供給者側である製靴企業と需要者側である漁師のそれぞれが生産された長靴をどのように評価しているかを推測することができる．製靴企業の価格評価は P^* の 5000 円よりも高いが，漁師の価格評価は P^* の 5000 円よりも低くなる．製靴企業は政府の指令で長靴を増産したが，その生産コストが増大したため，もはや P^* の 5000 円では割に合わない．しかし，漁師は製靴企業側の価格，たとえば，8500 円という販売価格を受け入れることはないであろう．漁師はいまや

第 2 章　市 場 経 済　　*31*

5000円さえも支払わないであろう。予備という理由で漁師が増産分の長靴を購入するには，長靴の価格が5000円をかなり下回る必要がある。政府の指令によって増産された長靴は，消費に供されないまま廃棄の運命を辿るのであろうか。

逆に，政府が生産目標を7万足に設定したならば，漁師の価格評価は P^* の5000円よりも高いが，製靴企業の価格評価はそれよりも低い。長靴が漁師から求められており，長靴を増産することが望ましいにもかかわらず，生産者である製靴企業は消費者である漁師の声に応えることができないのである。

ところで，企業が財を生産するためには，原材料・機械といった資本や労働力などの生産要素が必要である。第1章の2節で確認したように，生産要素は有限であるから，適正な長靴の数量を生産できるように長靴の生産要素は製靴企業に配分されることが望ましい。では，その数量はいったいどれくらいなのであろうか。長靴の適正な生産量は Q^* の15万足であり，この生産量は価格が P^* である5000円以外の価格では実現されない。それゆえ，市場で決まる長靴の生産量を無視して，政府がこの数量を超える増産やそれを下回る減産を製靴企業に命じることは，生産要素の過不足のない適正な配分を歪めることになりかねない。

9　市場の特性——価格は受け入れるものか操作可能なものか

市場経済社会における経済活動の現実と，これまで説明してきた市場の価格調整メカニズムと市場による資源配分の議論とのあいだに抜き差しならないギャップを感じるとすれば，それはある種の健全な違和感であるといえよう。経済理論は，市場経済社会における経済活動の現実を正確に活写したものではない。誤解を恐れずにいえば，経済理論の性格の1つは，経済活動のなかで本質的であると見定めた要素間の関係について限られた条件のもとで議論しようとするスタンスにある。条件を付すこと自体のうちに抽象の手続きがおのずと含意されている。

このような議論のスタンスは，市場の価格調整メカニズムの議論において

も当てはまる．4節の議論のなかで前提とされていることを再考してみよう．財Aの需要者である家計，供給者である企業のいずれもが価格を指針にして需要と供給をめぐる経済行動を変えていく点に留意しよう．表現をかえていえば，これは，市場においては，価格は与えられるものとして，家計と企業によって受け取られるということであるが，このような経済主体を「価格受容者 price taker」とよぶ．財Aの市場では，取引に参加する者はすべて価格受容者であるという想定のもとでこそ，先の価格調整メカニズムを論じることができる．このような市場の特性は「完全競争 perfect competition」とよばれる．

　市場参加者の全員が価格受容者である市場とは，どのような条件を備えているのであろうか[11]．この市場では，売買される財Aの品質はどれも同じであり（財の同質性），多数の市場参加者の需要量と供給量は市場全体の規模にくらべると非常に小さく（多数の小規模な市場参加者），市場参加者は取引される財とその価格について知り抜いている（完全情報）．このような市場では，市場参加者は誰一人として抜け駆けができない．すなわち，ある企業が高利潤を目論んで市場価格よりも高い価格を設定しても，家計は同じ品質の財を市場価格で供給する他の企業の存在を知っているがゆえに，高利潤を狙う企業は買い手の家計をみつけられない．また，ある家計が市場価格よりも安く財を購入しようとしても，同質の財を市場価格で購入しようとする多数の家計が存在するために，安く売ろうとする企業をみつけられない．結局，同一の財Aが売買されているこの市場では，同一の価格が支配することになる（一物一価の法則 law of one price[12]）．加えて，財Aの市場以外にも競争相手となる企業が潜在的には多く存在し，財Aを生産する企業が高利潤を得るならば，他産業から企業が自由に参入できる点は，資源配分を論じる場合に欠

---

11) 完全競争市場の条件については以下を参照．塩澤修平『経済学』（新世社，2003年）58-59頁．清野『ミクロ経済学入門』37-38頁．伊藤『ミクロ経済学〔第3版〕』139頁．

12) ジェヴォンズ（William Stanley Jevons, 1835-1882）が「無差別の法則 Law of Indifference」とよんだものである．W. S. Jevons, *The Theory of Political Economy*, 4th ed., Palgrave Macmillan, 1911 [2013], pp. 90-92．小泉信三・寺尾琢磨・永田清訳／寺尾琢磨改訳『経済学の理論』（日本経済評論社，1981年）70頁．

かせない（企業の自由な参入・退出）.

　この完全競争とは対照的に，価格を操作することができる「価格設定者price maker」が存在する市場の特性は「不完全競争imperfect competition」とよばれる．完全競争の条件の1つである多数の市場参加者を供給側の競争者数と読み替えて基準にすると，この不完全競争は，①「独占monopoly」（供給者が1人），②「寡占oligopoly」（供給者が少数），③「独占的競争monopolistic competition」（多数）の3つに分けることができる.

　独占と寡占については，供給者数が限られていることから価格設定力をもつことは分かるが，供給者が多数である独占的競争は，なぜ不完全競争になるのであろうか．この問いを考えるためには，さらに完全競争の2つの条件——財の同質性と完全情報——を検討する必要がある．ここでは，財の同質性のみを取り上げよう.

　供給者が多数であるとしても，また多数の供給者が販売する財が代替的であるとしても，供給者は，財の品質の変更やデザイン，広告などによって自己の財と他の供給者の財とのあいだに需要者の関心を引きつけるような差異をつくり出そうとする（製品差別化product differentiation）．この製品差別化を日本酒について考えてみる．日本酒の酒蔵は全国に多数存在するにもかかわらず，各酒蔵が生産する日本酒の味やビンのデザイン，広告のスタイルは決して一様ではない．酒蔵がこの種の戦略によって愛飲家の心をつかむことができれば，すなわち，愛飲家が特定の銘柄をひいきにするようになれば，完全競争の場合とは異なり，酒蔵は値上げによって需要を失うとは考えられないだろう[13]．以上のように，財の同質性を低下させる差異は，その財の供給者が需要者を取り逃がさないように作用するので，供給者に価格設定者としての影響力を与えることになる.

　議論をここで再度整理するならば，様々な市場の特性は，完全競争の条件から乖離する程度に応じて明らかになる．①供給者数，②財の同質性の程度，③参入の難易度，④価格に対する影響力の4つにもとづいて，市場を類型化

---

13) 駄田井正「不完全競争市場」，伊藤正則・武野秀樹・土屋圭造編『ミクロ経済学要論』（有斐閣，1977年）100頁.

するならば，次のようになる．農産物や鮮魚を取引する市場は完全競争市場
（①多数，②完全に同質，③低い，④無）に近いが，製造業については不完全競争
市場が一般的である．不完全競争市場のうち，寡占市場（①少数，③高い，④
多少ある）に属する産業としては鉄鋼・石油・セメントなど（②同質）と，自
動車・ビール・家電製品など（②低い）がある．独占的競争市場（①多数，②
低い，③低い，④多少ある）としては，先にみた日本酒以外に，外食産業を挙げ
ることができる．独占市場（①1人，②完全に同質，③非常に高い，④強い）は電
力・ガス・水道などである．

10　「市場の経済学」と完全競争の想定

　経済学の議論において完全競争の想定が重要なのは，それが価格に影響力
をもたない小規模かつ多数の企業という市場の原初的なイメージを描いてい
るからではない．それは，スミス以来，経済学の歴史に名を残した者たちが
彫琢してきた市場の経済学の中軸（＝価格調整メカニズムの働き）を論じるさい
の不可欠の想定であるがゆえに重要なのである．

　経済活動の自由を謳う市場経済社会は競争社会であり，企業は競争から逃
れることはできない．このことを知る私たちは，次のような競争の物語を思
い浮かべるかもしれない．すなわち，ある財を生産する企業は，最初は多数
であったにもかかわらず，激しい企業間競争のなかでしだいにその企業数が
減少していく一方，企業規模は拡大の一途を辿り，ついにこの財の市場では
わずか数社を数えるのみとなる．

　たとえば，19世紀から20世紀への転換期のアメリカを例にとると，ロッ
クフェラー（John Davison Rockefeller Sr., 1839-1937）が率いた「スタンダード石
油 Standard Oil Company」は，「持株会社 holding company」の制度により，
資本を結合し，1904年にはアメリカの国内市場の85％，輸出の90％を支配
した[14]．株式会社制度の普及は，株式の大量発行とその大量取引を伴いつつ，
株式の買収による企業規模の拡大の道をひらいたのである．経済史の知見に

14）岡田泰男『アメリカ経済史』（慶應義塾大学出版会，2000年）123-124頁．

第2章　市場経済　　*35*

よれば，企業規模の拡大と企業間競争の激化の足跡を辿ることができるが，市場の科学としての経済学，とくに経済理論は，競争がもつ二面性について気づかせてくれる．企業間競争は新しい財の出現，その価格の低下，その財の普及をつうじて私たちの自己保存に資する多種多様な消費を可能にしてきた．だが，競争は他面で，消費者の利益を犠牲にしたカルテルなどの企業間協調を誘発する．今日の市場経済社会では，市場は不完全競争の状態（完全競争と独占の中間）であることが常態である．寡占市場を含めた不完全市場の問題点は，完全競争市場の光明，すなわち，先に述べた均衡価格と資源配分の含意によって，独占市場の闇——価格設定者としての影響力をもつ企業による，価格の引上げと供給量の削減——をみることによって判然とする[15]．

11 市場の限界（1）——「市場の成功」と「市場の失敗」

これまでみてきたように，完全競争を想定する「市場の経済学」は，経済的自由主義のもとで利己心に突き動かされて，価格の動きを睨みながら行動する多数の経済主体に着目する．この経済学が解き明かした市場による効率的な資源配分は，ケネーやスミスの脳裏から離れなかった論点，すなわち，経済法則それ自体がもつ人為の及ばない調整力の何たるかを，私たちに説いているように思われる．しかし，この市場の経済学は，まさしく限定された条件＝完全競争にもとづいている以上，そこに理想的という規範性が忍び込む余地がある点を忘れてはならない．

市場の機能不全を語る場合，しばしば「市場の失敗 market failure」という用語が使用される．この失敗という表現からは，「完全競争市場の成功」を論じる「市場の経済学」の価値判断が窺われて興味深い．本節と次節では，「市場の失敗」の問題を市場の限界——市場では解決困難な問題——として捉えなおし，3つの問題群に大別して説明する．第1は，完全競争市場の条件の不備として扱うことができる「不完全競争」と「情報の非対称性 asym-

---

15) 佐々木は，完全競争市場と独占市場を「市場経済の『天国と地獄』ともいうべき両極端な姿」として捉え，この2つの市場概念を「多種多様な市場を評価するための参照基準」とみなしている．佐々木『ミクロ経済学』237-238頁．

metry of information」の問題である．第2は，市場の枠組みを設定できないことに原因がある「外部性 externalities」と「公共財 public goods」の問題である．第3は，完全競争市場の成功が約束されたとしてもなお残る「経済格差」の問題である．

「情報の非対称性」とは，市場参加者間の情報量の格差を指す．市場で取引される財の情報については，一般に財の生産者である企業のほうが消費者である家計よりも多くの情報をもち，またその情報の質は高いであろう．完全競争の条件で説明したように，市場参加者の全員が取引される財をはじめとする市場について情報を共有していなければ，「市場の成功」（＝効率的な資源配分）は約束されない．

「外部性」とは，ある経済主体の行動が他の経済主体に及ぼす影響を市場が捉えきれないことを指す．この影響がプラスの場合は「外部経済 external economies」とよばれ，マイナスの場合は「外部不経済 external diseconomies」とよばれる．たとえば，海辺に面した棚田でのコメ作りが，その風景をみる者の心を穏やかにする場合は，外部経済のケースにあたる．また，工場から川へ排液が流されて，その悪臭が工場の周辺に住む人びとに不快感を催させる場合は，外部不経済のケースにあたる．企業が外部不経済を引き起こしている場合，その対策に要する費用分は企業の生産費のなかで十分に考慮されていない点に留意する必要がある．棚田でのコメ作りや工場の操業がもたらす上記の影響は，いずれも市場によって捉えきれず，したがって市場の枠組みを設定できないがゆえに，市場による効率的な資源配分を論じることができない．

なお，外部性については，次のようなケースも考えられる．すなわち，ある都市でその中心部と僻地を結ぶ道路が整備されたとしよう．この道路の建設によって，道路沿いの土地の価格は上昇したり，都市の僻地に立地している工場は製品をその中心部へ輸送するコストが低下したりする．このケースは，一見すると外部経済の事例と理解されがちであるが，土地の価格の上昇や輸送コストの低下というかたちで道路建設の影響が市場によって捉えられているから，本来の意味での外部性とは異なる．

「公共財」とは，市場での取引になじまない財のことである[16]．なじまない理由は公共財の性質に関係している．通常の財は，その対価を支払えば自分のものとなり，それを誰かが消費する可能性を排除できる．しかし，社会の多くの成員が同時に無償で利用できる可能性がひらかれている道路や橋などについては，また防衛や治安の維持などについては，そのような議論は難しい．市場で取引される財にはない，上記の利用可能性を人びとが意識しはじめると，誰もが社会にとって有用かつ必要であると認めつつも，その財の調達に必要な費用の負担から逃れようとするであろう．結局，そのような財は社会にとって十分には供給されないことになる．公共財とよばれるこの種の財は，市場そのものを設定しがたいがゆえに，市場による効率的な資源配分を当然ながら期待できない．

12　市場の限界（2）──「市場の成功」のその先にある課題

　これまで説明した市場の限界の問題に対処し，市場の機能を高める役割を果たすのが政府である．不完全競争市場の問題については，競争の結果，競争が停滞する事態を回避すべく，競争を促進する政策を立案し，実施するのが政府であり，そのような政府の姿勢は「独占禁止法」に体現されている．また，情報の非対称性については，家計が財の購入にさいして必要とする正確かつ十分な量の情報を得られるように，企業に対して情報の提供を促すことが重要であるが，この点を含めて，消費をめぐるトラブルの予防と救済のための制度づくりが政府の課題となる．外部性，とくに外部不経済の典型である公害については，政府による直接の規制のみならず，租税制度により，外部不経済をもたらしている企業に対して，本来負担すべき対処費用の自覚を促す．公共財については，市場をつうじない政治的な資源配分である財政の役割が重要になる．

　以上のようにして，これまで指摘した市場の限界に関する4つの問題がすべてクリアーされたとしても，すなわち，完全競争の条件がすべて満たされ，

16）公共財については，本書の第7章「政府の経済活動」で再度触れる．

なおかつ市場を設定できないケースがなくなり，完全競争市場の成功が約束されたとしても看過できない問題が依然として残るであろう．確かに完全競争市場では価格調整メカニズムが働き，そこで成立する均衡価格は効率的な資源配分を裏づけるものである．しかし，効率性の面のみに目を奪われて，この市場による資源配分は，即社会的に望ましい資源配分であると判断するのは早計である．

　財を生産するためには，生産要素が必要である．市場経済社会では，生産要素は誰かのものである以上，この生産要素を利用するにはその所有者に何らかの対価を支払わなければならない．この対価が，生産要素の所有者のいわば所得となる．生産要素の所有に関しては，再確認するまでもなく，皆がみな同じような種類の生産要素を，同じような数量だけ，均等に所有しているわけではないから，その利用の仕方による所得の格差が生じざるをえない．

　たとえば広大な土地を所有する者は，その土地を貸与して地代収入を受け取ることができる．しかし，土地をまったく所有しない者は，地代収入という名の所得をそもそも期待できない．土地は，資産格差の是正という視点から相続税の課税対象になるが，そのような公平化のための重しを負担することができる土地所有者一族にとっては，土地は一族の次世代の者に受け継がれていくであろう．

　労働力についてはどうであろうか．人間の生命力の一部である労働力の使用の対価にも差が生じる．労働力の質は生産性を左右するから，その質の違いに応じて働くことの報酬の大きさも異なる．その労働力の質を高めるには，良質ではあるが高い費用を要する教育や訓練が欠かせないとすれば，また，そのような費用は経済的に恵まれた人しか負担できないとすれば，経済的に豊かな環境のもとに生まれるか否かで所得水準は左右されるのであろうか．

　私有財産秩序は市場経済社会の特徴の1つであり，それは市場を機能させる重要な要因である．誰もが自由に財や生産要素を利用できるのであれば，市場での取引は必要ではないからである．だが一方で，私有財産秩序は，先に説明したように，市場経済社会に生きる私たちに，経済格差とその拡大，

その永続化という問題を突きつける重大な要因でもある．経済格差[17]の問題への回答は，私たちがどのような社会のビジョンを構想するのか，そのビジョンの実現を図ろうとする政府や政治を私たち自身の責任で選択するという問題と密接に関わっている．経済学がこの二重の問題を論じきれないことよりも，「市場の成功」という扉の奥にある，この問題の所在を浮かび上がらせた「市場の経済学」の貢献をまず評価する必要がある．

---

17) 経済格差の実態を単なる実感ではなく，データにもとづいて把握することが格差問題を認識する第一歩である．これについては，みずほ総合研究所編『データブック　格差で読む日本経済』（岩波書店，2017 年）が有益である．

第3章　一国経済を全体としてみる

——GDP，経済成長，景気循環——

1　GDP——一国の経済活動の大きさを測る基本スケール

　ある国の経済が活力に満ち，繁栄の道を歩んでいるという場合，何を基準にしてそのような判断ができるのであろうか．ある人の生活圏において垣間みられる事象，たとえば，隣人の豊かな消費生活の様子やその隣人が雇用されている企業の株価の上昇をもって，一国全体の経済的繁栄を推論することは適切ではない．また，国民経済が成長を遂げているとしても，その内部では各種の企業の新陳代謝，すなわち，起業と倒産，労働者の雇用と解雇がみられるのが常である．そこで，私たちには，一国の経済活動の大きさを測るスケールが必要になる．そのいくつかのスケールのうちで最も基本となるのが「国内総生産 GDP（gross domestic product）」である．

　GDP はフローの概念である．フローとしての GDP は，3 カ月間や 1 年間というように一定期間の経済活動の規模を捉えるのに対し，ストックの概念の代表例である「国富 national wealth」は特定時点での一国の総資産の大きさを捉える．資産のなかには国内の土地や工場設備，社会資本等と対外純資産が含まれる．これらは経済活動の成果の積み重なりである蓄積であるがゆえに，まさにストックである．2016 年末における日本の国富は 3350.7 兆円である[1]．

　一国の経済活動の規模を測る基本スケールである GDP は，国内で生産さ

---

*　本章の基本文献：伊藤元重『経済を見る 3 つの目』（日本経済新聞出版社，2014 年），井出多加子・井上智夫・大野正智・北川浩・幸村千佳良『経済のしくみと制度〔第 3 版〕』（多賀出版，2015 年），福田慎一・照山博司『マクロ経済学・入門〔第 5 版〕』（有斐閣，2016 年），家森信善『マクロ経済学の基礎』（中央経済社，2017 年），二神孝一『マクロ経済学入門〔第 3 版〕』（日本評論社，2017 年）．

れた「付加価値」の総計である．しかし，GDP は単純に国内で生産された
財とサービスの価格を加算して求められるわけではない．付加価値の総計と
は，それぞれの生産活動において新たにつけ加えられた価値の総計である以
上，原材料などの「中間生産物 intermediate products」を除かなければな
らない（GDP ＝国内生産総額−中間生産物額）．

2　名目と実質──価格の変化か生産量の変化か

　この GDP は，私たちが経済を観察する場合，どのように役立つのであろ
うか．GDP は，第 1 に，一国経済の拡大と縮小を時系列的にみていくさい
に有用であり，第 2 に，他国と経済規模を比較するうえで有用である[2]．第 1
の点に関しては，「名目 nominal」値と「実質 real」値の違いが問題になる．
物価の変動を考慮しないのが「名目 GDP」である．これに対して「実質
GDP」は物価の変動を考慮し，経済活動の規模それ自体に着目する．いま
コメ作りのみを行う農業国を考えよう．コメ 1 俵（60 kg）の価格が 1 万円で
あり，初年度には 1000 俵のコメが生産される場合，単純化のため中間生産
物を捨象すると，この国の GDP は 1000 万円になる．次年度に，コメの生
産量は初年度と同じであるにもかかわらず，1 俵の価格が 1.1 万円に上昇す
るならば GDP は 1100 万円となるであろう．この設例では，コメの生産量
は初年度も次年度も同じであるから実質 GDP は変化していない．変化した
のは，コメの価格（＝物価水準）であり，その上昇に連動して増加した名目
GDP である．したがって，一国の経済規模の拡大を追っていくには実質
GDP とその伸び率が重要となる．本来的に「経済成長率 rate of economic
growth」とはこの実質 GDP の伸び率のことである．ちなみに，日本の
2016 年度の名目 GDP は 539.3 兆円，実質 GDP は 524.4 兆円であり，実質

---

1 ）内閣府経済社会総合研究所国民経済計算部編「平成 28 年度 国民経済計算のポイン
　　ト」，『平成 28 年度 国民経済計算年報』（メディアランド，2018 年）29 頁．
2 ）伊藤『経済を見る 3 つの目』21 頁．世界各国の GDP が比較可能であるのは，GDP を
　　中心とする経済統計に関して国際標準が存在し，各国がそれに準拠しているからであ
　　る．日本の現行基準は「2008SNA（system of national accounts）」にもとづいており，
　　2016 年 12 月の公表分から適用されている．

GDP の成長率は 1.2％である[3].

　次に，工業製品のみを生産する工業国を考えよう．物価が変動せず，GDP が 1000 万円から 1100 万円に増加すると，実質 GDP の伸び率である経済成長率は 10％になる．この工業国が 10％の成長率を維持できるならば，約 7 年強でその経済規模を倍増することができる．果たして，このような驚異的な経済成長は，経済史上，確認されるのであろうか．第 2 次世界大戦の敗戦国ドイツ（西）の経済成長率は 1950 年代に年平均 7.9％を記録した[4]が，この数値をはるかに上回る勢いで経済復興を遂げたのが日本であり，1956 年から 1970 年まで年平均約 9.7％の経済成長率を誇った[5]．1960 年に池田勇人内閣は 10 年間で日本経済の規模を倍増すること，すなわち，「所得倍増計画」を打ち出した．1961 年から 1968 年までの各年の経済成長率は 11.9％，8.6％，8.8％，11.2％，5.7％，10.2％，11.1％，11.9％であったから，実質GDP の値という点からみると，10 年間どころか実に 8 年間を待たずしてその倍増を実現したことになる．なお，近年のアジアでは，インドの 6.8％と中国の 6.7％という経済成長率（2016 年）の高さが群を抜いている[6].

　ところで，上記のように日本が経験し，また現在のインドや中国が経験している経済の急速な成長は，所得の増加およびそれにもとづく消費の拡大，すなわち，物質的豊かさの増進という光の側面だけで語り尽くされるわけではない．ミルが危惧したように，経済成長がまさに至上の主義になるとき，自然環境への配慮は稀薄なものとなり，それが巡りめぐって経済成長の成果を謳歌するはずの，人間それ自体の「自己保存」を脅かす闇となることはなかったであろうか．四大公害病に代表されるような公害問題が発生し，深刻

3）内閣府経済社会総合研究所国民経済計算部編「平成 28 年度 国民経済計算のポイント」，『平成 28 年度 国民経済計算年報』16 頁.

4）戸原四郎「歴史と現状」，戸原四郎・加藤榮一編『現代のドイツ経済——統一への経済過程』（有斐閣，1992 年）10 頁.

5）この 15 年間のうち，1960 年は最も高い経済成長率（13.3％）を記録した年である．橋本寿朗「日本企業システムと高度経済成長」，石井寛治・原朗・武田晴人編『日本経済史 5 高度成長期』（東京大学出版会，2010 年）272-273 頁.

6）経済産業省『通商白書 2017——自由貿易，イノベーション，包摂的成長を支える新しい通商政策へ』（勝美印刷，2017 年）5 頁.

第 3 章　一国経済を全体としてみる　43

化した時期は，高度経済成長期にほぼ重なることを忘れてはならない[7].

3　ペティの法則——産業の基盤の変化と就業人口の移動

17世紀のイギリスの経済学者ペティ（William Petty, 1623-1687）は，『政治算術』のなかで次のように指摘している．すなわち，「農業よりも製造業によるほうが，さらに製造業よりも商業によるほうが利得ははるかに多い」．また，「ここで私たちが注意しておきたいことは，諸産業や新奇な技芸 Trades and curious Arts が増加するにつれて農業は衰退するか，あるいはそうでなければ農夫の賃金は騰貴し，その結果，土地の地代は下落するに違いないという点である」（圏点は引用者のもの）[8]．このペティの2つの言説を想源にして，一国の経済発展とその基盤となる産業の移り変わりの関係を論じたのがクラーク（Colin Grant Clark, 1905-1989）である．一国の産業は，通常，クラークにならって，農林水産業等の「第1次産業 primary industries」，鉱業，建設業，製造業等の「第2次産業 secondary industries」，商業，運輸業，金融・保険業，サービス業等の「第3次産業 tertiary industries」の3つに大別される．

高度経済成長期の日本と世紀転換後の2010年について，3つの産業がGDPに占める比率の変化を確認してみよう．最初に，1955年と1970年の比率をくらべてみると，第1次産業が占める比率は21.0%から6.4%へと大きく低下する一方，第2次産業は34.7%から45.5%へ，第3次産業は42.2%から47.2%へ上昇している．高度経済成長期には第2次産業のなかでも，とくに重化学工業（鉄鋼・化学・機械工業）の発展が著しかった．その大きな理由として，企業が急速な技術革新を受けて投資を連鎖的に拡大したことが考

7）吉川は，日本の高度経済成長期の光の面として寿命の延長，またそれを可能にした健康保険や上下水道の整備などの公衆衛生を，影の面として公害を取り上げて論じている．吉川洋『高度成長——日本を変えた6000日』（中公文庫，2012年）第7章「成長の光と影——寿命と公害」を参照．

8）W. Petty, *Political Arithmetick* [sic.]……, in *The Economic Writings of Sir William Petty*, edited by C. H. Hull, [Cambridge] University Press, 1691 [1899]. p. 256, p. 267. 大内兵衛・松川七郎訳『政治算術』（岩波文庫，1955年）44頁，64頁．

えられる[9]. なお，2010年には，第3次産業は70.3％まで比率を高めている
のに対して，第1次産業はわずか1.3％，第2次産業は28.4％である[10].

　このように，一国の経済が発展するにつれて，その基盤となる産業は第1
次産業から第2次産業へ，さらに第3次産業へ移り変わっていくが，この産
業の基盤の推移はその就業人口の移動をも伴う（ペティの法則 Petty's Law）.
クラーク自身の表現によれば，「経済進歩の最も重要な随伴現象 the most
important concomitant of economic progress」として，「労働人口の農業か
ら製造業への，さらに製造業から商業およびサービス業への移動」が生じる
ことになる[11]. ここで1955年，1970年，2010年について，日本の就業人口
（各年10月1日現在の15歳以上人口）の比率を確認してみよう．第1次産業では
41.1％，19.3％，4.0％と大きく低下しているが，第2次産業は23.4％，
34.0％，23.7％というように，高度経済成長期にいったんその比率は上昇し
たのち低下している．第3次産業の35.5％，46.6％，66.5％という推移からは，
高度経済成長期にすでにその就業人口の比率は過半に迫る勢いであったこと，
またその後の経済のサービス化に伴って7割を窺うまでに至ったことが分か
る[12].

4　GDPの国際比較——日本は世界第3位の経済大国

　GDPは，前節で述べたように，国民経済の成長をみる場合に有用である.
今度は，GDPを共通のスケールとして世界各国の経済規模を概観してみよ

9）すでに触れたように，「所得倍増計画」では，日本経済の規模を10年間で倍増するこ
　とが目標として謳われた．この計画の意義として見落としてならない点は，民間部門
　の旺盛な投資に応えるかたちで社会資本の整備を優先課題としたことである．浅井良
　夫「高度成長と財政金融」，石井・原・武田編『日本経済史5』173-174頁.
10）杉山伸也『日本経済史 近世—現代』（岩波書店，2012年）470-471頁，466頁，468頁.
11）C. [G.] Clark, *The Conditions of Economic Progress*, 2nd ed., Macmillan, 1951, pp.
　395-396. 大川一司・小原敬士・高橋長太郎・山田雄三訳編『経済進歩の諸条件』全
　2冊（勁草書房，1954年）下巻，374-375頁.
12）国立社会保障・人口問題研究所編『2017 人口の動向 日本と世界——人口統計資料
　集』（厚生労働統計協会，2017年）141頁．なお，就業人口の総数には分類不能な産
　業の者も含まれているため，3つの産業別就業人口の比率の合計は，かならずしも
　100％にはならない.

第3章　一国経済を全体としてみる　　*45*

う．2016 年の名目 GDP（ドル表示）は，世界全体で 76 兆 5045 億である．12 位までの国別ランキングと世界全体の GDP に占める比率は，次のとおりである[13]．1 位アメリカ（18 兆 6245 億／ 24.3%），2 位中国（11 兆 1910 億／ 14.6%），3 位日本（4 兆 9474 億／ 6.5%），4 位ドイツ（3 兆 4778 億／ 4.5%），5 位イギリス（2 兆 6509 億／ 3.5%），6 位フランス（2 兆 4655 億／ 3.2%），7 位インド（2 兆 2638 億／ 3.0%），8 位イタリア（1 兆 8594 億／ 2.4%），9 位ブラジル（1 兆 7962 億／ 2.3%），10 位カナダ（1 兆 5358 億／ 2.0%），11 位韓国（1 兆 4148 億／ 1.8%），12 位ロシア（1 兆 2832 億／ 1.7%）．

　アメリカの経済規模の大きさが突出していることに，まず目を奪われる．もちろん，GDP は統計である以上，統計が未整備であり，先進国レベルの推計が困難なアフリカ諸国の経済規模や「地下経済 underground economy」とよばれる非合法な経済活動の全容は GDP によって十分に捉えきれていないだろう．しかし，このような問題点を認めてもなお，アメリカは世界の GDP の 4 分の 1 弱を占める経済超大国であることは否定しがたい．近年，目覚ましい経済成長を遂げている中国にしても，経済の規模に関しては，アメリカとのあいだにはかなりの懸隔がある．また，日本はアメリカと政治・経済の両面で密接な関係を築いているが，その日本はアメリカの経済規模の 4 分の 1 強にすぎない．4 位から 6 位まではヨーロッパの主要先進国であるドイツ，イギリス，フランスが占めている．しかし，7 位はイタリアではなく，インド，さらに 9 位がブラジルであることも注目に値する．インドとブラジルに，中国と 12 位のロシアを加えた 4 カ国は，高い経済成長率によって世界経済における存在感を増している国々であり，BRICs（Brazil, Russia, India, China）とよばれている．

5　GNI——国境を越えた経済活動の把握

　GDP は，一国の経済活動の規模を測る基本スケールである．これ以外にも，「国民総所得 GNI（gross national income）」や「国内純生産 NDP（net do-

---

13）内閣府経済社会総合研究所国民経済計算部編「平成 28 年度　国民経済計算のポイント」，『平成 28 年度　国民経済計算年報』36 頁．

mestic product)」等の重要なスケールがある．GDP は，ある国の領土内における経済活動を捉えるものであるから，経済活動の担い手がかならずしも当該国の国籍上の国民であるとは限らない．それゆえ，日本の GDP には，たとえば，日本で働くフランス人やアメリカ人の経済活動の成果も含まれることになる．これに対して，GNI は「国民の national」，経済活動の成果を「所得 income」の面から捉えるものである．私たちは，この GNI によって，グローバル化する経済活動の規模を窺い知ることができる．

ただし，ここでの国民の定義には幅があることに留意する必要がある．すなわち，日本国籍をもち，日本に住んでいる者のみならず，日本の領土内に 6 カ月以上住んでいる外国国籍をもつ人もまた「居住者 resident」としての国民とみなされる．他方で，日本の国籍をもつ日本国民が国外に 2 年以上住んでいる場合には，「非居住者 non-resident」として扱われる[14]．日本の GNI という場合，上記の意味での日本国民が国の内外で受け取る所得——外国での投資の収益などを含めた経済活動の成果——に着目することになる．したがって，日本の GNI は，GDP から外国人の寄与貢献分を示す所得を差し引き，さらに日本国民が海外で得た所得を加えることによって計算される（GNI = GDP + 国外からの所得の純受取）．ちなみに，日本の 2016 年度の実質 GNI は 549.9 兆円であり，512.4 兆円を記録した 2012 年度以来，連続して増加している[15]．

6 NDP——経済活動の持続性の考慮

GDP は付加価値の総計であり，国内生産総額から中間生産物額を差し引くことによって求められる．中間生産物とは主に原材料のことである．しかし，よくよく考えてみると，生産活動は働く人と原材料だけがあれば十分というわけではない．もちろん，そのような産業も考えられなくはない．だが，

14）内閣府経済社会総合研究所国民経済計算部編「用語解説 国内（Domestic）概念と国民（National）概念」，『平成 28 年度 国民経済計算年報』559-560 頁を参照．
15）内閣府経済社会総合研究所国民経済計算部編「平成 28 年度 国民経済計算のポイント」，『平成 28 年度 国民経済計算年報』16 頁．

第 3 章 一国経済を全体としてみる　47

今日の市場経済社会では，「耐久消費財 consumer durable goods」の生産の様子を想起すれば明らかなように，工場に据え付けられた機械設備などの「固定資本」が必要不可欠である．そうであれば，国内生産総額から中間生産物額というコストを差し引いたうえで，さらにこの固定資本に相当するコストを差し引いたほうが生産活動によって生み出される成果を，より正確に捉えられるであろう．だが，機械の購入代金などを一度に，国内生産総額から差し引くのは合理的とはいえない．なぜならば，機械は一度の生産活動で使用が不可能になることは稀であり，何年間か連続して使用可能なものだからである．

　たとえば，印刷会社で5000万円の印刷機が利用できる年数，すなわち，耐用年数を10年とすると，1年間に500万円ずつ印刷機の価値が「減耗する」（＝すり減る）とみなし，その500万円相当を売上金額から紙やインク代とともに差し引くのが合理的であろう．この500万円はいわば積立金に相当し，10年後には，新しい印刷機の購入に役立つ5000万円を用意することができる．これが「固定資本減耗」とよばれる考え方である[16]．もしも印刷会社がこの固定資本減耗を無視して利益を多く計上するならば，この会社は10年後に経営が立ち行かなくなる．一国の経済を全体としてみた場合においても，経済活動の持続性を確保するためには，固定資本減耗という考え方と，それを考慮する「国内純生産NDP」というスケールが必要になる（NDP ＝ GDP －固定資本減耗）．

7　GDPの三面等価の原則──三面鏡に映る一国の経済活動の全姿

　経済活動は，財をつくる生産から始まり，ついで生産された財が販売されて売上げとなり，さらにその売上げは生産活動に貢献した人びと，あるいは生産要素に報酬として支払われる．この支払われた報酬は，財の購入や投資

---

16) この考え方は，本書の第1章で論じたケネーの『経済表』にまで遡る．ケネーは「生産階級」が行う固定資本投資を「原前払い」，またその固定資本減耗に相当するものを原前払いの「利子」とよんでいた．この意味での利子が確保されないならば，一国の経済活動の持続性は確保されないことをケネーは看取していた．

のために使用される．これまで何度も触れてきた「付加価値の総計」である
GDP は，実は，生産面からみた GDP のことである．経済活動は本質的に連
続的な活動であるから，生産の次の段階，すなわち，分配面からみても
GDP は計算できるはずである．分配を受けるのは，①労働力を提供する家
計，②企業の経営側，③企業が使用する機械等の固定資本，④政府である．
政府については，租税をつうじて分配に与るものの，直接税と間接税の相違
に留意する必要がある[17]．所得税や法人税は直接税の代表的な税である．所
得税は上記の①から，法人税は上記の②から納められるので，分配面の
GDP の計算で問題となるのは間接税のみである．ただし，政府は企業に対
して補助金を交付することがあるので，この分を間接税から差し引かなけれ
ばならない．したがって，分配面からみた GDP は，「雇用者報酬 compensa-
tion of employees ＋営業余剰 operating surplus ＋固定資本減耗 consump-
tion of fixed capital ＋間接税 indirect taxes －補助金 subsidies」によって捉
えられる．

　ついで，支出面からみると，分配された所得は，財の購入か投資のいずれ
かに使用される．その項目は，①家計と企業による支出，②政府による支出，
③企業と政府における新しい機械設備等のための支出，④在庫品の購入のた
めの支出，⑤純輸出である．④については，販売しようとしたが結果的に売
れ残ったものと将来の生産や販売のために意図的に企業が抱える在庫の両方
を含む．⑤は，財とサービスの輸出からそれらの輸入を差し引いたものであ
る．国内で生産された財とサービスは①，②，③，④のいずれかの支出対象
になる部分と，外国へ輸出される部分に大別される．しかし，よくよく考え
てみると，①，②，③，④の各項目には外国から輸入されたものへの支出が
含まれているので，その部分はまとめて差し引かなければならない．以上か
ら，支出面からみた GDP は，「民間最終消費支出 private final consumption
expenditure ＋政府最終消費支出 government final consumption expendi-
ture ＋総固定資本形成 gross fixed capital formation ＋在庫変動 changes in

---

17) 租税の種類については，本書の第 7 章 6 節を参照.

第 3 章　一国経済を全体としてみる　　49

inventories ＋純輸出 net exports」の項目からなる.

　以上のように，GDP は生産，分配，支出の３つの面から捉えられ，その値は三面鏡の３つの鏡がそれぞれ同一の対象を映すかのごとく等しい.

　では，この GDP の三面等価の考え方は，経済をみるうえでどのように役立つのであろうか. GDP の三面等価の考え方は，第１に，一国の経済活動の水準がどのような要因によって決まるのかを考えるさいに有用であり，第２に，経済成長率の動きを睨みながら戦略的に取り組むべき経済政策の課題を絞り込むさいに有用である.

　支出面からみた GDP の式を整理しなおすことから始めよう. 民間の「消費」，民間の「投資」，政府による消費と投資を合わせて「政府支出」「純輸出」という４つの項目の合計として，GDP を考える [18]. さらに，「GDP ＝消費＋投資＋政府支出＋純輸出」という表記を工夫して，「消費＋投資＋政府支出＋純輸出⇒ GDP」と書きなおしてみると，GDP の増加は「消費」「投資」「政府支出」「純輸出」のすべての要因か，いくつかの要因，あるいは１つの要因でも増加すれば，期待できることが分かる.

　たとえば，消費を伸ばすためには，所得税の減税といったストレートな政策は，選択肢の１つである. 逆に，消費税率の引上げは消費の冷え込みを招きかねないであろう. また，正規雇用と非正規雇用とのあいだの労働条件の格差の縮小は，非正規労働者家計の支出に対する意欲を高めるがゆえに，積極的に進めるべきであるという主張も考えられる [19]. 投資が冷え込んでいれば，銀行が企業に対して借入れが容易となる条件を積極的に提示するように誘導しなければならない. たとえば，民間銀行が銀行の銀行である中央銀行に預金する金額が増えればふえるほど不利益をこうむる制度をより厳しく運用することが必要になるかもしれない. もちろん，銀行は借り手である企業や個人の資金計画を十分に見極める必要がある. そうでなければ，家計の生活設計の充実を口実にして賃貸物件への投資を誘う企業とそれを後押しした

---

18)「総固定資本形成」は民間部門の投資と公共部門の投資からなり,「在庫品増加」は企業による投資とみなされる.
19) 正規雇用と非正規雇用をめぐる問題については，本書の第８章の６節と７節を参照.

銀行の事例から明らかなように，銀行自身が返済能力の低い借り手の犠牲となるからである．民間の消費と投資を合わせた「民間需要 private demand」の喚起が難しければ，政府みずからが支出を増やして「公的需要 public demand」を創出することが求められる．以上の2つの「内需 domestic demand」の拡大は，日本銀行の金融政策と政府の財政政策が意図するところである[20]．これらの「内需」に加えて，もちろん「外需 foreign demand」（＝純輸出）を喚起するために，規制の緩和をはじめとする自由貿易の推進が課題となる[21]．

8　景気循環──一国の経済活動の「体調」の周期的変動

一国の経済は，長期的に右肩上がりの成長を遂げているようにみえても，それは決して直線的なものではなく，上昇と下降の期間を織り込んでいるのが経済成長の実相である．経済活動には，人間の体調と同じように，好調なときもあれば不調なときもある．「景気 business conditions」とは，一国の経済活動のいわば体調のことである．経済活動が活発で経済成長率も高くなるときが好景気であり，逆に経済活動が活力を減じて経済成長率は低下し，場合によってはマイナスの値を記録するときが不景気である．ただし，景気は好景気から不景気へ一夜にして転じるわけではない．

景気の周期的な変動は「景気循環 business cycles」とよばれる．いま便宜上，景気の悪化から始まるこの循環のプロセスを跡付けてみよう．すなわち，経済活動は活力を減じて縮小し続け，その最低の地点（谷 trough）に至ったのち，拡大へと転じて上昇のカーブを辿り（回復 recovery），さらにその半ばを過ぎても拡大し続ける（好況 prosperity）．しかし，旺盛な経済活動は，やがてその頂点（山 peak）に達して縮小へと転じ，下降のカーブを辿る（後退 recession）．経済活動は，下降のカーブの半ばを過ぎても縮小し続けて（不況 depression），その最低の地点（谷）に至り，再度，拡大へと転じる．景

---

20) 金融政策については次章を，財政政策については第7章を参照．
21) 外需の重要性についてはスミスの余剰のはけ口をめぐる議論をも含めて，本書の第9章の2節を参照．

第3章　一国経済を全体としてみる　*51*

気の1周期とは，上記の循環における谷から谷までの期間のことであり，また谷から山に至る期間は景気の拡張期，山から谷に至る期間は景気の後退期とよばれる．すなわち，景気は《谷⇒拡張期（回復⇒好況）⇒山⇒後退期（後退⇒不況）⇒谷⇒……》という循環のプロセスを辿るのである．それでは，いったいどのようにして谷や山にあたる具体的な年月が定められるのであろうか．谷や山を決める前段階として，一国経済全体の活動水準の推移を把握する必要がある．

　人間の体調の良し悪しを判断する場合，たとえば，体温計が使われるであろう．しかし，体温計だけで事足りるであろうか．健康診断では，血液検査をはじめとする一連の検査や医師による診察等によって総合的に身体の正常あるいは異常を判断する．実は，一国の経済活動も定期的に健康診断を受けている．日本の場合，体温計に相当するような1つの指標によって景気の動向を判断するのではなく，生産や消費に関する諸分野のうち重要なもの（29の分野）についてデータが収集・加工・統合され，それらにもとづいて景気の動向が総合的に判断される．この判断材料となるのが「景気動向指数 indexes of business conditions」[22] である．

　ただし，29の分野は景気の動きを即時的に反映するような分野に限られない．また，限るべきではない．なぜならば，経済政策の立案という実際の都合から，経済活動の拡張・後退について先触れがみられる分野，あるいは拡張・後退という判断が適切であったか否かを事後的に確認するのに役立つ分野を考慮すべきであるからである．以上の理由から，29の分野は，上記の「即時的」「先触れ」「事後的」という3つの視点にもとづいて選び出され，それぞれ次の3つの系列を構成するものとなっている．第1は「一致系列 coincident index」であり，耐久消費財出荷指数，所定外労働時間指数，商業販売額（小売業）などの9つである．第2は「先行系列 leading index」であり，新規求人数（除学卒），実質機械受注（製造業），新設住宅着工床面積等の11である．第3は「遅行系列 lagging index」であり，家計消費支出（勤

22）景気動向指数の詳細については，内上誠『景気循環論入門〔改訂版〕』（晃洋書房，2010年）第2章「景気指標の見方と種類──総合指標と個別指標」を参照．

労者世帯），法人税収入，完全失業率等の 9 つである．

　政府は，上記のような経済活動の多方面にわたる検査項目をチェックし，それらを景気動向指数というかたちで集約したのち，日本経済の定期診断を毎月行っている．さらに，景気動向指数は，景気の判断に加えて，景気の転換点である山や谷（景気基準日付）を決定し，景気の 1 周期の具体的な長さを特定するさいに使用される．なお，戦後の日本では，景気循環の公的な特定は，1951 年 6 月を山として同年 10 月を谷として終わる「第 1 循環」から，現在の循環まで 16 を数える．そのなかでも，たとえば，1962 年 10 月（谷）から始まり，1965 年 10 月（谷）に終わる「第 5 循環」の拡張期間は 24 カ月を数える [23]．この期間の好景気を支えた要因の 1 つは，東京オリンピック（1964 年）の開催を控えた旺盛な建設・設備投資であった．2012 年 11 月（谷）に始まった現在の「第 16 循環」においても，2 度目の東京オリンピック（2020 年）の開催準備に伴う需要の増加がその拡張期間の継続に寄与しているものと考えられる．また，1970 年には，大阪で「人類の進歩と調和 Progress and Harmony for Mankind」をテーマとする万国博覧会が開催された [24]．その大阪の地で，2025 年に 2 度目の万国博覧会が開催される．この開催の準備は，オリンピック開催後に予想される景気の低迷をいく分なりとも緩和し，景気の動向にプラスの影響を及ぼすかもしれない．

　ところで，景気循環は，学説史上，その主たる変動要因と景気の 1 周期の長さを基準にして，次の 4 つのタイプに分けられる [25]．第 1 は，企業の設備投資の変動に着目する「ジュグラー循環 Juglar cycles」であり，1 周期は約 10 年である．第 2 は，ジュグラー循環よりも短く，周期が約 40 カ月である「キチン循環 Kitchin cycles」であるが，これは企業の在庫の変動に着目する．たとえば，ある経営者が財の売れ行きの好調が続くと予想するならば，

23）内上『景気循環論入門〔改訂版〕』53 頁．
24）大阪万博については，海野弘『万国博覧会の 20 世紀』（平凡社，2013 年）第 10 章「忘れ去られた万博——1970 年大阪博」，平野暁臣編著『大阪万博——20 世紀が夢見た 21 世紀』（小学館，2014 年）を参照．
25）田原昭四『日本と世界の景気循環——現代景気波動論』（1998 年，東洋経済新報社）第 2 章「景気循環の発見と沿革」を参照．

第 3 章　一国経済を全体としてみる　53

増産に踏み切る（在庫の意図的な増加）．景気の後退期に突入して売れ残りが出始める（在庫の意図しない増加）ならば，経営者は生産量を減らす（在庫の意図的な減少）．やがて景気の回復とともに品薄になり（在庫の意図しない減少），増産が図られる（在庫の意図的な増加）．第3は，「クズネッツ循環 Kuznets cycles」であり，1周期は平均20年強である．このクズネッツ循環は，人口増加や交通手段の建設等と景気循環との関連に着目するが，とくに建築投資の動きを追う場合，1周期は建築物の建設から建替えまでの期間となる[26]．第4は，「コンドラチェフ循環 Kondratieff cycles」である．その周期は，上記の3つのタイプにくらべて際立って長く，約50年である．この長期循環の出現については，イノベーション論の主唱者であるシュンペーター（Joseph Alois Schumpeter, 1883-1950）がまさに経済社会に変革をもたらした画期的なイノベーションに着目して論じている[27]．シュンペーターによれば，コンドラチェフの第1循環（1787年から1842年まで）は，産業革命——蒸気機関の発達と結びついて群生した綿紡績業における技術革新——によって生じた．第2循環（1843年から1897年まで）については鉄道の建設が，第3循環（1898年以後）については自動車の発明や電力・化学工業の発達が，その要因として挙げられている．

---

26) 周期が17.3年である建築循環，すなわち，「リグルマン循環 Riggleman cycles」は，クズネッツ循環に含めて論じられることが多い．田原『日本と世界の景気循環』60頁．

27) J. A. Schumpeter, *Business Cycles: A Theoretical, Historical, and Statistical Analysis of the Capitalist Process*, McGraw-Hill, 1939. 吉田昇三監修／金融経済研究所訳『景気循環論——資本主義過程の理論的・歴史的・統計的分析』全5冊（有斐閣，1958-1964年）．

第4章　貨幣と金融

—— 「経済の血液」と経済主体のあいだを結ぶ絆 ——

1　物々交換と欲望の二重の一致

スミスは『国富論』のなかで価値・価格論を展開するさいに，初期未開の社会状態を設定したうえで，2頭のシカを射止めた者と1頭のビーバーを捕えた者との交換という事例から説明を始めている[1]．スミスによれば，この交換は，1頭のビーバーはシカ1頭を捕獲するよりも2倍の労働時間を必要とするがゆえに合理的なものである．しかし，この事例が含意しているのは，単なる労働価値説の認識のみではない．

このスミスの事例に登場する2人は，互いに相手の財を欲している——欲望の二重の一致——からこそ交換が成り立つのである．シカを捕えた者がシカ肉だけで満足し，ビーバーに興味を示さないならば，交換は成立しない．また，ビーバー猟師が当初は，ビーバー1頭とシカ1頭との交換に難色を示したとしても，ビーバー1頭と交換に入手できるシカの頭数が1頭から2頭へ増えるならば，ビーバー猟師は交換に応じるかもしれない．スミスの事例から窺われるように，異なる財をもつ2人のあいだでの物々交換は，対話——交渉条件の変更を含む——をつうじての，欲望の二重の一致を前提とする．

---

* 本章の基本文献：日本銀行金融研究所編『日本銀行の機能と業務』（有斐閣，2011年），鹿野嘉昭『日本の金融制度〔第3版〕』（東洋経済新報社，2013年），小林照義『金融政策』（中央経済社，2015年），藤木裕『入門テキスト 金融の基礎』（東洋経済新報社，2016年），内田浩史『金融』（有斐閣，2016年），川波洋一・上川孝夫『現代金融論〔新版〕』（有斐閣，2016年），家森信善『金融論』（中央経済社，2016年），晝間文彦『金融論〔第4版〕』（新世社，2018年）．

1) Smith, *Wealth of Nations*, Vol. 1, p. 65.　大河内監訳『国富論』第1分冊，89頁.

2　貨幣の機能——交換の媒介，価値の尺度，価値の貯蔵

　財の種類と交換相手の数がともに増加するとき，物々交換は，その成立の
ために時間を含めた膨大なコストを要することになる．とくに，財が腐食し
やすい魚や肉であれば，交換以前に無駄になってしまうであろう（加工技術
の問題は捨象する）．そこで，自分がもつ財をとりあえず，ある特定の財，し
かも自分を含めた共同体の成員のすべてがその受取りを拒まないような特定
の財と交換することをめざし，その特定の財によって自分が望む財を入手す
るならば，上記の二重のロスは回避できる．このような意味で，「交換の媒
介 medium of exchange」機能を果たす，特定の財が貨幣である．ヒューム
(David Hume, 1711-1776) は，貨幣とは交換を円滑にする「油」のようなもの
であると述べた[2]が，この媒介機能こそが貨幣の本質的機能である．

　いま，ある共同体のなかで交換を媒介する特定の財が鉄製の「釘」に定め
られ，シカ1頭は釘1万本と，ビーバー1頭は釘2万本と交換されているも
のとしよう．シカ猟師はビーバー1頭を獲得するために，まず貨幣としての
機能を果たす釘の入手をめざさなければならない．シカ猟師は，シカを2頭
売りに出すことで釘貨幣2万本を得ることができる．この事例では，動物で
ある点では共通点——食肉や毛皮として利用できるシカやビーバー——をも
つとはいえ，異なる財と財が釘貨幣という共通のスケールによって評価され，
このことが交換を円滑にするのに役立っている．このように貨幣は，異なる
諸財のあいだで価値の大小を判断するための，「価値の尺度 measure of val-
ue」という機能を果たす．これが貨幣の第2の機能である．

　釘貨幣が存在しない段階に戻って，再度考えてみると，釘貨幣が介在しな
いシカとビーバーの交換においては，販売は即購買である．しかし，欲望の
二重の一致という物々交換の前提から窺われるように，ある財の売り手は，
特定の場所で，特定の時に，特定の相手から，特定の財を，特定の数量だけ，
つねに購入するとは限らない．だが，貨幣の導入によって，交換当事者は，

---

[2] D. Hume, *Essays and Treatises on Several Subjects*, in *Political Essays*, edited by K.
Haakonssen, Cambridge University Press, 1772 [1994], p. 115. 田中敏弘訳『ヒュー
ム 道徳・政治・文学論集〔完訳版〕』（名古屋大学出版会，2011 年）231 頁．

上記の特定のという制約条件から自由になる．人びとがこのような自由を手にすることができるのは，まさに貨幣が時空を超えて価値を保持し続けることができるからである．「価値の貯蔵 store of value」機能が貨幣の第3の機能である．

労働所有権論を唱えたロック（John Locke, 1632-1704）は，貨幣の価値の貯蔵機能を腐敗制限の解除の問題[3]として論じている．ロックの認識を踏まえて考えると，確かに人びとは，自分のものである身体を動かして自然に働きかけ，シカや魚を自由に入手することができる．しかし，他者にも認められる，そのような獲得の自由を侵さないように，自分が所有する財の数量は，財を腐らせず，消費できる範囲内に限られるべきである．この腐敗制限は，腐りやすい財はまさに腐りにくい財や耐久性をもつ金属等と交換されるとき，その解除が可能になる．鉄製の釘貨幣は金属製品であるとはいえ，腐食の程度は銀や金等の貴金属に劣る．こうして，ある共同体において貴金属が価値を貯えるのに最適なものとして，選び出されて貨幣となるとき，その共同体は，自己労働にもとづく生産の限界を打ち破る段階に到達することになる．

ロックが腐敗制限の解除として論じた内容は，貨幣がもつ価値の貯蔵機能の問題であった．それは，いみじくも資本蓄積の論理的起点を見定めたものであった．また，ここに景気循環の問題領域が素朴なかたちではあるが，逆にそれゆえに，その核心をつくかたちで切りひらかれる点も見逃してはならない．シカ猟師は，いまやシカの代金を「貴金属貨幣 precious metal money」で受け取り，その一部は自己の衣・食・住の欲求を満たすための消費財の購入に充て，残りの部分は貯蓄して，既存のあるいは新規の事業のために投資すべく使用するであろう．しかし，シカ猟師は，貴金属貨幣を保蔵して投資という名の支出に回さないことなど決してない，といい切れるであろうか．貨幣の導入は，物々交換においては確実であった販売と購買の即時的一致を破り，人びとに，すでに指摘した選択の自由を与える一方で，代金が

3）J. Locke, *Two Treatises of Government*, edited by P. Laslett, Student Edition, Cambridge University Press, 1690 [1988], p. 37, pp. 299-301. 加藤節訳『完訳 統治二論』（岩波文庫，2010 年）336-337 頁，347-348 頁.

支出されず，財が売れ残る可能性，経済社会を全体としてみた場合，経済活動が停滞する可能性をも人びとに突きつけたのである．

3　貨幣と貨幣制度の進化史

釘や貝殻等の「物品貨幣 material money」や「金属貨幣 metal money」の別を問わず，貨幣が先にみた３つの機能を果たすとき，貨幣は素材面で価値の裏づけをもつほうが，議論は説得力を増すかもしれない．なぜならば，シカを販売して貨幣を受け取ることは，シカという財１頭分の価値と等しい釘貨幣という財１万本分の価値との交換にほかならないからである（貨幣の商品説 commodity theory of money）．しかし，今日発行される記念金貨，たとえば，額面 10 万円の金貨は１万円紙幣 10 枚と同等であるが，１万円紙幣はそれ自体として素材的な価値を有しているであろうか．

貨幣史を一瞥するならば，紙切れである紙幣が貨幣となりえたのは，その紙幣と交換にいつでも一定量の貴金属，とくに金を入手することができるという公的保証があったからである．もちろん，そのような保証は，民間の金融機関が紙幣を発行するさいにも与えられるかもしれない．しかし，このような「金本位制 gold standard」[4]は，事実上，国家が唯一の貨幣の発行主体となるに及んでまさに制度化される．この論点を，すなわち，貨幣の存立は国家権力あるいは法律にもとづいている点を強調していくと，貨幣とは，本来的に法律による創造物であり，その強制的通用性の源は国家権力にあるという考え方に行き着く（貨幣の国定説 state theory of money）[5]．

金本位制のもとでは，金との交換を保証されている「兌換紙幣 convertible paper money」が発行され，また，その発行高は政府あるいは中央銀行が保有する金の量によって制限される．すなわち，金本位制には，紙幣の発

---

4 ）日本では，明治新政府によって当初，銀本位制の導入が図られたが，伊藤博文の強い意向により，金本位制が「新貨条例」（1871 年）によって採用された．三上隆三『円の社会史——貨幣が語る近代』（中央公論社，1989 年）第 4 章「金本位制度」を参照．
5 ）ドイツ新歴史学派のクナップ（Georg Friedrich Knapp, 1842-1926）に代表される貨幣の国定説については，牧瀬義博『通貨の法律原理』（信山社出版，1991 年）15-17頁を参照．

行高におのずと歯止めがかかるというメリットがある．金による紙幣発行高の制限は，物価の激的な上昇を防ぐうえでは好ましいが，一国の経済活動の水準に鑑みて貨幣の供給量を政策的に調節することができないというデメリットをも併せもつ．このデメリットを解消するものが「管理通貨制度 managed currency system」であり，今日では，金との交換を保証されていない「不換紙幣 inconvertible paper money」が発行されている[6]．なお，貨幣と同義のものとして通貨という用語が多々使用されるものの，通貨とは，素材価値の裏づけをもたず，国家によって保証された名目の価値と通用性（＝受取りを拒否されないこと）をもつ貨幣のことである．

　今日，日本では，「通貨の単位及び貨幣の発行等に関する法律」「日本銀行法」にもとづいて，政府が「硬貨 coins」（6種類）を発行し，日本銀行が紙幣である「日本銀行券 Bank of Japan notes」（4種類）を発行している．「現金通貨 cash currency」という場合，上記の硬貨と日本銀行券を合わせたものを指す．しかし，通貨はこの現金通貨に限られない．このことは，クレジットカードによる財やサービスの購入を想起すれば明らかである．クレジットカードによる個々の購入金額は合算されたのち，カード会社にあらかじめ届け出た「普通預金 ordinary deposit」口座から指定日に引き落とされて，カード会社の口座に入金される．また，企業も「当座預金 current deposit」とよばれる口座を支払いのために利用している．このような支払いは，現金による支払いと同じ効果をもつから，通貨のカテゴリーに含められる．すなわち，普通預金と当座預金を合わせたものは「預金通貨 deposit money」とよばれる．

　預金通貨の性質を考えるとき，貨幣は，最初は素材的価値に裏づけされた釘や貝殻等の実体のある財であったにもかかわらず，その進化史上，実体性を稀薄化させてきたようにみえる．現時点でのその稀薄化の到達点は電子マネーであろう．貨幣の機能を再度ここで想起するならば，貨幣とは本来的に機能的な存在である以上，実は，釘や貝殻や金銀といった形象はそもそも問

6）日本が管理通貨制度を正式に採用したのは，戦時体制下の1942年のことである．三上『円の社会史』178-180頁．

第4章　貨幣と金融　　*59*

題にはならないことに気づく．貨幣と貨幣制度の進化史は，貨幣が本来的に機能的な存在であることを明確化してきた歴史であるといえよう．

4　金融──直接金融と間接金融

　家計は，収入から租税や社会保険料を差し引いた「可処分所得 disposable income」によって，企業から財やサービスを購入する．しかし，家計は，可処分所得のすべてをかならずしも財の購入に充てるわけではない．支出されない所得は現金のかたちで家のどこかに保蔵されることを別にすれば，どこかの誰かに預けられ，貸し出されて，他の経済主体の経済活動に役立てられる．家計は，一般に資金を供給する経済主体である．

　企業は，新たに事業を起こしたり，経営規模を拡大したりするさいに資金を必要とする．企業の規模が大きくなれば，設備投資の額もまた巨額となり，それをどのようにして用立てるのかが問題となる．企業はつねに資金面で余裕があるわけではなく，通常の経営でも，月単位でみて労働者への賃金の支払総額が，たとえばボーナスの支給時のように，一時的に大きくなることがある．このように，企業は，一般に資金を需要する経済主体である．

　資金を必要としている経済主体（とくに企業）に向けて，余剰資金をもつ経済主体（とくに家計）から資金を送り出し，そのことをつうじて経済活動を活性化する機能は「金融 finance」とよばれる．多くの家計はその保有する貨幣の一部を，利子の受取りを条件として金融機関に預け入れる．金融機関は預け入れられた貨幣を死蔵せず，まとまった資金として企業に貸し出す．資金の借り手となる企業は，元金に利子を加えて返済する．利子とは，他者の購買力を利用することへの対価である．いま，金融を貨幣の取引という漠然としたものではなく，家計と企業が金融機関を介して資金面で結びつけられることであると捉えなおすならば，その結びつきは，「直接金融 direct finance」と「間接金融 indirect finance」の2つに分けられる．

　企業が株式等を発行して家計や他の企業に売り出すことで，資金を直接調達するのが直接金融である．「証券会社 securities company」は，この直接金融をサポートする存在である．証券会社は，株式が速やかに売り捌かれる

ように企業と投資家としての家計のあいだを仲介するとはいえ，投資家に対して株式の購入あるいは保有に伴うリスクを請け負うわけではない．株式の価格は，企業の業績に連動するかたちで上下するが，この価格変動から利益を得るのも損失を被るのも投資家自身である．企業の目線からすると，直接金融における結びつきの相手は，あくまでも投資家である．

間接金融とは，すでに説明したように，企業が銀行から資金を調達することである．銀行は，資金の借り手の適格性（企業の成長性や返済能力等）を判断したうえで資金を貸し出す．間接金融の場合，預金者は，銀行が選んだ借り手の適格性にまつわるリスクとは無縁であり，リスクは貸出しを行った銀行自身が負う．企業の目線からすると，間接金融における結びつきの相手は銀行ということになる．

余剰の貨幣をもつ家計の目線からすると，直接金融と間接金融の選択あるいは両者のバランスを考える基準の１つは，取引相手に関する情報であろう．一家計が金融取引の相手の実状を判断するのに足る情報を獲得し，取引相手を選別することができるという自信をもてるならば，直接金融は魅力的である．なぜならば，成長する企業を的確に見極めて行われる投資は，資金の提供者である株主に対して，企業にその起業の初期の段階から関わり合うチャンスや企業の成長を見守るチャンスを提供するのみならず，将来の株価の上昇というかたちで利益を得るチャンスをも提供するからである．しかし，そのような情報の獲得と自己の判断力に自信をもつことができなければ，家計は，豊富な金融知識に支えられた専門家集団である銀行への預金が無難であると考えるに違いない．

5 金融機関の種類——銀行だけが金融機関ではない

ヒュームは貨幣を「油」に喩えたが，これまでみてきたように，貨幣は経済活動において重要な役割を演じており，油よりもむしろ「血液」に喩えられるべきものである．この血液の主成分は購買力である．国民経済という巨体の全身に，この血液が滞りなく循環することで，経済活動は活発となり，経済の成長が促される．この血液という貨幣を国民経済に送り出す心臓の役

割を果たすのが,「金融機関 financial institution」である. 日本の金融機関
は,①「特殊な金融機関 special financial institution」,②「民間金融機関
private financial institution」,③「公的金融機関 public financial institu-
tion」の3つに大別される[7].

「特殊な金融機関」とは,「中央銀行 central bank」のことである. 日本の
中央銀行は,「日本銀行 Bank of Japan」である. 日本銀行は通貨である銀
行券を発行できる唯一の金融機関であり,また,一般の個人とは取引をせず,
銀行と取引をする銀行である. 中央銀行である日本銀行は,日本の金融シス
テムの要であり,通貨と金融を管理する責を負う特殊な金融機関である.

「民間金融機関」は,銀行法にもとづく (i)「普通銀行 ordinary bank」と,
それ以外の (ii)「信託銀行 trust bank」,(iii)「協同組織金融機関 coopera-
tive structured financial institution」,(iv)「証券会社」,(v)「保険会社 in-
surance company」の5つに区分することができる[8].

「普通銀行」のうち,三菱 UFJ 銀行や三井住友銀行,みずほ銀行,りそな
銀行は「都市銀行 city bank」とよばれ,預金残高や貸出金残高などからみ
た経営規模が群を抜いて大きい. その名のとおり,大都市に本店を置くこれ
らの銀行は,国内各地に支店を設けて金融業務を行う一方,海外にも営業拠
点を置いて金融の国際化の主要な担い手となっている. りそな銀行を除いた
3つの都市銀行はそれぞれ,3大メガバンクグループとよばれる同名の「持
株会社」(三菱 UFJ フィナンシャル・グループ,三井住友フィナンシャルグループ,み
ずほフィナンシャルグループ)[9] の主力企業である.

「地方銀行 regional bank」と通称される銀行も普通銀行に含まれる[10].

---

7) 日本の金融機関の区分については,書間『金融論〔第4版〕』35-40 頁,鹿野『日本
の金融制度〔第3版〕』第3部「金融組織」を参照.
8) これら以外に,消費者金融会社のような「ノンバンク non-bank」も民間金融機関に
含まれる. ノンバンクの金利が他の民間金融機関にくらべて高くなるのは,預金を受
け入れずに資金を貸し出すというノンバンク事業の特性による.
9) 持株会社については,本書の第5章6節を参照.
10) 厳密には,都市銀行と対比される地方の銀行は,全国地方銀行協会に加盟している地
方銀行と,第二地方銀行協会に加盟している「第二地方銀行」に分かれるが,本節で
は両者を一括して説明する.

地方銀行は，横浜銀行や福岡銀行のように，主として各都道府県庁所在地に本店を置く銀行であり，各取引圏にある有力企業のメインバンクとなって，取引圏に固有の経済環境のなかで地域産業の発展を金融面から支えている．なお，明治期には，「国立銀行条例」（1872 年）にもとづいて民間銀行が相次いで設立され，そのさいの許可番号がそのまま銀行名に冠された．今日においても，宮城県仙台市に本店を置く七十七銀行のように，その名残が窺われる地方銀行は多い [11]．

さらに，銀行法にもとづく新しい銀行としては，インターネットによる取引に特化したジャパンネット銀行やソニー銀行などを挙げることができる．この「ネット銀行 internet-only bank」は，店舗や人員に関わるコストを従来の銀行にくらべて大幅に抑えることができるため，金利等で顧客に好条件を提示することが可能である．また，セブン銀行やイオン銀行のように，コンビニエンスストアや大規模小売店の内部に現金自動預払い機を設置して，顧客の利便性を向上させる一方，ネットバンキングの充実を図り，グループ企業の本業である流通業との相乗効果を高めている銀行もある．

かつて郵便局は，郵便貯金というかたちで家計の余剰金を受け入れていた．しかし，郵政事業の民営化（2007 年）の一環として，旧貯金事業は銀行法にもとづく新設の普通銀行が担うことになった．これが，ゆうちょ銀行である．ゆうちょ銀行は，持株会社である日本郵政株式会社の傘下にあり，旧郵便局の内部に同居しているため，窓口の利用（金融業務と配達業務）という点では，他の民間金融機関よりも顧客の利便性は高い．だが，ゆうちょ銀行は，その預金量が三大メガバンクを上回る規模であるにもかかわらず，普通銀行のカテゴリーに入る民間金融機関とは異なり，企業に対する貸出しを行っていない点に留意する必要がある．このことは，ゆうちょ銀行が普通銀行でありながら，いまだに金融業務上，他の普通銀行とは対等ではないこと，旧郵政事業以来の民業圧迫に対する批判が根強いことを物語るものである．

ある程度まとまった大きさの，資産の管理・運用を他者に委ねることは，

---

11) 三上『円の社会史』98 頁．熊倉修一『中央銀行と金融政策』（晃洋書房，2013 年）10 頁．

「信託 trust」とよばれる．「信託銀行」とは，この信託業務をも行う銀行である．土地や金融資産について，その管理・運用を請け負うことは長いスパンにわたるから，信託銀行は長期金融機関に位置づけられる．ただし，金融業務における自由競争の波は，信託銀行と普通銀行をはじめとする他の民間金融機関とのあいだの壁を取り払いつつある．代表的な信託銀行としては，三井住友トラスト・ホールディングスに属する三井住友信託銀行や野村ホールディングス傘下の野村信託銀行に加えて，先に紹介した3大メガバンクグループの一員である三菱 UFJ 信託銀行，みずほ信託銀行，SMBC 信託銀行が挙げられる．

　「協同組織金融機関」とは，銀行法以外の法律にもとづいて設立される「信用金庫 credit association」や「信用組合 credit cooperative」「漁業協同組合 fisheries cooperative」等である．協同組織金融機関は取引圏が限定されているとはいえ，普通銀行とほぼ同等の金融業務を行っている．この金融機関は，設立の経緯からみると，加入者である会員や組合員同士が資金を融通し合うという相互扶助的性格が強く，その意味でも地域に根差した金融機関である．なお，漁業協同組合については「農業協同組合 agricultural cooperative」や「森林組合 forestry cooperative」をも含めて上部金融機関として農林中央金庫が，信用金庫については信金中央金庫が，信用組合については全国信用協同組合連合会が存在する[12]．

　「証券会社」は，先にみたように，直接金融をサポートする金融機関である．証券会社は，株式や債券などの発行にさいして，それらを発行主体から一括して購入し，投資家に販売すること（引受け underwriting）もあれば，発行主体からそれらの有価証券の販売の促進を委託されること（募集・売出し selling）もある．さらに証券会社は，投資家の注文を受けて有価証券の売買を代行（委託売買 broking）したり，会社の資金でみずからが有価証券を売買（自己売買 dealing）したりする[13]．主要な証券会社としては，野村證券と大和証券に加えて，三大メガバンクグループの構成企業である SMBC 日興証券，

---

12) 内田『金融』151-153 頁を参照．
13) 藤木『入門テキスト 金融の基礎』68 頁，家森『金融論』125-126 頁．

みずほ証券，三菱 UFJ モルガン・スタンレー証券の5つを挙げることができる．

　「保険会社」も民間金融機関のうちに数えることができる．保険会社は，加入者から受け取った保険料をただ保蔵するわけではなく，保険金の支払いに備えるための運用資金として活用される．資金の一部は株式をはじめとする有価証券の購入に充てられるが，たとえば，2017 年度末時点で日本生命は約 54 兆 7035 億円，第一生命グループは 43 兆 6509 億円の有価証券を保有している [14]．このように，保険会社は，その投資額の大きさからみて「機関投資家 institutional investor」として見逃しえない存在である．

　「公的金融機関」とは，特別法にもとづいて設立された日本政策投資銀行や日本政策金融公庫，商工組合中央金庫，国際協力銀行等を指し，民間金融機関が取り組みがたい領域での金融支援を目的としている [15]．このような公的な金融支援については，議論がないわけではない．たとえば，大規模プロジェクトにくらべて，中小企業向けの貸出しは民間金融機関との競合が問題になりやすい．日本政策金融公庫と商工組合中央金庫の場合，中小企業の起業とその円滑なテイクオフを資金面で支援することは，その存在理由に関わるものである．しかし，そのような領域での手厚い融資は，政府の後ろ盾のもとでの豊富な資金力と低金利によって可能になっており，結果的に公的金融機関の守備範囲を超えた貸出しは，金融の分野で進んでいる自由競争に水を差しかねないであろう．ゆうちょ銀行については，すでに民営化に踏み出した金融機関であるにもかかわらず，その他の普通銀行との将来の事業競合が問題になっている．これに対して，日本政策金融公庫や商工組合中央金庫については，公的金融機関と民間金融機関との住み分けと協働の問題がクローズアップされている．

---

14) 日本生命保険相互会社『ANNUAL REPORT 日本生命の現状 2018［統合報告書］（2018 年 7 月）』138 頁，第一生命ホールディングス株式会社『第一生命ホールディングズ　アニュアルレポート 2018　統合報告書（2018 年 8 月）』86 頁．

15) 鹿野『日本の金融制度〔第 3 版〕』524-532 頁，内田『金融』157-158 頁を参照．公的金融機関の役割としてはさらに，家森が旧住宅金融公庫による不況時の低金利・大量貸付けに着目したように，景気の調整を挙げることができる．家森『金融論』132 頁．

第 4 章　貨幣と金融　　*65*

6 銀行の主要業務——預金業務，融資業務，決済業務

間接金融について説明したように，銀行は余剰金を受け入れて，それを資金需要者に貸し出す．すなわち，「預金 taking deposits」と「融資 lending loans」が銀行の主要業務である．銀行は営利企業である限り，当然ながら預金金利よりも貸出金利のほうを高く設定して貸出しを行う．それでは，銀行は，受け入れた預金の額と等しい金額だけしか貸し出さないのであろうか．その答えは否である．銀行は，最初に受け入れた預金額以上の「預金通貨」を創出するのであり，銀行のこの機能は「信用創造 credit creation」とよばれる．『経済発展の理論』のなかでシュンペーターが指摘したように[16]，銀行（あるいは銀行家）は自らが新たに購買力を創出し，企業（あるいは企業者）にその利用機会を提供する点で企業の重要なパートナーである．

いま赤，緑，青の3つの銀行があり，赤銀行は余剰金をもつ者たちから合計50億円を預かったとする．赤銀行はこの50億円を死蔵するのではなく，そのうちの一定割合，たとえば，9割を貸し出す．50億円全額を貸し出すことができないのは，銀行が預金の引き出しに備えなければならないからであり，この場合には，預金額の1割である5億円が支払準備金になる．

赤銀行に口座をもつ印刷会社A社は，10年前に導入した設備の更新を予定している．A社は，オリンピックのパンフレット印刷を一手に受注しており，企業業績は好調である．A社は，設備更新の費用を計画的に準備してきたが，印刷業界における急激な技術革新に後れを取るまいとの経営陣の判断から，結局，工場全体の建替を含む大規模な設備投資に乗り出す．A社は，その費用の一部である45億円を赤銀行から借り入れようとする．赤銀行は，A社の事業計画書を精査したうえで融資を決定し，45億円を自行のA社の口座に入金することで，貸出しを実行する．A社は，印刷機メーカーB社から大型の印刷機械類を購入し，その代金45億円をB社に支払う．

---

16) J. A. Schumpeter, *The Theory of Economic Development: An Inquiry into Profits, Capital, Credit, Interest, and the Business Cycle,* translated by R. Opie, Transaction Publishers, 1912 [1983], pp. 71-74. 塩野谷祐一・中山伊知郎・東畑精一訳『経済発展の理論——企業者利潤・資本・信用・利子および景気の回転に関する一研究』（岩波文庫，1977年）全2冊，上巻，193-198頁．

この支払いは，赤銀行のA社の口座から45億円が引き落とされて，緑銀行のB社の口座へ入金されることで完了する．

　今度は，B社から45億円を預かった緑銀行が1割の支払準備金を差し引いた40億5000万円を，自行に口座をもつ建設会社C社に貸し出す．C社には，オリンピックの開催を控えて続々と仕事が舞い込んでおり，その業績は右肩上がりである．C社の社長は，他の役員の反対にもかかわらず，事業の拡大を見越して，新社屋用の土地の購入を取締役会で決定する．40億5000万円の土地の売り手は，不動産会社D社である．C社は，赤銀行からの融資を受けようとするが，C社が赤銀行へ提出した事業計画書は詳細であったにもかかわらず，審査は通らず，融資は実現しない．しかし，運よくC社は，緑銀行からの融資を受けることになる．C社からD社への40億5000万円の支払いは，緑銀行がC社への貸出しとして自行のC社の口座に同額を入金したのち，引き落とされて，青銀行にあるD社の口座へ入金されることで完了する．青銀行は，受け入れた40億5000万円から1割の準備金を差し引いた36億4500万円を，さらに別の企業に貸し出そうとするであろう．

　以上のように，企業間の取引に伴う入金（預金）と貸出しが繰り返し続いていくと，その取引のあいだに立つ各銀行は，全体としてみると，最初に預かった金額をはるかに超える預金をもち，また貸出しを行っていることになる．先の事例では，最初に赤銀行が預かった金額は50億円であるが，預金の総額は，50億＋45億（←50億×0.9）＋40億5000（←45億×0.9）＋……の合計，すなわち，500億円となる（預金総額＝最初の預金／1－貸出率，つまり，最初の預金／支払準備率）．各銀行は，全体として450億円の預金通貨を新たに創出したことになる．

　ところで，A，B，C，Dの4社のあいだでの取引について確認すると，各社の口座からいちいち現金が引き出されて支払いが行われているわけではない．もちろん，支払いを行う者が自己の口座からいったん現金を引き出して，支払いを受ける者の口座に入金することは，私たちが普段経験している銀行の利用の仕方ではある．だが，ある財やサービスの売買に伴う貨幣の移

動は，上記のように，4社のそれぞれが3つの銀行にもっている口座の残高
の書き換えによって代替されうる．

　ある財の売り手（＝支払いを受ける者）がその買い手（＝支払いを行う者）に財
を渡し，買い手が売り手に代金を支払い終わることや，資金の借り手が貸し
手に返済を終えることのように，何らかの経済取引が完了することを「決済
settlement」とよぶ．銀行は，これらの取引を行う者たちのあいだに位置し
て決済がスムーズに行われるように仲介する．これが銀行の第3の主要業務
である．今日，この決済業務は，銀行を含めた各種の金融機関がネットワー
クを構築することで，金融機関全体で行われている．支払いを行う者と支払
いを受ける者との個別の取引は，金融機関同士の支払いと受取りの取引に集
約されて処理される．日本の場合，全国規模でのオンライン決済業務を処理
するために，全国銀行資金決済ネットワークが運営している「全国銀行デー
タ通信システム」と，日本銀行が運営している「日本銀行金融ネットワーク
システム」が稼動している[17]．

7　通貨と金融の管理者としての日本銀行

　金融機関のなかでも中央銀行は，特殊な金融機関である点についてはすで
に触れた．各国の中央銀行の生成・展開史は，その時々の政府が抱えた財政
問題を抜きにしては語りえない．たとえば，イギリスの中央銀行といえば，
「イングランド銀行 Bank of England」であるが，その起源はファルツ継承
戦争中の1694年に遡る．民間銀行として出発したイングランド銀行は，軍
事費の調達に苦慮していたイギリス政府にとって，打ち出の小槌のごとき貸
し手となった．初期のイングランド銀行は，平時における増税を財政的な裏
づけとする戦時公債の発行により，巨額の軍事費を確保する財政システムの
一環として機能した[18]．

　日本銀行は，西南戦争後の1882年に設立された．当時の大蔵卿松方正義

---

17) 銀行間決済の全国ネットワークについては，藤木『入門テキスト　金融の基礎』36-37
　　頁を参照.

が日本銀行に期待したのは，通貨価値の安定であった．松方は，西南戦争によって拍車を掛けられた物価の高騰に対処すべく，各国立銀行に不換紙幣の発行を停止させ，兌換紙幣を発行する唯一の銀行を設立することで通貨価値の安定をめざしたのである．さらに，1942 年に制定された旧「日本銀行法」では，「日本銀行ハ国家経済総力ノ適切ナル発揮ヲ図ル為国家ノ政策ニ即シ通貨ノ調節，金融ノ調整及信用制度ノ保持育成ニ任ズルヲ以テ目的トス」(第 1 条，圏点は引用者のもの) と規定された．日本銀行は，まさに戦時下で国家政府に奉仕することを求められたのである [19]．

　以上のように，時代や国の別を問わず，財政問題の解決を迫られた政府は，中央銀行と表裏一体の関係を築こうとしたかにみえる．しかし，そもそも表裏一体であるならば，中央銀行それ自体に独自の存在意義はなく，政府が通貨と金融を一元的に管理すればよいのではないだろうか．以下では，日本銀行の中央銀行としての機能と果たすべき役割を，現行の「日本銀行法」(1997 年改正) [20] にもとづいて整理したのち，この問題を考えてみよう．

　日本銀行は，第 1 に，国の唯一の「発券銀行 bank of issue」であり，強制的通用力をもつ紙幣「日本銀行券」を発行している．第 2 に，日本銀行は，個人や企業とは取引をせず，各種の金融機関を相手に取引する「銀行の銀行 bank of banks」である．たとえば，金融機関同士の決済は，全国銀行データ通信システムによって決済情報が集約・処理される第 1 段階と，各金融機関が日本銀行に保有している「日本銀行当座預金」をつうじて行われる資金の移動という第 2 段階からなる．また，今日の金融機関は，信用創造や決済業務をみても明らかなように，業務の面で相互に結びついて全体として 1 つ

---

18) イングランド銀行史については，たとえば，次の文献を参照．藤田幸雄『中央銀行の形成——イングランド銀行の史的展開』(多賀出版，1987 年)．春井久志「金融における史的展開——イギリスの近代銀行制度の発達を中心に」，町永昭五編『入門 貨幣と金融』(八千代出版，1994 年)．R. Roberts and D. Kynaston, *The Bank of England: Money, Power & Influence 1694-1994*, Oxford University Press, London, 1995．浜田康行・宮島茂紀・小平良一訳『イングランド銀行の 300 年——マネー・パワー・影響』(東洋経済新報社，1996 年)．
19) 三上『円の社会史』100-105 頁，179-180 頁．熊倉『中央銀行と金融政策』9-10 頁．
20)「日本銀行法」の全文は，日本銀行金融研究所編『日本銀行の機能と業務』に「Appendix 1」(232-244 頁) として収録されている．

の金融システムを形成している．それゆえ，たとえ1つの金融機関の経営悪化であっても決して蔑ろにすることはできず，金融システム全体の連鎖的な機能不全が生じないように，日本銀行には資金の貸付けをはじめとする慎重かつ適切な対応が求められている．日本銀行は，金融システムを安定させる責を負っているのである．第3に，日本銀行には政府の預金口座が開設されており，「政府の銀行 bank of government」の機能を果たす．すなわち，日本銀行はこの口座によって国庫事務——租税収入等の受け入れや政府が行う公共事業のための支払い等——を行う．以上の3つの機能に加えて，日本銀行は，通貨と金融を管理することにより，「物価の安定」を図り，「国民経済の健全な発展」に貢献することをその存在理由としている．

日本の持続的な経済成長を金融の面で支えているのが日本銀行であるが，その運営に関する意思決定はどこでなされるのであろうか．日本銀行の最高意思決定機関は，総裁を含めた9名からなる「政策委員会 policy board」であり，とくに金融政策の運営に関する問題を議論し，決定する会合は「金融政策決定会合 monetary policy meetings」とよばれる．内閣は，衆参両議院の同意を得たのち，政策委員会のメンバー9名を任命するので，人事面で政府と国会双方の思惑が入り混じることは考えられる．もちろん，金融のエキスパートのなかから金融政策に関する立案能力と判断能力に長けた人物が選ばれる以上，政府と国会の日本銀行に対するあらゆる要望がそのまま政策委員会で受け入れられ，金融政策に反映されるとは考えられない．

日本銀行法では，日本銀行の自主性の尊重について規定している（第3条第1項，第5条第2項）．さらに，「財政法」（1947年制定）を確認すると，政府が日本銀行に国債を引き受けさせて，打ち出の小槌のごとく利用することを戒める内容と，その小槌の利用に道をひらく内容——「但し」「特別の事由」「国会の議決」，限られた「金額の範囲内」という言葉によって綴られている——を記した条文（第5条）に出会う．この点を踏まえて，日本銀行法第3条と第5条のあいだの条文をみると，次のようなものである．すなわち，「日本銀行は，その行う通貨及び金融の調節が経済政策の一環をなすものであることを踏まえ，それが政府の経済政策の基本方針と整合的なものとなる

よう，常に政府と連絡を密にし，十分な意思疎通を図らなければならない」
（第4条．圏点は引用者のもの）．この第4条における「十分な意思疎通」は，忖
度云々は抜きにしても一考に値する言説である．長引く不況のもとで斬新な
金融政策の模索を政策委員会が強く意識するとき，結果的に日本銀行は，政
府が日本銀行に熱望する金融政策の方向性に同意してしまう可能性は否定で
きないであろう．

8　金融政策（1）——公開市場操作と「無担保コールレート（オーバーナイト物）」

　経済政策とは，公的機関が一国経済の実情を判断したうえで，将来の望ま
しい経済の姿を実現すべく，経済に働きかけること（＝介入）である．経済
政策は，政府が介入主体であれば「財政政策 fiscal policy」とよばれ，中央
銀行が介入主体であれば「金融政策 monetary policy」とよばれる．本節で
は，中央銀行である日本銀行が行う金融政策の基本を確認しよう．

　日本銀行は，銀行の銀行として民間の金融機関と取引を行うが，その取引
は，すでに述べたように，各金融機関が日本銀行に保有する当座預金をつう
じて行われる（以下の説明では，単に当座預金という場合，日本銀行当座預金を指す）．
経済活動の「血液」である通貨は「巨体」である国民経済の全体を隈なく，
滞りなく，循環することによって，好景気と不景気という国民経済の「体
調」の落差の小さい，健全な成長を促すことができる．日本銀行は，この血
液を循環させる金融機関の要となる位置を占めている．日本銀行は各金融機
関の当座預金残高に着目し，その増減に影響を及ぼすことによって，時々の
景気に応じた望ましい通貨量の循環を促そうとする．

　市場経済社会における金融の完全なコントロールは望むべくもないが，た
とえ可能であるとしても，それは市場経済社会の活力を殺ぐことと引き換え
に得られるコントロールでしかないであろう．このことを認めてもなお，景
気の変動の調整と安定的な経済の成長は，市場経済社会において政府が負う
べき社会的責任であり，その責任を中央銀行は分かち合っているのである．

　当座預金残高を調整する手段は「公開市場操作 open market operation」

とよばれ、「買いオペ buying operation」と「売りオペ selling operation」の2つがある。買いオペとは、日本銀行が金融機関から国債等の金融資産を購入して、その当座預金残高を増加させることである。それとは反対に、日本銀行が保有する金融資産を売却して、当座預金残高を減少させることが売りオペである。この公開市場操作によって日本銀行は、資金供給の増減を図りながら、市場の金利を日本銀行が望ましいと判断する水準に落ち着かせようと試みてきた。しかし、すべての市場金利が直接の誘導対象になったわけではない。日本銀行が誘導の対象としてきたのは「無担保コールレート（オーバーナイト物）uncollateralized overnight call rate」である。

　金融機関は、不測の引出しに備えて当座預金に一定金額を積んでおくことが法律によって定められている。この制度は「準備預金制度 reserve requirement system」とよばれる。他方で、金融機関のあいだでの決済は当座預金をつうじて行われるため、その残額が不足することは許されない。金融機関は、上記の2つの理由から、必要な残高の確保を図らなければならない。そこで、金融機関は、「インターバンク市場 interbank market」とよばれる金融機関のみが参加する金融市場において、互いに資金の短い貸し借りを行うことで、法定準備預金額[21]を超えて必要となる当座預金残高を確保しようとする。

　金融市場は、資金の取引期間の違いにもとづいて、通常、「短期金融市場 short-term money market」（1年未満）と「資本市場 capital market」（1年以上）に大別される。当座預金残高の資金繰りを考えるさいに注目しなければならないのは、短期金融市場のなかでも、「担保不要かつ overnight で、すなわち、借り入れた翌日には返済される資金」が取引される市場である。この市場での金利が、無担保コールレート（オーバーナイト物）である。

　このオーバーナイト物市場の特徴としては、取引の切迫性が挙げられる。

---

21) ただし、金融機関は、この金額をつねに当座預金に積んでおく必要はなく、1カ月間の平均額が、要求される法定準備預金額を上回っていればよい。したがって、この制度設計上の配慮により、金融機関には、当座預金残高について、日々の資金のやり繰りの余地が拡がる。日本銀行金融研究所編『日本銀行の機能と業務』103-105頁。

資金の不足を予想する金融機関は，資金の余剰を予想する金融機関から何としても借り入れて，当座預金残高の必要予想額を確保しようと躍起になる．それゆえ，借り手は高金利の支払いを厭わないことになる[22]．オーバーナイト物取引の，この切迫性に着目する日本銀行は，当座預金残高の総量を増減することができる唯一の市場参加者として影響力を行使することで，無担保コールレート（オーバーナイト物）という金利を，日本銀行が望ましいと判断する水準へ誘導しようとする．たとえば，日本銀行が当座預金残高の不足を予想する金融機関から金融資産を購入し，預金残高を増加させる場合，その金融機関は他の金融機関からオーバーナイト物を借りる必要はなくなるであろう[23]．このような買いオペが他の金融機関に対しても実行されるならば，無担保コールレート（オーバーナイト物）の上昇を抑制することが可能になる．こうして，無担保コールレート（オーバーナイト物）は，日本銀行にとって，御しやすい金利であると同時に，それよりも取引期間が長い資金を対象とする金融市場での，金利形成の参照基準となる点で重要な位置を占めてきた．

　財やサービスの価格全般が継続的に下落すること（デフレ deflation），あるいは上昇すること（インフレ inflation）は，国民経済へのダメージが大きい．この点を念頭に置くならば，日本銀行は，無担保コールレート（オーバーナイト物）を操作することによって，それに連動して上下するはずの短期と長期の金利や株価，為替レート等に影響を及ぼすことで，「物価の安定」と「国民経済の健全な発展」をめざしてきたといえよう[24]．

9　金融政策（2）——ゼロ金利政策後に見出された金融政策の新たな方向性

　私たちは，経済に関する議論のなかで日常感覚にそぐわない用語に出会うことがしばしばある．金融の領域では，「ゼロ金利政策 zero interest rate policy」がまさにそうであろう．ゼロ金利とは，文字どおり，借入資金の金利がゼロになることであろうか．この問題への回答を含めて，ここ20年間

22）日本銀行金融研究所編『日本銀行の機能と業務』109頁.
23）熊倉『中央銀行と金融政策』69-70頁.
24）藤木『入門テキスト 金融の基礎』254頁.

第4章　貨幣と金融　73

の金融政策の歴史を振り返ってみよう．日本銀行が模索してきた金融政策の新たな方向性[25]の一端を窺うことで，金融政策のかじ取りがいかに困難な任務であるかを確認することにしたい．

第1は，「ゼロ金利政策」である．これは，無担保コールレート（オーバーナイト物）を可能な限り，ゼロに近づける政策である．金利を引き下げる余地が大きく，また金利がプラスの値である場合には，この政策に斬新さは感じられないかもしれない．しかし，この政策が最初に導入された1999年2月の時点で，すでに無担保コールレート（オーバーナイト物）はわずか0.18％であり，それ以上の引下げの余地はごく限られたものであった．それゆえ，このゼロ金利政策のインパクトは，ゼロ水準への引下げというよりもむしろゼロ水準に近い状況が持続することを日本銀行が表明することによって，その他の金利，とくに長期金利の低下を促そうとした点にあった．

第2は，「量的緩和政策 quantitative easing policy」である．これは，無担保コールレート（オーバーナイト物）に代えて，当座預金を操作の対象とする政策である．この政策は2001年3月に初めて導入された．その意図は，日本銀行が各金融機関の法定準備預金額および決済必要額の予想にもとづく当座預金残高に対応すべく，資金を供給するのではなく，日本銀行の側で当座預金残高の目標額を順次設定し，資金を積極的に供給し続ける点にある．この量的緩和政策によって各金融機関の当座預金残高は増加するが，しかし，問われるべきことは，金融機関が民間企業に貸し出すことが可能な資金の意図的な積み増しは，実際の貸出額の増加をどれほど促すのかである．

第3は，「信用緩和政策 credit easing policy」である．日本の場合，一般に国債以外の債券は，国債とくらべて高金利である．このことは，国債は償

---

25) 湯本雅士『金融政策入門』（岩波書店，1993年）第2章「金融政策の軌跡」，小林『金融政策』第9章「『非伝統的』金融政策——ゼロ金利政策」，同第10章「『非伝統的金融政策——量的緩和・信用緩和』，同第11章「『非伝統的』金融政策のまとめと今後の課題」，春井久志「非伝統的金融政策——日本銀行と欧州中央銀行を中心に」，『証券経済研究』第98号（日本証券経済研究所，2017年6月），福田慎一「黒田総裁以降の金融政策——これまでの歩みと出口への展望」，『経済セミナー』第705号（日本経済評論社，2018年12月）を参照．

還の確実性からみて安全性が高い一方，国債以外の債権はそのリスクが大きいことを意味する．信用緩和政策は，国債のようなリスクの小さい金融資産に加えて，リスクが大きい金融資産をも購入対象と宣言し，その買入れをすすめる政策である．信用緩和政策が量的緩和政策と異なるのは，単に買入れ対象の金融資産の幅が広がるという点だけではない．信用緩和政策は，リスクが大きい金融資産の価格を下支えすることで，そのような資産の高金利の原因であるリスクそれ自体を低下させ，その結果，金利の低下が期待できるのである．

　第4は，「マイナス金利政策 negative interest rate policy」である．日本銀行が金融資産の購入金額を増やしていくと同時に，購入対象を広げていけば，おのずと購入対象である金融資産の制約に直面する．加えて，先に指摘したように，当座預金残高の増加を実際の貸出しの増加に繋げていくためには，金融機関に何らかの刺激を与えなければならない．2016年1月に導入されたマイナス金利政策とは，当座預金の一部について，日本銀行が預金者である各金融機関に対して利子を支払わせる政策である．金融機関は，増加した当座預金残高をただ寝かせておくならば，マイナス金利によって損失を被る以上，企業への貸出しに積極的になるであろうというのがこの政策の意図である．

　第5は，「フォワード・ガイダンス forward guidance」である．これは「時間軸政策」ともよばれているが，具体的な金融政策の内容ではなく，その明確な表明という形式それ自体を指す．金融政策の内容とならんで，なぜ，その表明の形式が金融政策の一部となるのであろうか．日本銀行が景気を浮揚させるべく，経済の血液である通貨を積極的に送り出そうとする金融緩和政策は，人びとに歓迎されるであろう．しかし，それは，あくまでも不景気を好転させるための期限つきの政策である．すなわち，いつかは政策を変更すべきときが訪れるはずである．日本銀行は，この緩和政策を終わらせる出口戦略をつねに念頭に置く一方で，その戦略を実行に移すタイミングを見定めるという難題に対峙している．

　現在から将来を見据えて行われるのが経済活動である以上，現在の金融緩

和政策が実際に景気の改善に数字として表れてくるのは先のことであり，その先のことというのは，実は現在の人びとの将来に対する予想に大きく左右される．それゆえ，日本銀行は，新たに取り組もうとする金融政策を公表するさいに，その政策の内容や持続性，一貫性について明言することにより，人びとの将来に対する予想のブレを小さくして，金融政策の実効性を高めることができると考えられる．フォワード・ガイダンスの"forward"は，「将来の」という意味であることから分かるように，人びとの政策変更に対する懸念をあらかじめ排除する「指針」それ自体が，いまや金融政策において重要な意義をもつようになっている．

　しかし，このフォワード・ガイダンスには，金融の緩和と引締をめぐって，その影響の仕方に違いがあることに留意しよう．金融の緩和の明言については，その時期をはじめとする政策内容の確実性が人びとの期待を少なくとも上向かせる効果をもつ一方，引締についての明言は，実施時期を明言された増税と同じように，景気の冷え込みを一気に加速するおそれがある．日本銀行は，フォワード・ガイダンスによって金融政策の説明責任を果たそうとすればするほど，出口戦略の立案と実行には慎重な判断が求められるというジレンマに直面している．

第5章 生産の担い手としての企業

——市場経済社会の「私器」の性格——

1 企業の本質——財とサービスの供給，利潤の追求

　人びとは，自己保存のために様々な財やサービスを必要とするが，その量的・質的な充実は個々人の独立した経済活動のみで可能になったのであろうか．いま，議論の出発点として，人びとが皆，自分の資産と労働によって何らかの生産を行い，それを他者に販売する社会を想定しよう．この独立生産者の社会においては，自分のものを使用して自分の判断と自分の労働で生産したものは自分のものであり，所有と経営と労働は一体化している．

　しかし，この独立生産者の社会においては，生産力の飛躍的な発展は望みがたい．豊富な財やサービスを享受する可能性は，市場経済社会において切りひらかれた．市場経済社会は，生産における「自分のもの」と「自分の労働」という制約を超えて，「他人のもの」と「他人の労働」[1]を，市場をつうじて効果的に活用する社会である．表現をかえていえば，独立生産者の社会における生産力の隘路が打ち破られたのは，市場において「家計」と密接な経済関係を構築する「企業」とよばれる組織が出現し，発展したからであった．

　企業は，家計から労働力の提供を受けて生産を行い，家計に対しては財と

＊　本章の基本文献：梅澤正『企業と社会——社会学からのアプローチ』（ミネルヴァ書房，2000年），宮本光晴『企業システムの経済学』（新世社，2004年），亀川雅人・高岡美佳・山中伸彦『入門 現代企業論』（新世社，2004年），小松章『企業形態論〔第3版〕』（新世社，2006年），三戸浩・池内秀己・勝部伸夫『企業論〔第4版〕』（有斐閣，2018年）．

1）労働力の適切な配置と利用をめぐる判断もまた，労働の一種であり，他者の判断力は，市場をつうじて活用することができる．

サービスを供給するが，それでは，企業の目的とは何であろうか．組織について，特定の目的を達成するための人間を主体とする結合体と定義するならば，企業の目的は利潤の追求である．この結合体は，第1に，多様な資質と資産をもつ人びとの結合体であり，第2に，人間が主体となって資本と土地を活用し，生産を行うという意味で生産要素間の結合体である．

なお，市場経済社会における企業の発展を考える場合，単にその経営規模の拡大を想起するだけでは不十分である．企業の経営規模の拡大のための，資産の結合は，いかにして可能となったのか．また，企業の淘汰とは，どのようなものなのか．この2つの問題を，現代企業の代表的形態である「株式会社 stock company」の特徴に留意しつつ解き明かす必要がある．

2 企業の形態——所有に伴う経営への関与とその稀薄化

企業の形態を考える場合，政府や地方公共団体の出資による「公企業 public enterprise」や，政府と民間の共同出資による「公私合同企業 mixed enterprise」などの公共性が高いものもあるが，本節では，利潤の追求を第1の目的とする「私企業 private enterprise」について，その形態を整理してみよう．

歴史的にみると，私企業は，出資した企業に対する債務責任と経営への関与という2つの視点から，類型化することができる[2]．私企業はまず，「個人企業 sole proprietorship」と「法人企業 incorporated enterprise」に分けることができる．個人企業とは，先に述べた独立生産者のことであり，一個人が資金を出して事業を起こし，その経営を行う．個人企業の場合，出資者は同時に経営者であり，また事業により生じた債務をすべて負う．この個人企業に対して，法の規定にしたがって個人と同じく，権利や義務を認められた企業が法人企業である．法人企業には次の4つのタイプがある．

---

[2] 企業の形態論はそれ自体が興味深い研究テーマであり，法的な区分と経済的な区分にもとづいて議論されるが，本章では，所有に伴う経営への関与とその稀薄化という経済的視点に留意しつつ私企業の形態を整理する．詳しくは，小松『企業形態論〔第3版〕』第2章「企業形態の展開」を参照．

第1のタイプは，「合名会社 general partnership company」である．個人企業の場合，その発展や消滅は，創業者の資質や寿命の長さに大きく左右される．個人企業のこの種の限界を乗り越え，事業の規模を拡大していくために，出資者兼経営者が複数になるのが合名会社であり，債務は出資者全員が負う．合名会社においても個人企業と同じく，所有と経営は一体である．

　第2のタイプは，「合資会社 limited partnership company」である．合資会社は，出資者が複数人からなる点では合名会社と同じであるが，責任の範囲と経営への関与について違いがある．合資会社は「無限責任社員 unlimited partner」＝出資額を超えて責任を負う者と，「有限責任社員 limited partner」＝出資額の範囲内でしか責任を負わない者，この2種類の出資者からなり，合資会社の経営は，会社の責任を一身に背負う無限責任社員が担う．有限責任社員は出資しているにもかかわらず，企業経営に関与しない．有限責任社員になることは，企業経営のかじ取り役という主体的な立場よりも，企業経営の最大限のリスクがあらかじめ予測可能であり，まさに受動的に利潤の配分に与る立場を選ぶことにほかならない[3]．出資者に有限責任社員という選択肢を与える合資会社は，合名会社以上に事業資金を調達するのに好都合な企業形態であるといえよう．

　第3のタイプは，「株式会社」である．合資会社が2種類の出資者から構成されるのに対して，株式会社の出資者はすべて有限責任社員であり，出資額に比例して利潤の配分に与る．このことは，とくに大規模な資本設備を必要とする産業での資金調達にとって有利である．この株式会社制度の生誕によって所有と経営は，制度上，完全に分離するが，次節で述べるように，この分離に伴う不都合に対応すべく，株式会社の存立構造が新たに問われることになる．また，合名会社と合資会社，さらに後述の合同会社の場合，出資の証である持分の譲渡には他の出資者の承諾が必要であるが，株式会社の場

3）日本の旧商法（156条）では，有限責任社員は，制度上，企業経営の任務に就くことはできなかった．現行の会社法（590条，599条）では，無限責任社員しかいない合名会社のみならず，合資会社や後述の合同会社においても，有限・無限の責任の別なく，社員は，企業経営のかじ取り役を担いうる存在である．青武正一『新会社法〔第2版〕』（信山社，2008年）489-490頁，497-498頁，500頁．

第5章　生産の担い手としての企業　　*79*

合，出資の証である株式の譲渡にはそのような制約はない．とくに「株式市場 stock market」に上場されている株式は自由に売買可能であり，その意味で他の企業形態の出資の証よりも流動性は高い．

合資会社やそれ以上に所有と経営の関係が深い合名会社の場合，会社をともに設立し，会社にともに関わり合っていくという仲間意識を共有できない限り，実際に出資者になることは難しい．これに対して，株式会社の場合，株式を購入するだけで自分が望む特定の企業の株主になることが可能である．特定の企業への金銭的愛着や思い入れが稀薄になれば，株式の売買により，他の企業の株主になることや，資金に余裕があれば，複数の企業の株主となることも容易である．株式会社は，人びとから広範囲に出資を募り，多額の事業資金を調達するという点において，私企業のなかで最高のパフォーマンスを発揮する企業形態なのである．

なお，日本では，有限責任社員を会社の構成員とする企業のタイプとしては株式会社以外に，社員数を 50 名以内に限定した「有限会社 limited company」が存在した．有限会社は，小規模の事業経営を想定していたとはいえ，株式会社の設立時に資本規模を問うことの意義が再考され，株式会社の設立が容易になったとき，その存在理由はなくなるであろう．実際に，会社法（2005 年制定）には有限会社の新規設立の条文はない[4]．

第 4 のタイプは，「合同会社 limited liability company」である．この会社は，出資者がすべて有限責任社員である点で株式会社に近いが，出資者が経営者を兼ねる点と，出資の比率に縛られずに利潤の配分を定めることができる点で，合名会社や合資会社に近い．

ところで，いま順番にみてきた企業の形態は，1 節で触れた「他人のもの」（＝資金）を広く，集める可能性の大小という点に着目するならば，《個人企業⇒合名会社⇒合資会社⇒株式会社》というように，企業形態の歴史的変遷過程を示唆するものといえよう．ここで「歴史的」というのは，とくに設備投資への迅速な対応が可能か否かを目安とするものである．たとえば，

4）有限会社の制度変更については，龍田節・杉浦市郎『企業法入門〔第 5 版〕』（日本評論社，2018 年）44-45 頁を参照．

一国が工業化の道を歩み始めて，製造業に必要な資本が工業化以前とは比較にならないほど大きくなり，それに伴って選択される企業の形態は，変遷を遂げるという意味である．ただし，個々の企業はその成長の各段階に応じて形態を変更できる以上，企業形態の歴史的変遷過程は，特定の一企業が辿りうる変遷過程としても捉えることができる．

しかし，今日，1人の個人が1円の資本金によって株式会社を設立できることからも分かるように，出資額の大きさや資本調達の可能性を基準にして，中小企業は一義的に個人企業や合名会社，合資会社の形態をとるべきであるという議論にはならない．事業を起こす者は，その事業の特性に鑑みて企業の形態を自由に選択することができる．だが他方で，激しい市場競争のもとでは，新規設立企業のすべてが大企業[5]へ成長できるわけではない．それゆえ，企業の形態は，当然ながら併存することに留意しなければならない[6]．なお，日本の法人企業の数（2016年度）を確認すると，合名会社は3794，合資会社は1万7042，株式会社は252万823，合同会社は6万6045，その他は6万4329となっており，株式会社は，法人企業総数267万2033の実に94.3％を占めている[7]．

3　株式会社における「所有と経営」をめぐる問題──株式会社の「三権分立」

株式会社は，先にみたように，広く出資を募り，多額の資本を集めるのに有利な企業形態である．しかし，この資本調達の可能性が大きいことは，株式会社における「所有と経営」をめぐる問題を必然的に引き起こす．

株主が創業者を含めてわずか数名である株式会社においては，創業者であ

5）もちろん，大企業とは何かという定義が問題になる．たとえば，日本銀行の『全国企業短期経済観測調査』では，調査対象として資本金10億円以上を大企業とみなしている．なお，会社法によれば，資本金が5億円以上あるいは負債が200億以上の会社は「大会社」と規定されている（第2条第6号）．中東正文・白井正和・北川徹・福島洋尚『会社法』（有斐閣，2015年）25頁．

6）小松『企業形態論〔第3版〕』29頁を参照．

7）国税庁長官官房企画課『平成28年度分 会社標本調査 調査結果報告 税務統計から見た法人企業の実態（2018年3月）』14頁．

第5章　生産の担い手としての企業　*81*

る株主みずからが株式会社の経営の担い手となるであろう．この株式会社が順調に業績を伸ばし，経営規模を拡大していく過程で追加の資金が必要となり，追加の出資を募っていくとき，株主の数と株式それ自体の数は飛躍的に増加していくに違いない．もちろん，ある少人数の株主が巨額の株式を引き受け，経営のかじ取りを担うことも考えられるが，原理的には広い社会階層の人びとが株式を所有することになるであろう．

このような株式所有の分散は，株主と会社との関係に影響を及ぼし，その結果，大規模化した株式会社の経営は，もはや創業者や少数の株主集団の手中から離れざるをえなくなる．なぜならば，第1に，株式市場の整備に伴って株主は複数の企業の株式を所有し，なおかつその関心は成長可能性の高い，すなわち，株価の上昇を見込める企業に注がれるため，株主が特定の企業だけに関心を集中してその経営の一翼を担うことは難しくなるからである．第2に，株主がそのような姿勢を貫こうとしても，大規模化した株式会社の現場の情報を正確に，かつ必要なだけ得ることは難しくなる（企業と株主とのあいだの情報の非対称性）．このようにして，株主は，株式会社の所有者でありながら，その経営を特定の人間——経営情報に精通し，判断力をはじめとする経営の資質をもつ者——に委ねざるをえない．

しかし，スミスがその東インド会社批判において示唆したように，株主と企業とのあいだで利益に相反する行為を相互に抑制し合うことは難しい問題である[8]．株式会社における存立構造が問題となる所以である．株式会社が大規模化していくにつれて深刻化する，この問題に対処するため，株主と経営者とのあいだの分業＝役割分担が制度化されている．会社法の規定に依りつつ，最もシンプルな株式会社の存立構造に関して，「株主総会 shareholders meeting」「取締役会 board of directors」「監査役 auditor」のそれぞれ

8）イギリス東インド会社は，インドとの貿易のみならず，その統治をも担うことになる国策会社であっただけに始末が悪かった．たとえば，スミスは，イギリス本国から遠く離れたインドに駐在する従業員は会社と競合する事業に精を出す一方，株主はその影響力を縁故入社のために行使しかねないと指摘している．Smith, *Wealth of Nations*, Vol. 2, pp. 638-639, p. 752. 大河内訳『国富論』第3分冊，250-252頁，457-458頁．

の役割と，3つのあいだの関係を確認しておこう[9].

　株主総会とは，株式会社の最高意思決定機関である．文字どおり，株主が一堂に会して，会社の約束事である「定款 articles of incorporation」の変更や，会社の経営と監督を委ねる人びとの任免，資本金の増減，会社の合併や解散について審議し，議決する．また，株主総会は，株式会社の経営の内容を示す計算書類や事業報告を承認する．

　取締役会は，株主総会で選任された複数の取締役をメンバーとし，株式会社の経営の司令塔の役割を果たす．株式会社における経営者とは，株主から会社の実際の経営を委ねられた取締役たちのことを指す．取締役会では，経営のトップである「代表取締役 representative director」——株式会社を対外的に代表するとともに，企業経営の一体性を担保して経営の舵をとる——の任免，重要な財産の処分や譲受け，多額の借入れ，会社内の組織の設置や改廃，取締役以外の管理職の任免などが決定される．

　監査役もまた，取締役と同じく，株主総会で選任される．株式会社の経営が法や定款に反することなく，適切に行われているかを監督するのが監査役であり，その役割は2つに大別される．第1は，代表取締役をはじめとする各取締役が指揮する様々な業務内容をチェックする役割であり，「業務監査 business audit」とよばれる．第2は，決算書等の会計書類に虚偽記載がないかどうかを精査し，不正を見逃さないようにする役割であり，「会計監査 accounting audit」とよばれる．

　以上のような株式会社の存立構造は，『法の精神』（1748年）を著したモンテスキュー（Charles Louis de Secondat, Baron de la Brède et de Montesquieu, 1689-1755）の三権分立の着想にならえば，立法府としての株主総会（最高意思決定機関），行政府としての取締役会（業務執行機関），司法府としての監査役（監督機関）というように表現することができる．ただし，当然のことではあるが，法で規定された株式会社の存立構造は，株式会社の現実の姿ではない．う

9）会社法における株主総会，取締役会，監査役の規定については，近藤光男『会社法の仕組み〔第2版〕』（日本経済新聞出版社，2014年）第4章「株式会社の機関」，中東・白井・北川・福島『会社法』第2章「株式会社の機関」を参照．

がった見方をすれば，企業の不祥事とよばれる事件の発生は，法のなかの株式会社像と現実の株式会社とのあいだにズレが，それも大きなズレが生じかねないことを物語っているといえよう．

　たとえば，そのようなズレとしては，①株主総会における新取締役や新監査役の選出は，現任の代表取締役や取締役会があらかじめ指名した候補者を形式的に承認しているにすぎないのではないか，②取締役会は代表取締役を監督する責任を有するが，実際には両者のパワーバランスから取締役会のそのような重要な機能が低下しているのではないかといったケースである．制度の盲点に由来する，この種の問題の解決は制度の運用者の善意にのみ期待すべきではなく，新たな制度設計により，その盲点を排除しなければならない[10]．この点で，株式会社の生え抜きの取締役とは別に，株主の目線に立った学識経験者などを「社外取締役 outside director」や「社外監査役 outside auditor」として迎える制度は，上記の①や②のようなケースを念頭に置いたものにほかならない．

4　諸刃の剣としての株式市場——大企業の成長と死命を制する巨大市場

　2節で確認したように，今日，企業の形態のなかで最もその数が多く，企業といえば，まず想起されるのが株式会社であろう．市場経済社会における株式会社の発展の理由の1つはその資本調達の特徴に求められるが，改めて整理するならば次のようになる．すなわち，第1に，資本の小額かつ均等な分割であり，第2に，分割された資本の単位である株式の自由な売買であり，第3に，出資者の有限責任である．この節では，第2の特徴に関して株式市場についてみたあと，株式市場と株式会社との関係を，株式市場の機能を踏まえて考察する．

　株式市場とは，文字どおり，株式が売買される市場であるが，厳密には，

---

10) この種の盲点についても，スミスの東インド会社批判には汲み取るべきものがある．スミスは，会社の利益に相反する行為に走る者たちの人柄が問題なのではなく，彼らが置かれている地位とそれを規定している制度にこそ問題があると鋭く指摘している．Smith, *Wealth of Nations*, Vol. 2, p. 641. 大河内監訳『国富論』第3分冊，253-254頁．

2つの市場からなる．第1は「発行市場 primary market」であり，資金を調達するために，新たに株式を発行する企業と投資家とのあいだで取引が行われる．第2は「流通市場 secondary market」であり，すでに発行された株式が投資家と投資家のあいだで取引される．ただし，株式会社の株式がすべて株式市場で自由に売買されているわけではない．とくに中小企業の株式は特定の株主の所有となっている場合が多い．では，自由に売買できる株式とは，どのような株式なのであろうか．それは「証券取引所 stock exchange」で取引されている株式のことであり，また株式を証券取引所で投資家の自由な売買対象とすることを「上場 listing」とよぶ．企業が株式を上場するには，証券取引所の厳しい審査基準——上場時の株主数，事業継続年数，純資産の額，企業活動の内容についての情報の透明性など——をパスしなければならない．

　日本には，いま，東京証券取引所を筆頭に名古屋，福岡，札幌の4つの証券取引所がある．2016年の上場株式の売買代金の合計は691兆2539億5300万円であるが，そのうちの99.978％を東京証券取引所が占めている[11]．東京証券取引所には5つの市場がある．上場の基準や審査に関して取引所が関与せず，投資家をプロに限定している「TOKYO PRO Market」（2017年10月26日時点での上場企業数は22社）を除いて考えると，「一部市場」（同2034社），「二部市場」（同525社），「マザーズ」（同246社），「ジャスダック」（同748社）の降順に，概して上場の審査基準は低くなる．もちろん，いわゆる飛び級も認められているが，新規上場時から一部市場に上場するには，株式の時価総額の見込みが250億以上などの基準をパスする必要がある[12]．逆にいえば，一部市場の上場企業は，投資家が安定的な収益性を見極めるうえで役立つ，高い審査基準をパスした日本を代表する企業ということになり，二部市場やマザーズに上場している企業は，最終的にこの一部市場への格上げを志向し

11）日本証券経済研究所編『図説 日本の証券市場〔2018年版〕』（日本証券経済研究所，2018年）49頁．
12）日本証券経済研究所編『図説 日本の証券市場〔2018年版〕』47頁，164-165頁，188-189頁．

ているものといえよう．日本では，資本金 10 億円以上の企業が大企業とよ
ばれることが多いが，大企業の判断基準としては，東京証券取引所一部市場
に上場されているか否かは，私たちが普段，耳にする分かりやすい基準の 1
つであろう．

　さて，企業が上場することの第 1 の意義は，資金調達の可能性が大きくひ
らける点にある．企業は，株式市場から「優良企業」というお墨付き[13]を得
ることでその社会的認知度が高まること，また，そのことが自社製品に対す
る新規顧客の獲得，ひいては企業業績の向上に資することを期待する．さら
にこのお墨付きは，企業経営の透明性——企業活動の信頼に足るデータの公
開など——が確保されていることを投資家に伝える役割を果たすから，投資
家は企業とのあいだの情報の非対称性を緩和できるという安心感を抱くであ
ろう．この投資家の安心感は，企業が新たに株式を発行して資金を調達する
さいに有利に働くに違いない[14]．

　上場の第 2 の意義は，企業の私的性格が稀薄化する点にある．創業者は上
場後，当初は高い比率で自社株を保有し，大株主として株主総会でも強い立
場を維持することができるかもしれない．しかし，上場した時点あるいは上
場への準備段階で，企業は家産であり，企業経営は家業であるという創業者
の意識は，その企業の株式を開かれた株式市場で自由に売買しようとする株
主の意識と，すでに懸け離れたものとなる．企業経営は，株主の厳しい目に
晒されつづけるから，カリスマ的創業者といえども，同業他社とは異なる独
善的な経営方針を自社の強みとして掲げつづけるためには，つねに株主の目
を意識しつづけなければならない．そうすると，上場によって資金獲得の可
能性が飛躍的に高まる株式会社という，企業の大規模化とは，株式の大量発
行と株主数の大幅な増加につれて，その私的性格が稀薄化していく過程であ

---

13) 小松によれば，「株式の上場を認められた株式会社は，結果として優良企業という評
　価を社会からいわば無条件に得ることができるため，成長企業にとっては，株式上場
　は，優良企業というステータスと信用を勝ち取るための最も有効な戦略として位置づ
　けられる」（圏点は引用者のもの）．小松『企業形態論〔第 3 版〕』98 頁．
14) 上場の意義と機能については，大村敬一・俊野雅司『証券論——History, Logic, and
　Structure』（有斐閣，2014 年）108-109 頁も参照．

るといっても過言ではないであろう.

ここで, 前節で論じた株式会社をめぐる「所有と経営の分離」の問題に立ち返ってみよう. 株式会社の三権分立に擬せられる, その存立構造が定款上の死文にとどまらず, 現実に十分すぎるほどの機能を果たさなければ, 企業の存立が危ぶまれることになるのは, まさに株式が株式市場で自由に売買される時点以後のことであるといえよう. この点を, 株主側と企業側との調整が上手くなされないケースを想定して考えてみたい.

大企業の経営者が, ある1人の株主の増配の要求を拒みつづけたとしよう. その株主は, 当該の大企業の株式を売却して別の大企業の株式を購入するかもしれない. そのような株式の売却が, 投資家たちの投げ売りに変わるとき, その大企業に対する社会的信用は低下し, 最悪の場合には, 資金の確保が困難となって倒産に至るであろう. しかし, 巨大化した大企業の破綻は国民経済に計り知れない影響を与える. この点を重視する大企業の経営者は, 高配当などの短期的利益を重視する株主の意向よりも, 私的性格を希薄化させた企業それ自体の急激な成長——市場シェアの拡大など——を優先するかもしれない. だが, そのように株主の頸木を脱した経営者は, かえって独善的な経営方針のもとで不正に走るおそれがある. この場合にも, 最終的に企業は, 株式市場において株主から見放される. 他方では, 株主が突きつける高い配当要求のために, 物分かりの良い経営者は企業業績を粉飾し, そのような経営者の経営方針に同調する物分かりの良い監査役は, その粉飾に目をつぶるかもしれない. しかし, この場合にも, いずれ業績の粉飾は露見するから, 企業は株式市場において株主から見放される.

以上の説明から窺われるように, 株式会社にとって, 上場というかたちで資金調達の大きな可能性をひらく一方, 株式会社の死命を制するのもまた株式市場なのである. この意味で株式市場は, 株式会社の諸刃の剣にほかならない. 市場経済社会に生きる私たちは, 株式という名の, 企業の小分けされた商品を自由に売買する市場において, 他の財やサービスの市場と同じように, 求められないものを振るい落とす競争の峻烈さを思い知らされる.

第5章　生産の担い手としての企業　　*87*

5 企業間関係——企業集団と企業系列

　株式会社における所有と経営の分離から経営者支配の議論を展開したのは，アメリカの法学者バーリ（Adolf Augustus Berle, 1895-1971）と経済学者ミーンズ（Gardiner Coit Means, 1896-1988）であった[15]．少額の株式しか保有しない多数の株主が出現する状況では，経営者は株式会社の支配者になりうる．

　株式の所有は，実は人間だけに限られているわけではない．法人である株式会社は，他社の株式を所有することができる．人びとから多額の資金を集めることができる株式会社は，その資金を活用して他の株式会社の大半の株式を購入し，その経営を我がものにするであろう．すなわち，「M&A（merger and acquisition）」によって他社と合併したり，他社を買収したりすることで，株式会社はその規模を拡大することが可能である．企業を買収する場合，買収される側の理解が得られる場合（友好的買収）と，得られない場合（敵対的買収）の2つが考えられる．理解が得られなくても，買い手側の企業は株式を株式市場で，あるいは株式市場の外で買い付ける[16]ことにより，相手企業を買収することができる．

　しかし，見方を変えれば，企業が自社の経営に積極的に介入しない相手に株式を保有してもらうならば，経営の独立性あるいは経営者支配を保つことが可能になる．企業は，他の企業とのあいだで様々な経済的関係を構築するが，この企業間関係の1つとして注目されるのが「企業集団」である．

　企業集団の第1の特徴は，株式の持ち合いである．企業集団のメンバー企業は，各々が株式を相互に所有し合う．たとえば，MグループのM自動車

15）A. A. Berle and G. C. Means, *The Modern Corporation and Private Property*, with a new introduction by M. Weidenbaum and M. Jensen, Routledge, 1932［2017］．森杲訳『近代株式会社と私有財産』（北海道大学出版会，2014年）．この株式会社論の古典の時代性と先進性については，経営学史学会監修／三戸浩編著『バーリ＝ミーンズ』（文眞堂，2013年）を参照．

16）株式市場外での買収方法は，「株式公開買付 TOB（take-over bid）」とよばれる．これは，不特定多数の株主に対して買付期間，買取株数，買取価格などを公告したうえで株式を買い集める方法である．付言するまでもないが，このTOBが企業買収の方法として選ばれる理由の1つは，買収する側の企業が買収対象である企業の株式を市場で大量に購入する場合，株価の上昇に翻弄されるからである．大村・俊野『証券論』70頁注24，中東・白井・北川・福島『会社法』220-221頁．

の発行済株式のうち，M 銀行がその 5％，M 商事が 6％を所有する一方，M
商事の株式については M 銀行 4％，M 自動車 2％の持株比率，M 銀行の株
式については M 自動車 1％，M 商事 3％の持株比率といったケースである．
いま仮想的な構成メンバーを 3 社に限ったが，これが様々な産業分野を包括
する企業数，たとえば，20 社になれば，各企業の持株比率は，たとえ 1％で
あるとしても合計すると 20％になり，企業集団内部でも，また外部に対し
ても株主連合体ともいうべき大きな存在となる．以上のように，通常，企業
集団とは大企業が，しかも日本を代表するような大企業がいわば水平的に株
式の持ち合いをつうじて結びつく企業間関係を指す[17]．

　企業集団の第 2 の特徴は，メンバー企業の経営トップが定期的に集う「社
長会」の存在である[18]．株式を持ち合っているのは，もちろん法人としての
企業である．しかし，その声なき法人の意思を表明するのは経営のトップで
あるから，社長会とはいわば安定株主が集う場となる．この社長会は，単に
自社の経営の独立性をその参加企業同士が担保し合う場ではない．メンバー
企業のトップは，株式の持ち合いによって裏づけられる企業集団の結びつき
の強さを自社の企業経営に活用しようとし，また活用するために情報を収集
したり，利害を調整したりするインナーサークルを必要とする．このイン
ナーサークルの機能を果たすのが社長会にほかならない．社長会は，企業集
団の外部の企業よりもメンバー企業を優先する取引や，メンバー企業の各社
が単独で着手するにはリスクが大きい案件——多業種にわたる大規模な共同
プロジェクト——等に関する議論の場となる．なお，企業集団内部で，た
とえば，新規事業の資金の調達から始まって新製品の市場への投入に至る企業

---

17) もちろん，株式の持ち合いは，かつての「日本の 6 大企業集団」，すなわち，三井・
　三菱・住友・芙蓉・三和・一勧の企業集団を規定するさいの固有のメルクマールでは
　ない．株式の持ち合いの可能性は，株式会社が法人企業である限り，すべての株式会
　社にひらかれている．この点を含めて，鈴木健『日本の企業集団——戦後日本の企業
　と銀行』（大月書店，1993 年）第 6 章「企業集団的結合と株式所有」，下谷政弘『日
　本の系列と企業グループ——その歴史と理論』（有斐閣，1993 年）103-107 頁を参照．
18) 社長会の機能については，上田義朗「6 大企業集団における社長会の意義」，現代企
　業研究会編『日本の企業間関係——その理論と実態』（中央経済社，1994 年）が詳し
　い．

第 5 章　生産の担い手としての企業　　89

の活動が円滑なものになりうるのは，すなわち，企業集団内部での協力関係が成り立ちうるのは，広範囲な産業分野にメンバー企業を擁しているからである（ワンセット主義）[19]．そのような意味では，とくに銀行や総合商社は，融資や大規模プロジェクトをめぐって企業集団の凝集性を高める役割を担っているといえよう．

　さらに，もう1つの代表的な企業間関係としては「企業系列」がある．これは，大企業と中小企業とのあいだのいわば垂直的な結びつきである．企業系列は，その頂点に位置する大企業が事業のどの側面について他の企業と関係を取り結ぶのかに着目すると，生産の側面については「下請系列」，流通の側面については「販売系列」と「仕入系列」の2つに分けることができる．このうち，ここでは下請系列を説明する．

　製造業では，コルクボードやプラスチック画びょうなどの文房具から自動車や冷蔵庫に至るまで様々な財が生産されている．プラスチック画びょうの生産工程は一企業の内部で完結させることができるのに対して，自動車のように部品が複雑でその数が多い場合，一企業の内部に全生産工程を抱え込むためには，よほどの資本と技術力と労働力を必要とするであろう．資本規模が小さい企業が，精巧かつ複雑な完成品の，完全な自社生産に新たに乗り出すことのリスクは大きい．ここで，企業が考慮する戦略の1つが「アウトソーシング outsourcing」である．アウトソーシングは事業の一部を他社に委ねることであるが，その委ねることの内容のなかには，部品などの生産を自社であえて行わずに「外注」することも含まれる．つまり，外注する企業とそれを請け負う企業とのあいだで，まさに企業間関係が結ばれることになる．

　通常，製造業における企業間関係で着目されるのは，経営規模の小さい企業の外注のケースではなく，日本を代表する自動車メーカーや家電メーカー

19）特定の産業分野に企業集団のメンバー企業が偏向していないということは，各産業分野の概況を社長会で総覧できるというメリットに繋がる．機密の保持の視点から，メンバー企業各社が自社の経営のために収集する競合他社の情報は，ストレートに総覧に供されるわけではないだろう．しかし，社長会は，インナーサークルであることを再度強調しておきたい．

がその部品の生産を，自社よりも経営規模の小さい企業群に外注するケースである．自動車を例にとれば，自動車メーカー本体は，生産のハイアラーキーを構成する企業群の最上層の頂点に位置しており，その次の層をなす1次下請け企業から部品の供給を受ける．この1次下請け企業の下に，さらに2次，3次の下請け企業が存在し，下層の企業は上層の企業と取引関係や資本関係をつうじて結びついている．この生産のハイアラーキーのもとでは，企業群は，市場において不特定の取引相手と対峙する独立企業としての性格を希薄化させ，特定の企業と長期的・継続的・固定的な取引の依存関係を構築している．この依存関係は，上層企業から下層企業に対しての，部品の価格・品質・納期についての厳しい要求を伴いがちである．しかし，他方では，激しい市場競争の価格変動リスクの軽減と相対的に安定した受注を見込めるので，この依存関係のメリットは決して小さくない．

6　企業間関係の性格と企業間関係における管理と事業の分離傾向

　戦前の日本における企業間関係を考えるとき，その日本経済への影響力の大きさからみて「財閥」は代表的なものといえるであろう．三井，三菱，住友，安田の4大財閥は主要な産業分野に有力企業を擁していたが，その財閥の中核組織が「持株会社」であった．持株会社とは，文字どおり，他社の株式を保有する会社のことである．私たちが，通常，会社という言葉から想起するのは，製造業の企業であれば生産の分野で，運輸業であれば流通の分野で，主力事業を営んでいる姿であろう．また，そのような本業をもちながら他社の株式を保有している会社は，株式を持っている限りにおいて確かに持株会社ではある．

　しかし，本節で問題となる持株会社は，財の生産や流通とは直接の関わりをもたない会社，株式の保有それ自体を存在理由とする会社のことである．これが純粋持株会社にほかならない．財閥においてみられた株式所有の代表的形態は，各企業の多数の株式を純粋持株会社である「本社」が所有し，さらにその純粋持株会社の株式を財閥家族が所有するという形態であった．なお，各財閥傘下の企業は，戦後の企業集団のワンセット主義のように，広範

囲な産業分野を網羅していたわけではない．　三井は鉱業・商業，三菱は重工業・保険・海運，住友は重工業・鉄道・不動産，安田は金融というように，財閥ごとに強みのある分野は異なっていた[20]．

　以上のような財閥は戦時体制への協力の責を問われて，第2次世界大戦後の1946年以降，順次解体された．持株会社整理委員会が財閥の株式類を買い上げて従業員などに売却し，株式所有の分散化が図られたのである．戦後の経済民主化において，この財閥解体と同じく重要であったことは，財閥の再興につながる企業間関係の構築に厳しい制約が課せられたことである．すなわち，「独占禁止法」（1947年制定）によって，財閥を強固な企業間の支配関係として制度的に担保していた純粋持株会社は，禁止されたのである[21]．

　ところで，企業が大規模化していけば，その経営に必要な人的・物的要素をいかに効率的に再配置するのかという問題がおのずと浮上する．企業の大規模化は，企業組織の改変を伴わざるをえない所以である．そのような改変の方法としては，企業の分割や他企業の買収，新たな企業の設立などによって企業本体からの統制が利く受け皿を用意し，その受け皿に企業本体から切り離された管理部門や特定の事業部門を移して，専業化させることが考えられる．研究史によれば[22]，戦前の1930年代に財閥の内部でこのような動き，すなわち，財閥を構成する各企業は親財閥に対する子財閥として関連する企業群をしたがえる親会社となっていった．この財閥に関する歴史的知見は，以下の2つの重要な視点を示唆するものである．

　第1は，企業間関係のハイアラーキー的性格に加えて，その重複的・入れ子構造的性格である．先に，企業集団と企業系列について説明したが，ある企業系列の頂点に位置する大企業が特定の企業集団のメンバー企業であったり，あるいは，その大企業と資本関係をもつ1次下請け企業が，さらに下層のいくつかの企業と資本関係において結ばれていたりするのが企業間関係の

---

20) 三和良一『概説日本経済史〔第3版〕』（東京大学出版会，2012年）78-80頁，137-138頁．
21) 財閥解体の詳細については，三和『概説日本経済史〔第3版〕』158-159頁，3章注10，448-450頁を参照．
22) 下谷『日本の系列と企業グループ』204頁．

実相なのである.

　第2は, 企業間関係における管理と事業の分離傾向である. 戦前に財閥というかたちをとった強固な企業間関係において, 先に述べたように中核となったのは, 純粋持株会社であった. 純粋持株会社の機能面だけに着目すると, この会社は株式の所有を第1の事業とする企業であるが, しかし, 見方を変えれば, その株式所有と大株主という地位によって傘下にある企業の経営情報を一手に握り, それを総覧し, 利用できる特別な企業でもある. その経営情報にもとづいて, 純粋持株会社は, 自社が保有する株式の市場での評価とその収益性を維持すべく, 傘下にある各企業に対して経営改革の要求を突きつけることも, また場合によっては具体的な経営戦略を強いることもできる. 株式会社は営利企業であり, したがって株式会社である持株会社も同じく, 本質的に利潤を追求する組織であるはずであり, その手段となるのが株式の保有なのである.

　市場経済社会における企業経営の実相は厳しく, 変転やまない市場に敏感に対応しつつ効率的な企業経営を図るためには, 先に述べた企業間関係の視点に, いま一度立ち返ってみる必要がある. 独占禁止法の改正を経て1997年から純粋持株会社の設立が再び認められたが, この法改正は, 企業間関係の新たな創出をも含めた企業組織の改変を促した. 企業規模の別を問わず, 複数の企業が純粋持株会社を設立し, 企業経営の効率性を高めるべく, 企業の分割・合併・経営統合などに乗り出した.

　たとえば, 6大企業集団の社長会メンバー企業についてみると, 同じ企業集団に属する企業同士の合併に加えて, 異なる企業集団に属する企業同士の合併や経営統合がみられるようになった[23]. 前者の例としては1990年の三菱金属と三菱鉱業セメントの合併 (三菱マテリアルへ), 後者の例としては2003年の三井建設と住友建設の合併 (三井住友建設へ) が挙げられる. さらに, 合併と会社分割と純粋持株会社の制度を利用した企業再編についてみると, 日本の製紙業界トップの王子ホールディングスの例を挙げることができる. 新

---

23) 1990年以降, 2000年までの合併の事例については, 菊地浩之『三井・三菱・住友・芙蓉・三和・一勧——日本の六大企業集団』(KADOKAWA, 2017年) 243頁を参照.

王子製紙（三井グループ）と本州製紙（一勧グループ）は，1996年に合併して王子製紙となった．この王子製紙は，2012年に企業の再編に取り組み，その結果，純粋持株会社である王子ホールディングスの傘下で，製紙事業の王子製紙をはじめとする企業群が結びつく，王子グループを形成するに至った[24]．

7 ゴーイング・コンサーンとしての企業とステイクホルダー

　本章の最初に，企業という人間を主体とする結合体は，多様な資質と資産をもつ人びとの結合体であると説明した．生産活動に必要な生産要素は誰かのものであるから，企業とは，生産要素の所有者同士が継続的に関わり合う場である．しかし，この関わり合いは企業内部に限定されない．

　すでにみたように，個々の企業はその関係性の内容と程度は異なるとはいえ，他の企業と様々な結びつきを築く（企業間関係）一方，根本的には家計およびその構成員である消費者個人と取引をつうじて関わり合っている．また，法人としての企業は，個人と同じように税を納め，政府から様々なかたちで便益を享受している．このように企業の内部あるいは外部に存在する利害関係者群は，企業の「ステイクホルダー stakeholder」とよばれる．本質的に「ゴーイング・コンサーン going concern」である企業が厳しい市場競争のなかで生きのびて成長できるか否かは，ステイクホルダーとの関係が良好に保たれているか否かにかかっている．以下では，ステイクホルダーと企業との関係を軸に，企業がゴーイング・コンサーンであり続けるためには，何が必要であるかを探ることにしよう．

　企業がステイクホルダーから批判的なまなざしに晒され，ひいてはそのことが企業経営を圧迫するケースとしては，企業の不祥事——牛肉の産地の虚偽表示や新車の完成検査の不正など——を挙げることができる．企業の不祥事が家計の構成員＝消費者の生命に関わるレベルのものとなる場合，企業に対するステイクホルダーのまなざしはとくに厳しいものとなるであろう．

　ところで，かのスミスは，市場経済社会における自由競争を野放図なもの

24）王子グループ『企業行動報告書2012』10-11頁．

とはみなさず，法というルールに反しない限りという条件付きで，自由な競争と経済活動を容認した[25]．しかし，このスミスが示唆した法というルールのもとでの競争という発想は，見方を変えれば，企業活動に関する次のような2つの問いを，今日においても私たちに突きつけているといえよう．第1の問いは，ルールさえ守っていれば，世間の常識とは相いれない企業活動でも容認されるのかというものであり，第2の問いは，ルール以上のことは，あるいはルールとして明記されていないことは，それが称賛に値する企業活動であっても行う必要はないのかというものである．

加えて，この2つの問いの重みを考えるとき，その問いかけそれ自体のなかに，重大な疑念が潜んでいることに留意する必要がある．その疑念とは世間の常識とは何か，称賛に値する企業活動とは何か，さらにいえば，法に規定されていないことはそもそも守りがたいのではないかという疑念である．この疑念を晴らすためには，法によって企業が果たすべき内容あるいはしてはならないことを詳細に規定し，規制することが考えられる．しかし，スミスの意を汲むならば，市場経済社会でのルールを増やし，規制を社会の隅々まで張り巡らせることは企業の創意を阻み，その活力を減退させかねないであろう．

他方では，企業の不祥事を考える場合，企業人のもつ二面性に留意する必要がある．従業員は，個人としてはルールを尊重する良識人であるとしても，利潤を追求する企業という組織のなかで時にはルールから逸脱した企業行動に目をつぶることを強いられないであろうか[26]．ルールは守るべきものであり，守られるはずであるという信念が利潤を追求する組織において，利潤の追求という目的のために蔑ろにされ，ルールが破られるとき，しかもそのことが露見して，企業が消費者をはじめとするステイクホルダーから厳しい批

---

25) スミスの経済思想が示唆するものを手掛かりに，企業をめぐる「責任」と「統治」の問題について論じたものとしては，たとえば，冨川海『経済倫理と企業統治』（同友館，2016年）第2部「企業統治」，根井雅弘『アダム・スミスの影』（日本経済評論社，2017年）第1章「『みえざる手』の魔力」がある．

26) この企業人の二面性およびその葛藤については，谷本寛治「社会から信頼される企業システムの確立に向けて」，小林俊治・百田義治編『社会から信頼される企業——企業倫理の確立に向けて』（中央経済社，2004年）26頁を参照．

判を受けるとき，企業活動の継続性は大きく損なわれる．「コンプライアンス compliance」がゴーイング・コンサーンとしての企業にとって，死活問題となる所以である．しかし，企業は法を遵守しているだけでは，もはや今日の市場経済社会においてゴーイング・コンサーンとして，みずからの命脈を保つことはできない．

　企業は，様々なステイクホルダーが発する要望をおのが応えるべき "responsible" な課題として的確に把握し，なおかつ企業活動をつうじて要望に応え，さらに応えつづけなければならない．もちろん，すべての要望に応えることは困難であるから，要望間の優先順位の決定とそのバランスをとることが重要になる．たとえば，①消費者からは，高品質かつ安価で環境に配慮した製品の提供が，②株主からは，配当率の引上げや企業情報のより一層の開示が，③従業員からは，男女間の昇進格差の是正や社内保育施設の新設が，④地方公共団体からは，事業所の開設や住民との防災訓練における協力関係の構築が，⑥国からは，他国への技術支援を兼ねた合弁事業の推進が，企業に寄せられる要望として考えられる．これらはいずれも，企業にとって果たすべき "responsibility" となりうる．「企業の社会的責任 CSR (corporate social responsibility)」[27] とよばれるものは，実は，企業がゴーイング・コンサーンとして事業を継続し，さらなる成長をめざすさいに，自主的に果たさなければならない課題の集合にほかならない．このような意味で，CSR とは，企業の社会的課題と言い換えられるべきものである．

　利潤を追求する営利企業は，確かに市場経済社会における民間の経済主体であり，「私器」である．しかし，いまや営利企業は，その社会的課題を果たさなければ存続することができない「公器」の性格を強く帯びている．今日，企業に対して「環境 environment」「社会 social」「統治 governance」の３つの点について，何らかの課題の自覚と取組みを評価する投資家の動きが活発になっている．この投資家の動きは，現代企業の代表的形態である株式会社の私的性格の稀薄化が，いみじくも企業の死命を制する株式市場の存

---

27) このテーマの研究史については，松野弘・堀越芳昭・合力知工編著『「企業の社会的責任論」の形成と展開』（ミネルヴァ書房，2006 年）が詳しい．

在と不可分である点を考え合わせるとき，永続的な動きであることを再認識することができるであろう．

第6章　家計の機能とその運営

——収支管理，生活設計，生産者への "protest"——

1　家計の機能——消費主体，貯蓄主体，生命力の再生産の主体

「家計簿 household account book」とは，個人あるいは生計をともにする家族の収入と支出についての記録である．このことから，私たちは，ともすれば「家計」を貨幣の出入りという側面からのみ理解しがちである．市場経済社会はキャッシュネクサスの社会であるから，このような理解は基本であるが，家計はその機能に着目してみると，①消費の主体であり，②貯蓄の主体であり，③生命力の再生産の主体として捉えることができる．

家計は，第1に，消費の主体である．人びとは，家族の有無にかかわらず，自己の生命を維持するために，また生活の喜びを享受するために，絶えず消費し続ける．御舟によれば[1]，生活とは，「社会的な存在としての人間が，個人を取り巻く環境や一定の状況のもとで，資源を用いて，欲求を満足させ，価値を実現する行為の時間的連続過程」を意味する．「生命」も「生活」も "life" であるから，この2つは当然ながら重なり合う．また，「人間が生きていく」ことを日々の繰り返される営みという点に留意して強調するならば，生活は "daily life" である．

私有財産秩序を制度的基盤とする市場経済社会では，消費全体に占める自己生産物の比率は低くなり，他者の生産物に依存するようになる（分業社会）．

---

*　本章の基本文献：日本家政学会編『家庭経済学』（朝倉書店，1990年），御舟美智子『生活者の経済』（放送大学教育振興会，2000年），家政学方法論研究所『ホーム・エコノミックス——新家政学概論』（ドメス出版，2006年），伊藤セツ・川島美保編著『消費生活経済学〔3訂〕』（光生館，2008年），重川純子『生活経済学〔新訂版〕』（放送大学教育振興会，2016年）．

1）御舟『生活者の経済』27頁．

他者の生産物は有償であるから，人びとは消費財を購入するために，購買力を宿した貨幣をまず獲得する必要がある．その貨幣の獲得の仕方の1つが様々な企業で働くことである（労働力の提供）．このように報酬を伴う労働は「ペイド・ワーク paid work」とよばれる．

　労働力の提供の対価である賃金は，他に収入——たとえば，土地の貸与から生じる地代収入——がある場合には，それと合わせて家計収入を構成する．家計収入の大きさは，その多寡に差はあっても，ある期間内では限定されているという事実は否定できない．クレジットカードによる購入などは毎月の収支の均衡を破るものであるが，基本的に家計は，限られた収入を合理的に，すなわち，その支出から得られる家族全員の満足を可能な限り最大化するように使用することに努めている．もちろん，収入のすべてが使い尽くされるわけではなく，収入のうち租税や社会保険料などの支払い分を除いた「可処分所得」の一部が消費に充当され，他の部分は貯蓄となって将来の生活設計のための原資となる．家計の貯蓄は，第4章の4節において説明したように，直接金融と間接金融を介して企業の資金へと転化する．以上のことから明らかなように，家計は，第2に，貯蓄の主体である．

　家計は，消費主体として企業から様々な消費財を購入するが，たとえば，食料品の場合，コンビニエンスストアで購入するサンドイッチのように，すぐに口にできるものもあれば，生ゴメや生のサンマのように家計の構成員の誰かが手を加えてはじめて食事の対象になるものもある．家計の構成員の誰かが行う調理や洗濯などの労働は，報酬を伴わない労働という意味で「アンペイド・ワーク unpaid work」とよばれる[2]．つまり，労働は，家計においては，第1に，対外的に企業との結びつきで捉えられるペイド・ワークとしての「雇用労働」と，第2に，その内部において完結するアンペイド・ワークとしての「家事労働」[3]に分けられる．家計は，この2種類の労働によっ

2）伊藤セツ「生活経済とアンペイドワーク」，伊藤セツ編著『ジェンダーの生活経済論
　　——持続可能な消費のために』（ミネルヴァ書房，2000 年）を参照.
3）アンペイド・ワークとしての家事労働は，まさに無償のサービス労働であるため，
　　GDP 統計の対象となっていない.

てはじめて，その構成員である人間の，労働力を含めた肉体的・知的な力の
総体である生命力や，新たな生命を連綿として生み出すことができる．すな
わち，家計は，第3に，生命力の再生産の主体である．

2　家計と経済のサービス化——家事労働の外部化の進展

「専業主婦 full-time housewife」という言葉は，無償の家事労働に従事す
る既婚女性を指すときに使用される．この言葉は，そのパートナーの存在と
同時に，その人物が得る収入が家計の主たる収入であることを含意している．
もちろん，無償の家事労働の担い手は女性に限定されるわけではなく，「専
業主夫 full-time househusband」のケースも考えらえる．このようにパート
ナーの1人は家事労働，もう1人は収入を得るための雇用労働に従事すると
いう働き方がある一方で，パートナーが2人とも雇用労働と家事労働に従事
する働き方もある（共働き）．日本では，人口減少に伴う労働力の確保の視点
から女性の労働力に期待する声は大きいが，パートナー同士が共働きという
働き方を選択する場合，また，とくに育児や老親の世話も含めて家事労働を
捉える場合，パートナー間でのその時間配分は重要な問題となる．

　ところで，分業社会では財の生産のみならず，サービスの生産についても
他者への依存度は高まっていく．アンペイド・ワークであった家事労働の一
部は，ペイド・ワークであるサービス業（クリーニング，保育，介護事業など）
によって徐々に代替されるようになる．このような「家事労働の外部化」は
経済のサービス化の一側面であるが，この外部化の内容としては家事代行
サービスに加えて，食に限定していえば，外食・調理食品の利用を挙げるこ
とができる．外食産業の市場規模の推移をみながら，家事労働の外部化の進
展を確認してみよう．

　1975年に8兆6000億円であった外食産業の市場規模は，1997年には29
兆1000億円まで拡大したが，その後は減少傾向に転じた．しかし，2012年
からは再度増加傾向に転じ，2016年の外食産業の市場規模は25兆4000億
円となっている．中食（＝料理品小売）市場規模は，1975年の2000億円から
ほぼ一貫して増加傾向にあり，2016年には7兆円に達している．上記の2

つの市場規模を合わせた広義の外食市場規模を，全国の食料・飲料支出額で除した「食の外部化率」についてみると，1975年の28.4％から2016年の43.5％へと高まっている．外食産業の市場規模のみを全国の食料・飲料支出額で除した「外食率」については，1975年の27.8％から1997年の39.8％まで上昇をつづけたが，その後は低下傾向をみせ，2009年以降は，ほぼ35％から34％台のあいだで推移し，2016年は34.1％であった[4]．

　男女共同参画社会へ向けた取り組みは，何も働き方に関する男女の平等を担保する法制度面の整備に限られるわけではない．家事労働の外部化は，家計にとっては，家事労働の時間を削減するサービスや財の利用により，共働きに伴う家事へのタイトな時間配分を緩和し，パートナー同士の家事の分担のアンバランスを変えるチャンスとなる．その一方で，企業にとっては，家事労働の外部化は，家事労働の領域に埋没していた新たなビジネスチャンスを掘り起こす1つの契機となる．

3　家計の管理の意義──収支管理，生活設計，生産者への "protest"

　よく知られているように，「経済 economy」という言葉の由来は，ラテン語の "oeconomia" である．このオエコノミアは古代ギリシャに淵源をもち，「家」を意味する "oikos" と，「秩序」「管理」「支配」を意味する "nomos" が結びついた言葉であるから，「家の秩序だった管理」を意味する[5]．第1章で触れたように，経済学の生誕の地は18世紀のヨーロッパ世界であるが，古典派の人びとの著作名は，たとえば，1817年刊行のリカードウ（David Ricardo, 1772-1823）の主著『経済学および課税の原理 *On the Principles of Political Economy and Taxation*』（下線は引用者のもの）[6]のように，彼らのまなざしが個人や家計のレベルを超えた，"political" という形容詞によって限定される一国レベルの経済に注がれていたことを明示したものが多い．古典派に

4）公益財団法人食の安全安心財団編『外食産業データ集〔2018年改訂版〕』（食の安全安心財団，2018年）6-7頁，16-17頁．
5）ヨーロッパ世界における経済（学）の語源をめぐる問題については，舞出長五郎『理論経済学概要〔改訂〕』（岩波書店，1948年）7頁注1，三土修平『経済学史』（新世社，1993年）7頁を参照．

おいては，一国あるいは社会全体の経済の動きとその管理——管理の最小化という意味での経済的自由主義——が，主に問われた．

　しかし，このことは，古典派の議論のなかで「家の秩序だった管理」の視点が蔑ろにされたことを意味するものではなかった．スミスは，家計と国の財政のいずれにもつうじる原理について言及しており，また，セーは，個人あるいは家計にとってのよき消費とは何かを模索し，生命と健康の維持に関わる「真実の欲求 besoins réels」を充足する賢明な消費を推奨したからである[7]．さらに，シスモンディ（Jean Charles Léonard Simonde de Sismondi, 1773-1842）は，経済学の歴史を回顧して，古代ギリシャのクセノフォン（Xenophon, around 430 BC-356 BC）の "économie" の定義に触れている．すなわち，私たちがもっているすべてのもの，また使用するすべてのものが「家 maison」であり，この意味での家を改善する術が "économie" であった[8]．シスモンディが注目した，この定義によれば，"économie" には，本節の冒頭で紹介した「経済」という言葉の由来をふまえて，「家の秩序だった管理」の訳語を当てなければならないであろう．クセノフォンにとっては，自己の家財を適正に管理できる者が「よき家政家 good estate manager」であった[9]．家財の管理という場合，様々な財の購入からはじまって，その使用にまで至る領域が広く議論の対象となる．「家の秩序だった管理」という発想は，第1章で説明した「自己保存」という，ややもすれば抽象的な経済学の出発点

---

6 ）D. Ricardo, *On the Principles of Political Economy and Taxation*, in *The Works and Correspondence of David Ricardo*, edited by P. Sraffa and M. H. Dobb, Vol. 1, 1817 [1951], Cambridge University Press. 堀経夫訳『経済学および課税の原理（リカードゥ全集第1巻）』（雄松堂書店，1972年）．

7 ）Smith, *Wealth of Nations*, Vol. 1, p. 457. 大河内監訳『国富論』第2分冊，319頁．Say, *Traité d'économie politique*, 6ᵉ éd., pp. 448-451. 増井訳『経済学』下巻，322-330頁．

8 ）J. C. L. Simonde de Sismondi, *Nouveaux principes d'économie politique, ou de la richesse dans ses rapports avec la population*, Verlag Wirtschaft und Finanzen, 1819 [1995], pp. 17-18. 菅間正朔訳『経済学新原理』全2冊（日本評論社，1949-1950年）上巻，52頁．

9 ）Xenophon, *Oeconomicus: A Social and Historical Commentary*, with a new English translation by S. B. Pomeroy, Clarendon Press, Reprinted, 2002, p. 105. 越前谷悦子訳『オイコノミコス——家政について』（リーベル出版，2010年）14頁．

に関して，家計に照準を合わせた議論が見落とされてはならないことを示唆している．

　一国全体の経済的繁栄は望ましく，経済成長——実質 GDP の数値の増大によって測られる——は，経済学の本来的な課題である．だが同時に，一国全体がいかに経済的に繁栄していようとも，個々の家計の管理が不手際であるならば，個人や家族のレベルでの経済的破綻の可能性は大きくなる．それでは，今日の市場経済社会における家計の管理とは，具体的に何を意味するのであろうか．以下では，①収支の管理，②生活設計，③生産者である企業への "protest" の，3つのテーマに分けて家計の管理を説明する．

4　収支項目とその管理——消費と貯蓄のバランス，消費支出項目間のバランス

　本章の始めに述べたように，家計の支出の大きさは，基本的に収入の枠に規定される．家計の収入，支出のいずれもが貨幣額で可視化・数値化できるとはいえ，国の予算と同じように，その項目ごとの貨幣額の動きをみようとしなければ，可視化・数値化のメリットは半減する．以下では，総務省統計局が毎月実施している「家計調査」[10] に依拠して，収入と支出の区分を略説する [11]．この家計調査では，家計に入ってくる貨幣総額は「受取」，家計から出ていく貨幣総額は「支払」とよばれているが，それぞれ収入と支出に対応する．なお，家計に入り，家計から出ていく貨幣は，かならずしも現金のかたちをとらない．たとえば，賃金をはじめとする収入が現金で支払われることは稀であり，支払先である企業から，働き手の普通預金口座などに入金されることが多い．ここでは，便宜上，収入の口座への入金額を現金収入とみ

---

10) 家計調査の概要については，総務省統計局『家計調査年報《1 家計収支編》〔平成 29 年〕』（日本統計協会，2018 年）388-394 頁を参照．

11) 収支に関する用語の説明は，総務省統計局『家計調査年報《1 家計収支編》〔平成 29 年〕』所収の「用語の説明」「収支項目分類の基本原則」にもとづいているが，以下の文献も参照．遠藤マツエ「家計の収入と支出」，日本家政学会編『家庭経済学』39-42 頁，出石康子「家計における収入と支出」，小谷正守・出石康子編著『消費経済と生活行動』（ミネルヴァ書房，1993 年）79-81 頁，天野晴子「家計・消費の構造」，伊藤・川島編著『消費生活経済学〔3 訂〕』47-49 頁．

なす．支出についても，多様な決済手段の出現に合わせて，現金以外による支出の流れを捕捉するための制度設計が「家計調査」の課題となっている．

　まず，「受取」とは手持ちの現金の増加であり，この点では企業から受け取る賃金と株式の売却益とのあいだに違いはない．しかし，現金の増加を純財産の変動という視点から整理すると違いが明らかになる．賃金は，事業収入や地代収入，年金収入などと同じように，家計の純財産を増やすので「実収入」の区分に入る．これに対して，株式の売却益は，元々有していた財産を現金化したものにすぎない．手持ちの現金を増やす方法としては借金も考えられる．このように財産の売却あるいは借入れによる現金の増加は，純財産を増やさないから「実収入以外の受領」に区分される．この2つの現金の増加に，前月から持ち越した現金残高である「繰入金」を加えたものが「受取」となる（受取＝実収入＋実収入以外の受領＋前月からの繰入金）．

　「支払」についても，「受取」における区分のメルクマール——純財産の変動——に着目して区分がなされる．コメやサンマなどの食料品を購入することは純財産の減少を招くが，銀行への預金はそうではない．すなわち，支出の第1の区分は，純財産を減らす「実支出」である．この実支出は，生活費にあたる「消費支出」（衣食住に関わる支出，光熱・水道費，保険・医療費，交通・通信費，教育費，教養・娯楽費，交際費・仕送り金など）と，「非消費支出」（租税や社会保険料など）に二分される．支出の第2の区分は，純財産を減らさない「実支出以外の支払」であり，金融機関への預貯金や株式の購入，借金の返済などがこの区分に入る．以上の2つの支出に，当月末の現金残高である「繰越金」を加えたものが「支払」を構成する（支払＝実支出＋実支出以外の支払＋翌月への繰越金）．

　収支の管理についてみると，支出の大きさは収入の枠に規定されるという場合，より正確には，収入の枠とは「可処分所得」（実収入－非消費支出）である．家計は，この制約のもとで様々な財を購入し，使用することにより，生命力の維持を図りつつ生活の喜びを享受する．しかし，家計において可処分所得と消費支出がつねに均衡するとは限らない．家計の拙い管理は，赤字（可処分所得と消費支出のマイナスの差）を生み出し，実収入以外の受領や繰入金

を当てにせざるをえない．この赤字の処理については，財産の処分と借入金，いずれが妥当であるのかは一概にはいえない．赤字の大きさや借入金の金利など，その時々の事情を考慮したうえで，今度は，収支の拙い管理の悪影響を最小化するような補正的管理が必要となる．これに対して，収支の優れた管理は，黒字（可処分所得と消費支出のプラスの差）を生み出す．この黒字は，実支出以外の支払に充当することが可能な余剰である．企業が直接金融や間接金融によって調達する資金の源泉は，家計のこの余剰である．家計はこの余剰の処理の仕方の問題，あるいは財産，とくに金融資産をどのような形態と比率で保有し，その総額を増やしていくのかという「ポートフォリオ portfolio」の問題に直面するので，財産の増加を目的とする戦略的管理が必要になる．

　ここで，収入の分割という視点から，家計の管理を大きく捉えなおすならば，家計は，第1に，収入における消費と貯蓄の比率，第2に，先にみた消費支出項目間の比率，この2つを適正に管理しなければならない．消費支出項目間の比率の管理は，国の歳出構造と同じく，個々の家計が支出項目として何を重視するのかという問題と絡んでいるから，推奨すべきモデルとなりうる管理の姿は容易には見出しがたい．しかし，たとえば，食料費や医療費を極端に切り詰めて通信費の支出を増やすという管理は再考の余地が大きいであろう．

　家計の収支を短期の視点から，たとえば，1カ月単位で記録するものが，通例，家計簿とよばれているものである．家計簿は家計の収支の実態を明らかにする重要なツールであるが，その意義は実態の把握にとどまらない．家計簿によって可視化され，積み重ねられた家計収支のデータは，収入の支出項目への配分を計画的に実行するための予算の作成や，予算と実際の支出額の対比である決算の作成に役立つ．家計簿は，家計の主体的な運営を目的とする戦略的・体系的な管理のための重要なツールなのである．

5　生活設計の必要性——家計の構成員の増減と家計支出の変動

　スミスは『国富論』のなかで，人びとは，生まれながらにして経済生活の

向上を意図した貯蓄の欲求をもっていることを示唆した[12]. スミスを引き合いに出すまでもなく, 各家計の構成員は経済生活の向上を希求してやまない存在である. しかし, 家計収支の規模の比較のみで各家計の経済生活の豊かさを推測するのは妥当ではない. 1 人の構成員からなる家計は, 結婚により, 構成員が 2 人となる. 子どもの出生や成長・巣立ち, 離職, パートナーの死亡などによって家計の構成員数は増減するが, その増減は, 家計収支の規模の変動を伴う. それゆえ, 家計の経済生活の向上の要因としては, 収入の増加のための方法を模索することと並んで, 家計の構成員の増減あるいはライフイベントに留意しつつ, 家計支出の増減を予測し, 長期的に管理することが重要になる.

この問題に関して, イギリスのラウントリー (Benjamin Seebohm Rowntree, 1871-1954) は, 労働者は, 困窮生活の時期と比較的余裕のある生活の時期を繰り返しながら一生を終えると主張した[13]. 就職前の子どもの時期は「第 1 の沈降期 (5-15 歳前後)」であるが, 就職を契機にして生活は上向き, 自身の結婚も可能になる「第 1 の浮上期 (15-30 歳前後)」を迎える. しかし, 結婚後, 子どもが生まれると再び生活は厳しくなり, 「第 2 の沈降期 (30-40 歳前後)」に陥る. 子どもが働き始めると生活に余裕が出てくる「第 2 の浮上期 (40-65 歳前後)」を迎えるが, この時期の終盤になると, 子どもは家計を離れ, 新たな家計を形成する. 労働力の質は, 年を重ねるにつれて維持しがたくなり, 離職後, 再度, 生活が厳しくなる「第 3 の沈降期 (65 歳前後以降)」に陥る.

ラウントリーは, 労働者の貧困状況を調査するなかで, 労働者の家計の浮沈の「周期性」を発見した. 実は, この周期性は, 個人のレベルを超えて世

---

12) 『国富論』のなかには, 次のような言説がある. 「貯蓄しようという人間の気持ちは, 私たちの暮しを一層よくしようという願いであり, それは一般に穏やかで冷静なものであるが, 私たちが母親の胎内から生まれでて墓場に入るまで, 私たちから決して離れることのない欲求である」. Smith, *Wealth of Nations*, Vol. 1, p. 341. 大河内監訳『国富論』第 2 分冊, 127 頁.

13) B. S. Rowntree, *Poverty: A Study in Town Life*, Vol. 3 of the Palgrave Macmillan Archive edition of POVERTY AND THE POOR LAW, Palgrave Macmillan, 1901 [2003], pp. 136-137. 長沼弘毅訳『貧乏研究』(千城, 1975 年) 151-152 頁.

代を跨いで再現される性質のものであるから，家計の若年・未婚の構成員で
ある子どもからすれば，将来の経済生活の向上を図ろうとするときに，基礎
的な視点となりうるものである．家計のライフサイクルにもとづく長期的な
生活設計が問題となる所以である．以下では，1組の男女（アキラとハルコ）
の結婚から始まる仮想的な共同生活を事例にして，ラウントリーが観察した
時代と場所の，いずれとも異なる現代の日本において，生活設計の重要性が
どのように認識されていくのかをみていく．

　アキラは，東京にある私立大学への進学を機に東北の親元を離れ，大学卒
業後，東証一部上場企業の印刷会社に就職した．アキラは魚屋の一人息子で
あった．アキラの両親は，彼が家業を継がないと決めたことに反対しなかっ
た．また，両親はアキラとの同居を望んでおらず，体が許す限りは商売を続
け，自分たちの老後は，息子に経済的に依存することなく生活しようと決め
ていた．

　アキラの勤め先に，同郷であり，大学のゼミの2年後輩であるハルコが入
社してきた．アキラとハルコはつき合いを始め，ハルコが29歳のときに2
人は結婚する[14]．新居はS区の1LDKの賃貸マンションであった．ハルコは
30歳のときに第1子を授かる[15]．子どもを産んでも働き続けたいと考えてい
たハルコは，退社と専業主婦という道ではなく，育児休業制度を利用して会
社に復帰する道を選んだ．会社に復帰するとなると，子どもを誰かに預けな
ければならない．親元を離れている2人には，子どもの面倒を親にみてもら
うという選択肢はなかった．ハルコは公立保育園の利用の申込みを行ったが，
そのさいに保育料は各家計の所得水準に応じて異なること，具体的には住民
税の多寡に応じて決まることを知る．

　アキラとハルコ夫妻は，将来，もう1人子どもをもうけたいと願っていた．

---

14) 1955年の日本の平均初婚年齢は，夫26.6歳，妻23.8歳であった．2015年には，それ
　ぞれ31.1歳，29.4歳へと上昇している．国立社会保障・人口問題研究所編『2017 人
　口の動向 日本と世界』103頁.
15) 2013年の第1子出生時の母の平均年齢は29.8歳であり，1980年とくらべると，3.7歳
　上昇している．国立社会保障・人口問題研究所編『2017 人口の動向 日本と世界』66
　頁.

しかし，子どもが2人になれば，現在の1LDKの住まいでは手狭感は否めないであろうというのがハルコの胸の内であった．また，アキラとハルコは職場の同僚から，T市にある私立大学の付属中学校の評判のよさを聞いて，いずれはわが子もそのような私学へ通わせたいと考え始める．そのための資金の準備のため，2人は「学資保険」のパンフレットを保険会社の数社から取り寄せた．

　自営業者であるアキラの両親は，60歳を過ぎても魚屋を続けることが可能であるのに対して，印刷会社に勤めるアキラの場合，いずれ60歳の定年退職の日が訪れる．アキラの両親はアキラとの同居を望んでいないが，ハルコの母はそうではない．ハルコの両親は，ハルコが幼少時に離婚しており，ハルコは東京へ出てくる前まで親一人，子一人の生活であった．ハルコの母は町役場の地方公務員であり，定年退職後は一人娘のハルコとの同居を望んでいる．しかし，ハルコの母は，娘夫婦には経済的な負担をかけたくないと強く思っている．退職後の年金支給額に不安を覚え，貯蓄を少しでも増やしておきたいと考えたハルコの母は，知人から紹介された健康機器のオーナー制度の契約を検討し始めた．

　保育園への子どもの入園式の日に，アキラは，ハルコから義理の母との将来の同居について，相談を受けた．アキラは，ハルコと話し合っているうちに，勤め人である自分もいずれ退職の日を迎えること，また，「平均余命 mean life expectancy」[16] が伸びつつある現代日本では，介護の問題を含めて，老後の家計をどのようにやり繰りするのかといった問題の所在と生活設計の必要性に気づくことになる．

---

16)「平均余命」とは，ある年齢の人があと何年生きることができるかを示すものである．普段，私たちが耳にすることが多い「平均寿命 average life expectancy」とは，0歳の平均余命のことである．2015年の平均寿命は，男性80.79歳，女性87.05歳である．公的年金の支給開始年齢が65歳である現在，平均寿命のこの数値以上に重要になるのは，65歳での平均余命である．ちなみに，2015年の65歳の平均余命は，男性19.46歳，女性24.31歳であり，1955年とくらべて，それぞれ7.64，10.18歳伸びている．国立社会保障・人口問題研究所編『2017 人口の動向 日本と世界』78-79頁．

第6章　家計の機能とその運営　　109

6　生活設計と貯蓄形成——安全性，収益性，流動性

　前節の仮想事例においては，アキラとハルコ夫妻は，保育料や将来の学費，住まい，親との同居や退職の問題を契機にして，「教育」「住宅」「リタイア後の生活」にそれぞれ必要な費用を，家計支出の管理の対象として位置づける重要性を認識することになったといえよう．家計の長期的な安定（可処分所得を極端に上回る消費支出の予防）と発展（生活水準の向上）を図るためには，家計の運営上の長期的な指針が必要である．その指針に当たるのが「生活設計」にほかならない．生活設計の基盤は，1節で述べた家計の3機能の1つである貯蓄であるが，貯蓄の形成にさいしては，①「安全性 safety」，②「収益性 profitability」，③「流動性 liquidity」の3つが基準となる．これらのうち，どれを重視するのかは，各家計の生活設計の内容によって異なる．

　たとえば，生活設計のなかに，子どもの大学までの教育資金の準備を組み込むのであれば，学資保険の利用が考えられる．学資保険は，普通預金よりも縛りが強く，中途解約による元本割れの可能性が高いという意味で，流動性と安全性については劣るが，契約期間の長さに収益性がある程度比例するため，収益性の面で優れている．

　また，住宅については，賃貸住宅と持ち家のどちらを選択するかによって生活設計の内容とそれに必要な貯蓄の大きさは異なる．賃貸の場合，家計の構成員数の増減に応じた転居が容易であり，住宅に関する費用としては，転居費用や入居に伴う初期費用（敷金や礼金）の合計分だけを貯蓄によって賄い，あとは毎月の家賃を家計の消費支出として計上すればよい．賃貸の場合，所有する土地や建物に対して課税される固定資産税や住宅の修繕費，火災保険料などの負担はない．これに対して，持ち家を望む場合，住宅購入資金の形成が生活設計の重要な課題となる．購入資金の全額を金融機関から借り入れるならば，おのずと返済総額の負担は重くなり，他の生活設計の自由度も，消費支出の自由度も低くなるため，現実的ではない．逆に，購入資金の全額を自己資金で賄う場合，毎月相当額の家計の余剰を確保して貯蓄しなければならず，その結果，同じく，生活設計と消費支出の自由度の低下を招く．それゆえ，上記の2つの意味での，自由度を低くしないためには，購入資金の

一部は自己資金による頭金で賄い，残額は金融機関からの借入れで賄うのが合理的な選択肢となるであろう．定期預金などを利用することで，頭金に相当する自己資金を準備するのが常道である．ただし，高い収益性にもとづく早期の資金準備を望む家計にとっては，安全性は劣るとはいえ，まとまった金額の預金を元手に株式などを購入するという選択肢も考えられる．

　住宅購入資金の形成に限らず，リスクを厭わずに収益性を重視する貯蓄形成は，リタイア後の生活に不安を覚える人びとが，また，そのなかでもとくに公的年金制度による支給額に強い不満を抱く人びとが生活設計を考える場合には，選択肢の１つになるであろう．ただし，「消費者問題 consumer af-fairs」の歴史のなかで，いく度となく現れては消滅を繰り返す「悪徳商法」——高配当を謳い，実態のない取引で投資を誘うマルチビジネスなど——が，とくに狙いを定めているのは，まさにそのような不安や不満をもつ高齢者であることを忘れてはならない．

7　消費者主権の理念と現実——情報の非対称性

　個々の家計は，その主要な構成員である夫や妻のそれぞれの価値観を反映した独自の支出構造というべきものによって，何を，どれだけ消費するのかという問題を解決している．経済学は，基本的に限られた資源を有効に活用する問題に対峙する学問であるから，家計においても，この点に変わりはない．しかし，家計は，対企業あるいは対政府との関係で，さらに看過してはならない役割を担っている．この節では，家計のこの役割を明らかにするため，家計を「消費者」として捉えなおしたうえで，消費者である「家計」と生産者である「企業」とのあいだで生じる「消費者問題」を取り上げよう．

　西村によれば，消費者問題とは，「商品やサービスを市場において購入し消費することによって維持・再生産されるべき個人や世帯・家族の生命・健康・家計などへの加害・阻害内容」[17] であると定義される [18]．この西村の定義をふまえて考えるならば，消費者は，単に財を所与の選択肢のなかから購

---

17)　西村多嘉子『市場と消費の政治経済学』（法律文化社，2010 年）170 頁．

入する受動的な位置にとどまってはならず，財が販売される前の段階をも視野に入れて，財の質や安全性に関して主体的に企業に問いかけなければならないことが分かる．3節において論じたことを，ここで改めて想起しよう．シスモンディが着目したクセノフォンの議論から，様々な財の購入からはじまり，その使用にまで至る領域が，家計の管理の対象になることが明らかにされた．消費にまつわる問題の解決が家計の内部では望めないとき，家計の管理は，当然ながら，家計の外をも射程に収めたものになるであろう．以下では，まず，消費者問題について，「消費者主権」の理念とその現実という視点から光を当ててみよう．

　企業は，利潤の獲得を目的として生産を行う．また，消費者の欲望に応える財を継続的に生産し，売り続けることができる企業のみが市場で生き残る．売れないものはつくられず，限られた資源は人びとの欲望を満たすために，有効に活用されることになる．このように，資源配分において消費者の生産者に対する優位を説く考え方は，「消費者主権」とよばれる．しかし，今日の市場経済社会では，財が種類の面でも数量の面でも大量に生産され，大量に消費されており，したがって，消費者1人ひとりが財の生産や流通のプロセスを完全に追跡することや，限られた時間で財の購入のために必要な情報を十分に収集することは困難となっている．財の生産者や販売者と，その消費者とのあいだには，情報の量と質に関して，どうしても格差が生じざるをえない．これは，第2章で説明した「情報の非対称性」とよばれる問題である．もちろん価格が品質の良し悪しを含めて，財の様々な情報を集約的に表現しているとの前提に立てば，価格は，購買時の最も重要な参照基準ではある．

　技術の進歩とは，消費者が個々の財に関する情報にますます疎くなることと軌を一にしているのかもしれない．自転車の走行の原理は一目瞭然であるのに対し，自動車のそれを説明できる消費者は少ない．消費者は，自動車の

---

18) 学際的性格が強い消費者問題については，以下の文献が参照されるべきである．多田吉三・大久保克子・西村晶子『消費者問題の理論と展開』（晃洋書房，2002年），西村多嘉子・藤井千賀・森宮勝子編著『法と消費者』（慶應義塾大学出版会，2010年）．

走行の原理を知らなくても，あるいは自動車の部品の数，その部品がどこで，どの中小企業によって，どのように生産されているのかという詳細な情報を持ち合わせていなくても，日本のＴ自動車やフランスのＲ自動車など，著名な自動車メーカーが生産する自動車を購入するであろう．「ブランド brand」という曖昧な表現で示されるものもまた，企業に対する社会的信頼を可視化しており，消費者の購買の参照基準の１つとなっている．

　しかし，価格やブランドを参照基準にしたとしても，消費者は，不正を行う企業を選別し，市場から即座に排除できるとは限らない．消費者は，財の売買にさいして，その安全性を含めた品質や価格の適切性の点で企業の意図的な，あるいは意図せざる不正から悪影響を被る可能性がある．それでは，消費者は，真の消費者主権の確立をめざして生産者に対する "protest" ＝「異議申立て」を，どのようなかたちで試みてきたのであろうか．

8　生産者への "protest"（1）——消費者の組織化

　人間の生命力の再生産を可能にする消費は，家計を単位として論じられることから分かるように，本来的に私的な性格のものである．しかし，その私的な性格を強調し，消費者問題は消費者個人対企業との争いであり，消費者個人が解決すべきものであると考えるのは，妥当ではない．個々の消費者が消費者問題に対処することには限界があり，交渉力において消費者が生産者と十分に渡り合うためには，その組織化が必要である．消費者の組織化は，消費者の生産者に対する "protest" ＝「異議申立て」の１つのかたちである．

　消費者の組織化の先駆をイギリス経済史に求めるならば，「ロッチデール公正先駆者組合 Rochdale Society of Equitable Pioneers」を挙げることができる．この組織は，1844年に，イギリスのランカシャー州ロッチデールで，織物工をはじめとして羊毛選別工，木靴屋，家具屋，帽子屋，炭鉱夫など，多彩な職業に就く者たちのグループによって設立された．この組合の最初の事業は，粗挽き粉を袋ごと共同購入して分け合うことであった[19]．ロッチデールのこの組合のメンバーにとって，食料品の品質の確保と適正な価格の追求は最大の関心事であったに違いない．この組合組織は，その実践的活動

第6章　家計の機能とその運営　　113

の継続性という点のみならず，それが示した運営原則がのちの消費生活協同組合（以下，消費生協と略称する）に受け継がれた点で，注目に値する．コール（George Douglas Howard Cole, 1889-1959）にしたがって，ロッチデール公正先駆者組合の運営原則というべき考え方を確認してみよう．すなわち，①民主的運営（1人1票の投票権），②自由加入制，③出資金に対する利子の固定と出資額の制限，④利子支払い後の余剰金の購買額に比例した配当，⑤厳格な現金取引，⑥純粋で混ざりもののない財の販売，⑦加入者に対する教育（余剰金の教育への活用），⑧宗教的・政治的中立，以上の8つとなる[20]．

　日本の各種の消費生協は「消費生活協同組合法」（1948年制定，2007年改正）にもとづいて設立され，運営されている．この法では，たとえば，その第2条で，組合への加入と脱退の自由，組合員の議決権と選挙権の平等，特定の政党を利する組合の利用の禁止等を，組織の要件として規定している．これらの規定から，上記のロッチデールの運営原則が同法に生かされていることが分かる．日本のみならず，世界の消費生協組織に共通する考え方は，消費者がみずから出資して組合のメンバーとなり，生活に必要な財の入手やサービスの利用に関して，価格面や品質面で組織化のメリットを享受するために，組合の運営に関わるというものであろう．

　日本の消費生協は，購買事業以外にも共済事業や福祉事業を行っているが，2014年度の事業規模をみると，全国の558生協の総事業高は3兆3651億円にのぼる．「生活協同組合コープこうべ」のような，地域を組織化の単位とする「地域生協」に限ってみると，131の地域生協の総事業高は2兆7041億円である．地域生協の特徴としては，宅配事業（1兆6967億円）が店舗事業（8735億円）を凌いでおり，また，宅配事業のうち個人宅に配達する「個配」

---

19) G. D. H. Cole, *A Century of Co-operation*, George Allen & Unwin Ltd., 1944, pp. 62-63. 森晋監修／中央協同組合学園コール研究会訳『協同組合運動の一世紀』（家の光協会，1975年）94-95頁.

20) Cole, *A Century of Co-operation*, pp. 63-74. 中央協同組合学園コール研究会訳『協同組合運動の一世紀』96-112頁. なお，1844年の設立時の規則の内容については，松本登久男訳「ロッチデール公正先駆者組合の最初の規約」，『ロッチデール公正先駆者組合創立150周年記念関係資料集』（全国農業協同組合中央会協同組合図書資料センター，1994年）を参照.

事業がその約66%（1兆1199億円）を占めていることが挙げられる[21]．ここにも，家事労働の外部化の一端を窺うことができる．

　以上のように，今日，消費生協はその事業高の大きさからみて，生産者に対して財の価格面や品質面において大きな交渉力を有していることは否定できないであろう．さらに消費生協は，生産者から仕入れた商品を組合員に単に供給するのみならず，商品の企画や開発をつうじて生産の局面をも視野に入れた事業の展開を図っている．その1つの例が消費生協独自のプライベートブランド商品である．その開発は，1960年に遡り，「CO-OP」マークを付して提供された最初の商品はバター，みかんの缶詰，テトロン製のワイシャツであった．「CO-OP」商品の開発の狙いは，「メーカーの管理価格等の流通統制に対抗し，生協独自の商品力強化を目指すこと」であった（圏点は引用者のもの）[22]．生産者の流通統制へのこのような対抗は，消費生協が消費者による消費のための組織であり，生産者に対する“protest”の有力な担い手であることを物語るものといえよう．

　1844年に，ロッチデール公正先駆者組合が開設した小さな店舗において，当初扱われた商品は，わずか4種類であった．しかも，そのすべては食料品であり，そのうちの1つがバターであった[23]．「CO-OP」商品第1号である生協バターの登場は，品質の確保と適正な価格の追求という消費生協の課題が時代と場所を問わない根本的なものであること，また，その課題に対峙したロッチデールのパイオニアたちの試みを同時に想起させる点で興味深いものである．

9　生産者への“protest”（2）──商品テストと情報発信

　家計あるいは消費者は，限られた収入の範囲内で財やサービスを購入するが，同じ品質のものであれば，価格が安いものを選ぶはずである．しかし，

---

21) 日本生活協同組合連合会『生協ハンドブック〔2016年6月改定版〕』（日本生活協同組合連合会，2016年）51-52頁，55頁．
22) 斎藤嘉璋『現代日本生協運動小史〔改訂新版〕』（コープ出版，2007年）99頁，300頁．
23) 友貞安太郎『ロッチデイル物語──近代協同組合運動の起こりと原則の成り立ち』（コープ出版，1994年）18頁．

このような通常の購買行動は，消費者が財やサービスに関する知識を十分に有していることを前提とする．先に述べたように，一般に消費者は，生産者にくらべて商品に関する情報の量と質の双方で劣位にある．消費者各人は，第1に，購買時の選択の幅を広げるために，第2に，自分が要求する品質水準に満たない商品や欠陥商品を誤って購入することがないように，精度の高い商品情報を共有しなければならない．

　商品情報の重要性を認識したうえで，商品の様々な情報をその品質テストにもとづいて収集し，分析して発信することは，消費者の生産者に対する第2の"protest"であるといえよう．アメリカ経済史を紐解くならば，このような試みのパイオニアとして，1929年設立の「消費者研究所 Consumer's Research Incorporation」と，1936年設立の「消費者同盟 Consumers Union」による実践を挙げることができる．この2つの組織は，商品テストによって得た商品情報を消費者に発信するために，自前の専門雑誌を刊行した．とくに，消費者同盟が刊行した『消費者レポート *Consumer Reports*』はアメリカの消費者に広く受け入れられたが，生産者側からの反発を招いたことにも留意する必要がある[24]．アメリカにおいて出現した消費者の生産者に対する劣位を改善しようとする，この種の取組みは，その後，国境を越えた連帯へと発展していく．アメリカの消費者同盟は，ヨーロッパの類似組織との連携を模索した結果，1960年に「消費者同盟国際機構 International Organization of Consumers Unions」の設立に漕ぎつけた．この組織は，「国際消費者機構 Consumers International」と名称を改めて現在に至っているが，その活動領域は，商品テストをめぐる国際協力の段階を超えて，消費者の保護に関する国際的枠組みや基準の設定等，多岐にわたっている．国際消費者機構は，世界各国の消費者組織のいわば国連として，世界の消費者運動を牽引する存在となっている[25]．

---

24) 多田吉三「消費者運動の歴史」，多田・大久保・西村『消費者問題の理論と展開』24-29頁．さらに多田が鋭く指摘しているように，この時期のアメリカでは消費者団体への政治的圧力とも受け取られかねない動きがみられた．「マッカーシズム McCarthyism」として知られる反米活動への，指弾の矛先は，消費者団体にも向けられた．

日本における民間の商品テストと情報発信の草分けとしては，花森安治を中心とするグループによる実践を挙げることができる[26]．花森は，1948 年に生活情報誌『美しい暮しの手帖』を創刊した（1953 年に『暮しの手帖』へ改称）．編集長である花森自身の発案により，この雑誌の連載企画となったのが商品テストであった．編集部は，様々な商品を実際に使用することで商品データを収集し，その分析結果を商品のランクづけとともに雑誌に掲載した．たとえば，「ヤカンをテストする」という企画では，9 つのヤカンについて，「室温 18 度水温 15 度燃料都市ガス圧 100 ミリ，リンナイ 1 口コンロ」という条件のもとで，「1.5 リットルの水をわかすのに何分かかるのか」が試された．編集部は，テスト結果を踏まえて，「フタには，スベリ止めがほしい」等の改善点を指摘したのち，高評価を獲得したヤカンについては，「サンキヨーがよろしい．すこしアルミが薄いことを承知の上なら，地球がお買い得のおすすめ品である」というように，実名で読者に推奨した[27]．

　このような商品テストの意義は，もちろん雑誌の読み手である消費者に，商品を購入するさいの有力情報を提供することである．しかし，商品テストの意義はその点にとどまるものではなく，生産者に対しては，自社製品の品質の改善を促すという"protest"の意義があった．商品テストの本来的な意義は，この二重性にある．また，商品テストの公平性の確保に関しても，花森の姿勢にはみるべきものがあった．雑誌の刊行には広告がつきものであるが，花森は，商品テストの公平性を確保すべく，ヒモつきにならないように企業広告や公的な支援を受けつけない方針を貫いた[28]．

---

25) 国際消費者機構の設立および消費者保護をめぐる国際政治のアクターとしての活動の軌跡については，境井孝行『国際消費者運動――国際関係のフロンティア』（大学教育出版，2002 年）38-46 頁を参照．また，アメリカの消費者同盟（2012 年に「消費者レポート Consumer Reports」へ改称）をはじめとする，欧米の消費者団体の動向については，丸山千賀子『消費者をめぐる世界の動き――欧米の消費者団体と政策』（開成出版，2016 年）が詳しい．

26) 津野は，アメリカの「消費者同盟」とその『消費者レポート』が花森の商品テストの発案に影響を与えた可能性を指摘している．津野海太郎『花森安治伝――日本の暮しをかえた男』（新潮社，2016 年）298-299 頁．

27) 『暮しの手帖』（第 2 世紀第 10 号，1971 年 2 月）52-59 頁．この雑誌は 1 号から 100 号までを 1 世紀というように 1 つの区切りとしている．

10 消費者行政——消費者問題への政府の取り組み

　これまでみてきた生産者に対する "protest" は，消費者みずからが主体となった，あるいは消費者の立場に立つ「下から」の異議申立てであった．しかし，そのような民間の異議申立てにはやはり限界がある．消費者問題を「市場の限界」の問題の1つとして捉えるならば，政府は，消費者問題に取り組む責任を課せられることになる．本節では，消費者行政について一瞥しよう．

　消費者行政の歴史になかで，とくに画期的な出来事として挙げられるのは，アメリカの大統領ケネディ（John Fitzgerald Kennedy, 1917-1963）による，消費者の4つの権利の明示（「消費者利益の保護に関する特別教書」1962年3月15日）[29] であろう．すなわち，第1に，「安全である権利 right to safety」．これは，健康や生命にとって危険な財の販売から守られる権利である．第2に，「知らされる権利 right to be informed」．これは，消費者の判断を歪める情報から守られ，選択に必要な事実を知らされる権利である．第3に，「選択する権利 right to choose」．これは，いかなる場合でも，多様な財とサービスを市場での競争価格で購入できるように保障され，また政府によって規制されている産業では，満足できる品質とサービスを公正な価格で購入できるように保障される権利である．第4に，「聴聞される権利 right to be heard」．これは，政策を立案するさいには，消費者の利益に対して最大限かつ好意的な考慮が払われ，行政審査の場では，公正で迅速な取り扱いが保障される権利である．

---

28) 山田俊幸・岩崎裕保編著『花森安治と「暮しの手帖」』（小学館，2016年）35-38頁．商品テストの企画は，『暮しの手帖』（第4世紀第28号，2007年6月）をもって終了している．この号で取り上げられたのは，ホームベーカリーであった．なお，商品テストを実施する組織としては，さらに1961年設立の「日本消費者協会」を挙げることができる．日本消費者協会は，『月刊消費者』をつうじて商品テストのデータを公表してきたが，この雑誌における商品テストの企画も中止に至った．現在，日本消費者協会は消費者からの相談に応じる一方，「消費力検定」の実施などにより，消費者の自己陶冶を促す活動を展開している．

29) J. F. Kennedy, Special Message to Congress on Protecting Consumer Interest, 15 March, 1962. 多田吉三「消費者問題とはなにか」，多田・大久保・西村『消費者問題の理論と展開』9頁には，4つの権利の英語の原文が訳文と併記されている．

今日の日本では，どのような点に留意して消費者行政が展開されているのであろうか．1968 年に消費者行政の指針である「消費者保護基本法」が制定されたが，同法は 2004 年に改正され，「消費者基本法」として再出発することになった[30]．この消費者基本法の第 2 条では，次のような消費者の権利が示されている．すなわち，①安全が確保される権利，②選択の機会が確保される権利，③必要な情報が提供される権利，④教育の機会が提供される権利，⑤意見が消費者政策に反映される権利，⑥被害が生じたさいに適切かつ迅速に救済される権利の，6 つである．これらをケネディが示した消費者の権利と比較してみると，ケネディが消費者行政の歴史のなかに残した遺産が日本の消費者基本法のなかに継受され，さらに拡充されていることが分かる．また，同法では，消費者の自立と政府による，その支援が説かれている．消費者の 6 つの権利の空文化を回避するために政府がなすべきこと——消費者行政におけるアジェンダ——と，その実際例を 5 点に絞って整理してみよう[31]．

第 1 は，安全な消費のための規制である（「消費者基本法」第 11 条）．購入した財の使用により，消費者が生命を脅かされるならば，生命力の再生産と生活の喜びの享受という家計における消費の本来の目的に反することになる．消費が危害をもたらす場合，財それ自体に内在する危険性と，財の不適切な使用に伴う危険性の 2 つがある．いま，前者についてのみ考えると，たとえば，食品への有害物質の混入や衛生管理の不徹底による食品の汚染，自動車のエアバッグの欠陥などの問題が挙げられる．食品については，添加物を含めて，成分や製造方法などの基準が定められており（「食品衛生法」第 11 条第 1項），自動車については，欠陥が認められたならば，自動車メーカーが所定の手続を経て回収し，無償で修理するリコール制度（「道路運送車両法」第 63

---

30) 2009 年には，消費者行政の統一性を確保し，行政指導の効率性を高めるため，専門官庁である「消費者庁」が設置された．

31) 消費者基本法における消費者の権利と消費者行政のアジェンダおよび関連法との対応関係については，細川幸一『消費者政策学』（成文堂，2007 年）24-31 頁を参照．戦後の消費者行政の歴史については，鈴木深雪『消費者政策——消費生活論〔第 5版〕』（尚学社，2010 年）所収の「消費者問題・消費者行政年表」が有益である．

条）が整えられている.

　第2は，適正な計量・規格・表示のための規制である（「消費者基本法」第
13条，第14条，第15条）．この規制は，実は，第1の規制と密接不可分である.
食品の成分や賞味期限を偽ることなく，その適正な表示を行うことは食の安
全そのものに関わる．なお，商品にマークを付して，その品質に関する情報
を消費者に伝える試みの起源は古い．金貨や銀貨などの鋳造貨幣は，まさに
金銀の品位や重量を公的に保証したものにほかならない．また，フランス経
済史を紐解くならば，ルイ14世（Louis XIV, 1638-1715）の財務総監であった
コルベール（Jean Baptiste Colbert, 1619-1683）による，産業規制の試みを挙げ
ることができる．コルベールは，強力な「商標 marques」制度の導入によ
り，フランス製品の品質の向上を図ろうとした．この制度は，毛織物などの
品質を指定検査所でチェックし，基準を満たした製品についてのみ流通と販
売を認めるというものであった[32]．今日の日本では，「JIS マーク Japanese
Industrial Standards mark」による製品の認証制度が馴染み深いものであろ
う.

　第3は，公正で自由な競争を確保するための規制である（「消費者基本法」
第16条）．第2章で説明したように，市場経済社会は企業間の自由競争を前
提としているが，競争を野放しにすると，逆に競争が阻害されるという矛盾
を抱えている．市場が少数の企業によって占有されるならば，企業は過度な
競争を回避すべく，価格や生産量を取り決めて，結果的に消費者に不利益を
もたらしかねない．こうした事態が生じないように，政府は，「独占禁止
法」にもとづいて市場における自由競争の確保に努めている.

　第4は，適正な消費者契約のための規制である（「消費者基本法」第12条）.
インターネットの普及は，無店舗販売や目にみえない相手との売買を容易に
し，企業と消費者との電子商取引の市場規模は，2015年には13.7兆円にま
で成長した．電子商取引は，自宅にいながらの商品の購入など，消費者の利
便性の向上に資するものであるが，その一方で，契約をめぐる様々な問題を

32）吉田静一『フランス重商主義論』（未来社，1962年）26-27頁.

引き起こしている[33]．たとえば，その1つが早急な購入に伴うトラブルである．「電子契約法」第3条では，インターネットを利用した売買に関して，消費者がパソコンの誤操作などにより，不本意な契約に直面することを防ぐため，企業が消費者に対して契約を再確認することを規定している．

　第5は，苦情処理と紛争解決のための専門機関の設置である（「消費者基本法」第19条）．「国民生活センター」や地方公共団体の「消費生活センター」は，商品の購入や使用に伴う様々なトラブルについて消費者から寄せられる相談に応じたり，公的な商品テストを実施してその結果を発信したりしている．

　消費者行政の実際例をいくつか紹介したが，消費者問題をめぐる消費者の生産者に対する具体的な"protest"としては，法廷での闘争も考えられる．しかし，消費者個々人にとっては，訴訟は費用や時間などの面でハードルが高い．この難点を解消するために，特定の消費者組織が消費者に代わって原告となり，訴訟を起こす制度が整えられている[34]．

11　消費者の自己陶冶とその社会的責任

　消費主体としての家計は，「社会の公器」であるべき企業に向けて，今後も様々な"protest"＝「異議申立て」を行うことにより，消費者主権の尊重と両立する企業経営を迫るはずである．加えて，政府に対しては，対企業との関係で消費者保護の政策を充実するように働きかけていく必要がある．ただし，消費者は単に保護され，教育される存在ではない．政府による消費者の啓発活動や消費者教育（「消費者基本法」第17条）の重要性は，改めて指摘するまでもない．しかし，消費者問題を「他人事」あるいは「お上の裁きによって解決されるべきもの」とみなす姿勢からの脱却は，消費者個々人が自己陶冶を怠らず，消費者問題をおのが家計の問題として捉えることができるか否かにかかっている．家計は，企業や政府とならんで，経済活動の3つの

33）消費者庁『平成29年版 消費者白書』（勝美印刷，2017年）292頁．
34）「消費者裁判手続特例法」による訴訟手続については，消費者庁『平成29年版 消費者白書』313-314頁を参照．

主体の1つであることを，ここで再度想起すべきである．

　消費者の自己陶冶には，消費者の権利を踏まえたうえでの，その社会的な責任の自覚が欠かせない．消費者の社会的責任については，消費者同盟国際機構が提唱した5つの責任[35]が参考になる．すなわち，第1は，「批判的意識 critical awareness」である．これは，財に関する様々な情報に関心をもち，その真偽を問う責任である．第2は，「主張と行動 action and involvement」である．これは，公正な取引をめざして主張し，行動する責任である．第3は，「社会に対する責任 social responsibility」である．これは，消費が社会に及ぼす影響，とくに弱い立場の者に及ぼす影響を自覚する責任である．第4は，「環境に対する責任 ecological responsibility」である．これは，消費が環境に及ぼす影響を自覚する責任である．第5は，「連帯 solidarity」である．これは，消費者が団結する責任である．これら5つの責任の内容，とくに第3と第4の内容から窺われるように，消費者は，消費の持続可能性の視点から，国の内外の別なく，自己の消費が貧困問題や環境問題とどのように絡み合っているのかを改めて問わなければならない．

　たとえば，先進国で生活する消費者は，発展途上国から輸入する安価な財の恩恵を被るであろう．しかし，そのような財は，なぜ安価なのであろうか．安さは輸出国企業の努力の成果であろうが，その内実は，輸出国の自然環境を犠牲にした生産の結果，あるいは賃金を不当に低く抑えた生産の結果なのかもしれない．輸出国の資源と労働力を費消させる生産は，巡りめぐって，輸出国と輸入国の将来世代がともに享受すべき，経済活動の成果に制約を課すに違いない．消費者のそのような疑念は，発展途上国の貧困問題や環境問題を身近な問題として認識することに繋がり，その支援の方法の模索を促す．

　そのような方法の1つが「フェア・トレード fair trade」[36]である．これ

35）この原則は消費者同盟国際機構の1987年世界大会においてベルリンの消費者団体によって提起された．国民生活センター編『戦後消費者運動史』（大蔵省印刷局，1997年）174-175頁．

36）フェア・トレードについては，チョコレートや紅茶の取引の実例に触れた文献が多数あるが，とくに以下の文献を参照．渡辺龍也『フェアトレード学——私たちが創る新経済秩序』（新評論，2010年），佐藤寛編『フェアトレードを学ぶ人のために』（世界思想社，2011年）．

は，発展途上国の弱い立場の生産者や労働者を経済的に支援するために，財の安価に甘んじることなく，その適正な価格で購入する取引である．ここで，第2章で説明した資源配分の議論とは異なる，適正な価格水準をいかにして導き出すのかが問題になる．抽象的ではあるが，この問題を考えるために，生活設計の発想を援用してみよう．すなわち，生活水準の長期的上昇を可能にする生活設計への展望をひらく，労働の報酬は，適正な価格水準を導き出す場合に考慮されるべきであろう．フェア・トレードは，経済的な弱者の支援に資する財や，環境への負荷が小さい財に関心を持つこともまた，価格・品質・安全性とならんで，消費者の購買行動の参照基準になりうることを物語っている．

第7章　政府の経済活動
―非市場的な資源配分と政府の社会的責任―

1　古典派経済学の政府論と政府の活動領域の拡大

スミスは，経済的自由主義と市場の価格調整メカニズムに厚い信頼を寄せた．そのスミスにとって，「簡明な自然的自由のシステム obvious and simple system of natural liberty」を実現するために，既存の様々な規制を廃止していくことは，政府がなすべきことであった．この自然的自由のシステムのもとでは，政府の活動領域は，基本的に非営利的な経済活動，すなわち，防衛，国内の治安の維持，公共事業の3つに限定される[1]．とくに防衛と国内の治安の維持は，国民の経済活動が活発となり，経済が成長を遂げるために必要な私有財産秩序の維持に関わる[2]ので，市場経済社会における政府の根本的な存在理由とみなすことができる．

政府の活動領域は上記の3つであるから，それに要する費用は国民経済の大きさにくらべて小さな部分を占めるに違いない．スミスの政府論が「安価な政府 cheap government」論[3]とよばれる所以である．だが，スミスは，政府の支出の最小化を希求したわけではない．スミスは，政府の活動領域は変わらないとはいえ，一国の経済成長につれて，政府の支出は増大せざるを

---

*　本章の基本文献：池上岳彦編『現代財政を学ぶ』（有斐閣，2015年），小村武『予算と財政法〔5訂版〕』（新日本法規，2016年），小西砂千夫『財政学』（日本評論社，2017年），宇波弘貴編著『図説　日本の財政〔平成29年度版〕』（東洋経済新報社，2017年），吉沢浩二郎編著『図説　日本の税制〔平成30年度版〕』（財経詳報社，2018年）．

1 ）Smith, *Wealth of Nations*, Vol. 2, pp. 686-688.　大河内監訳『国富論』第3分冊，341-343頁.

2 ）本書の第2章2節を参照.

3 ）ただし，スミス自身は，『国富論』のなかで「安価な政府」という用語を一度も使用していない．山﨑怜『《安価な政府》の基本構成』（信山社，1994年）を参照.

えないことを認めていた[4]．これに対して，政府の収入と支出のいずれにおいても可能な限り，最小化が望ましいと論じたのがセーである[5]．古典派経済学の政府論は，スミスの「相対的に安価な政府」論とセーの「絶対的に安価な政府」論の2つに分けることができる．

　第2章で説明したように，市場経済社会は自主性を重んじる自由な競争社会であるが，競争は経済活動の効率性を高める一方，富者と貧者との経済格差を広げるおそれがある．一国民における貧富の格差の拡大は倫理的に望ましくないとの主張を耳にすることがある．この格差の拡大は，社会の対立を誘発し，ひいては市場経済社会の制度的基盤である私有財産秩序の攪乱を招く意味で望ましくない．「安価な政府」論は，経済活動の水準が飛躍的に高まっていくにつれて見なおされていくことになる．政府は，競争に揺さぶられた貧しき人びとのみならず，高齢者や障がい者への経済的支援も含めて，すべての国民に安心できる生活の基礎を提供すべく，その活動領域を拡大してきた（福祉国家 welfare state）．イギリスでは，『ベヴァリッジ報告』として広く知られている『社会保険および関連サービス』（1942年）が福祉国家の指針となったが，たとえば，同報告書では，社会保険について「最低生活の定額給付 flat rate of subsistence benefit」を謳うと同時に，その保障のための拠出として富者と貧者の別なく，「定額の保険料 flat rate of contribution」の負担を求めている[6]．

　さらに，政府は，人びとが景気の変動によって働き口を失うことを回避すべく，景気の調整や経済の成長のために積極的な役割を果たすようになる．1929年に始まった「大恐慌 Great Depression」への対策として，フランクリン・ルーズベルト（Franklin Delano Roosevelt, 1882-1945）政権下で，1933年

---

4) A. Smith, *Lectures on Jurisprudence: Report Dated 1766*, in *Lectures on Jurisprudence*, edited by R. L. Meek, D. D. Raphael and P. G. Stein, Liberty Fund, 1982, pp. 530-531．水田洋訳『法学講義』（岩波文庫，2005年）380頁．

5) Say, *Traité d'économie politique*, 6ᵉ éd., p. 507．増井訳『経済学』下巻，463頁．

6) *Social Insurance and Allied Services: Report by Sir William Beveridge*, Agathon Press, 1942 [1969], p. 121．一圓光彌監訳／森田慎二郎・百瀬優・岩永理恵・田畑雄紀・吉田しおり訳『ベヴァリッジ報告——社会保険および関連サービス』（法律文化社，2014年）189頁．

から実施された「ニューディール政策 New Deal」は，このような政府の活動領域の拡大を示すものである．

2　財政の機能——資源配分機能，所得再分配機能，景気調整機能

　政府の活動領域は何も支出面だけに限られない．確かに支出の内訳は，のちにみるように，各項目が「予算 budget」のなかでどのような比率を占めているのかという点も含めて，政府が重視する活動を考えるさいに重要である．しかし，政府支出は，政府による民間部門からの購買力の吸い上げを前提とするから，収入面の議論，とくに租税に関する議論を見落とすわけにはいかない．以上の点に留意して，政府の収入と支出に関わる経済活動を「財政 public finance」とよぶならば，その機能は以下の3つに整理することができる．

　第1は，「資源配分機能 resource allocation function」である．通常，市場で取引される私的な財の場合，その財を誰かが消費すれば，他の者は消費できなくなり（競合性 rivalry），売り手に対して，代金を支払った買い手しかその財を利用できない（排除性 excludability）．ところが，このような性質をもたない財やサービスも存在する．たとえば，灯台の光を考えてみよう．灯台の光は，特定の船がその光を利用したからといって，他の船が光を利用できなくなるわけではない（非競合性 non-rivalry）．また，その光の利用を，代金を支払う船にのみ限定することは実際問題として難しい（非排除性 non-excludability）．このような2つの性質をもつ財は，第2章で触れたように，「公共財」とよばれる．スミスが政府の活動領域として論及した内容は，多かれ少なかれ，今日，公共財とよばれるものの供給であった．他国からの侵略に備える防衛というサービスの利用は，その費用を負担した個人にのみ限ることは難しく，道路は，その建設費用を負担しない者も利用するかもしれない（フリーライダーの問題）．そうすると，このような公共財は，そのコストを利用者に負担させることが困難であるため，市場での取引になじまないことになる．しかし，防衛にせよ道路にせよ，国民の生活の重要な基盤である以上，市場に代わって誰かがその供給の調整を図らなければならない．その役割を

担うのが政府である.

　第2は,「所得再分配機能 income redistribution function」である. 人び
とがもつ各種の生産要素を企業が使用するさいに, その要素所有者に対して
支払われるものが所得となる. それゆえ, たとえば, 遺産相続によって広大
な土地を所有する人は, その土地を貸し出すことにより, 土地をまったくも
たない人よりも多くの所得を得ることができる. しかし, 一方で資産とよべ
るような土地や貯蓄をもたない人が失業したとき, その人は, 何に頼ればよ
いのだろうか. 自由競争を前提とする市場経済社会は, 貧富の格差を解消す
るような自律的メカニズムを備えていない. 先に指摘したように, 貧富の格
差の拡大を放置することは望ましくないため, 政府は, それを是正しなけれ
ばならない. 具体的には, 所得水準が高くなるにつれて, より多くの租税負
担を求める累進課税によって購買力を富裕な人びとから多く吸い上げたり,
また生活保護をはじめとする社会保障によって購買力を生活が苦しい人びと
に移転したりすることが, 所得の再分配である.

　第3は,「景気調整機能 stabilization function」である. 第3章の景気循
環のところで述べたように, 一国の経済活動の水準はつねに安定して推移す
るわけではなく, 人間の体調と同じように, 調子が良いとき (好景気) もあ
れば, 悪いとき (不景気) もある. 財政の第3の機能は, この経済活動のい
わば体調管理と関わる. 同じく第3章で説明したように, 支出面からみた
GDP は,「GDP ＝消費＋投資＋政府支出＋純輸出」であった. これを,「消
費＋投資＋政府支出＋純輸出⇒GDP」と書きなおしてみると, GDP の拡大
は4つの項目のそれぞれの増加により可能になることが分かる.「消費」と
「投資」の増減は民間部門の判断で行われるのに対して,「政府支出」の増減
はまさに政府が決定することができる. すなわち, 不景気の場合には, 政府
は, 公共事業をはじめとする政府支出を増加することによって景気の回復を
促したり, また景気が過熱気味の場合には, 逆に政府支出を削減することで
過熱する景気をクールダウンさせたりする.

　では, 政府は, 民間部門の「消費」と「投資」にまったく影響を及ぼすこ
とができないのであろうか. 政府は, 増税や減税により, 民間部門の「消

費」と「投資」を間接的に調整しようと試みることがある．たとえば，不景気の場合には，減税により，家計の可処分所得を増やすことで財布の紐を緩め，消費を促そうとし，景気が過熱気味の場合には，増税を実施することで家計の購買力を吸い上げて，消費の抑制を図ろうとする．企業を対象とする減税や増税にも企業の投資意欲を促進したり，抑制したりする効果がある．このような政府の意図的な財政支出（額）および税（額）の操作による景気の調整は，「裁量的財政政策 discretionary fiscal policy」とよばれる．

　景気の調整に関しては，裁量的財政政策のほかに，財政システムそのものに組み込まれた自律的働き（ビルトイン・スタビライザー built-in stabilizer）も見逃すことはできない．たとえば，後述する「所得税 income tax」のように，課税対象額をいくつかの段階に分けたうえで段階が上がるごとに税率を高くしていく「累進課税 progressive taxation」が税制の一部に組み込まれていれば，不景気の場合には，政府が意図せずとも，税率が一定である「比例課税 proportional taxation」にくらべて納税額は小さくなり，その分だけ可処分所得は増加して家計消費の冷え込みを緩和する．逆に景気が過熱気味の場合には，家計の収入の増加に伴い，従来よりも高い段階の税率が適用されるので，政府は，この場合にも意図せずして，家計からより多くの購買力を吸収することができる．また，社会保障の一環として「雇用保険 employment insurance」が制度化されている国では，不景気になると，失業者数の増加に伴い，給付金総額はおのずと増える．雇用保険は，働き手が失業した家計のためのセーフティーネットであるが，国民経済全体からみても，消費の急激な落ち込みと景気のさらなる悪化を緩和する手段の１つなのである．

3　予算——政治的資源配分の管理手段

　財政は，前節で説明した３つの機能から窺われるように，市場の価格調整メカニズムにもとづかない政治的な資源配分[7]である．それゆえ，財政は，本質的に指令・計画経済的な性格をもっている．ただし，市場経済社会では，

7）小村は財政による非市場的な資源配分を，適切にも「政治的資源配分」と説明している．小村『予算と財政法〔5訂版〕』5頁．

第7章　政府の経済活動　　*129*

指令・計画経済的な財政の役割は決して主ではありえず，あくまでも補完的なものである点を再度確認しておきたい．

　さて，政府は政治的な資源配分を，期間を限ったうえで計画にもとづいて行う．政府は，ある期間中の収入と支出について計画を立てるが，その計画は立法府でかならず審議・議決を受けてから執行に移される．この計画が「予算」である．予算とは，まさに政治的資源配分の管理手段にほかならない．上記の意味での期間，すなわち，「会計年度 fiscal year」は万国共通ではなく，アメリカでは「10 月 - 9 月制」，フランスをはじめとするユーロ加盟国や中国では「1 月 - 12 月制」が採用されている[8]．

　「4 月 - 3 月制」（4 月 1 日開始，翌年 3 月 31 日終了）を採用している日本の場合，会計年度中の収入は「歳入 revenue」，支出は「歳出 expenditure」とよばれる．この歳入と歳出の計画について，国会で審議され，3 月 31 日までに成立するものが「本予算 main budget」である．本予算が成立するまでの流れを一瞥するならば，次のようになる．すなわち，《各省庁の内部で予算項目の検討・立案⇒財務省への概算要求書の提出⇒財務省が各省庁の要求を検討・調整し，財務省原案の作成⇒財務省原案にもとづいて再調整を図ったのち，政府の予算案の決定⇒政府が予算案を衆議院（予算の先議権）と参議院へ提出⇒両院での審議・議決により，本予算が成立》[9]．しかし，会計年度開始前に本予算が成立しないときには，財政運営の中断を回避するため，一会計年度内の特定期間に限定して「暫定予算 provisional budget」が組まれる．また，成立した本予算にもとづいて政治的な資源配分が行われるとはいえ，東日本大震災などの天変地異あるいは景気の急激な落ち込みに対応するため，追加の歳出が必要になることがある．このように，本予算を補うために組まれるのが「補正予算 supplementary budget」である．いま予算をその編成の段階および内容の追加と修正に着目して説明したが，通常の予算（本予算＋補正予算）は，分野別にみると，「一般会計予算 general account budget」「特別会計予算 special account budgets」「政府関係機関予算 budgets of

---

8）小村『予算と財政法〔5 訂版〕』64-65 頁．
9）詳細については，小村『予算と財政法〔5 訂版〕』第 4 章「予算の成立過程」を参照．

government-affiliated agencies」の 3 つからなる.

　「一般会計予算」は，国の基本的な行政サービスに関わる予算であり，主な財源は租税収入である．予算は，本来，財政の実態を総体的に把握し，管理するという点からいえば，1 つの会計によるべきである（予算単一の原則）[10].しかし，実際には，一般会計予算とは別に，2018 年度には「国債整理基金特別会計」や「東日本大震災復興特別会計」等の 13 の特別会計が存在し，それぞれの会計ごとに予算が組まれている．この「特別会計予算」には，特定の事業ごとに歳入と歳出を管理することで，一般会計のなかに埋没しがちな個々の財政運営をより適切に捉えることができるというメリットがある．しかし，特別会計の数が増えればふえるほど，また一般会計から特別会計への資金の移動が複雑になればなるほど，逆に一国全体の財政収支の実態を把握することは困難になる．なお，2018 年度の一般会計歳出総額（予算額）は97.7 兆円，特別会計歳出総額（予算額）は 388.5 兆円であるが，重複分等を除いた国全体の歳出の規模は 238.9 兆円である[11].

　公益性の高い業務を行う機関のなかには，特別の立法にもとづいて設立され，政府がその資本金を全額出資する法人がある（日本政策金融公庫や国際協力銀行を含む 4 つの法人）．これらの運営に関する資金計画が「政府関係機関予算」であり，一般会計や特別会計と同様に国会での議決を必要とする．

　さらに，基本的に租税を原資とする予算とならんで，政府の計画経済的性格を窺わせるものとして「財政投融資計画 fiscal investment and loan program」を挙げることができる．財政投融資計画の原資は，政府がその信用によって金融市場で調達することや，あくまでも融資であるため，将来の返済を前提とする点で予算とは異なる．しかし，財政投融資計画は，市場経済への政府の補正的・間接的な介入という点からみて，広義の財政政策の 1 つであるといえよう．財政投融資計画の主な対象は，公益性の高い大規模プロジェクトや新しい産業領域の開拓といった民間での資金調達が困難な事業である．学生にとって身近なものとしては，日本学生支援機構による貸与型の

---

10) 小村『予算と財政法〔5 訂版〕』85 頁.
11) 財務省『日本の財政関係資料〔平成 30 年 10 月〕』54 頁.

第 7 章　政府の経済活動　　131

奨学金事業が挙げられる[12]．ちなみに，2018 年度の財政投融資計画の全体規模は 14 兆 4631 億円であり，そのうちの 7075 億円が貸与型奨学金の貸付財源として計上されている[13]．

4 財政支出——高度経済成長期と今日の比較

今日の日本の財政支出には，どのような特徴が窺われるのであろうか．一般会計の歳出の内訳（当初予算）について，高度経済成長期の 1965 年度[14] と 2018 年度[15] を比較し，その特徴を探ることにしよう．

まず，国の借金の返済に充てられる国債費については，1965 年度は歳出全体のわずか 0.6%（220 億円）を占めるにすぎないのに対して，2018 年度は 23.8%（23 兆 3020 億円）と歳出全体の 4 分の 1 に迫るに至っている．国債費のこの大きな負担は，財政支出の機動的配分を制約していることは否めないであろう．

次に，歳出総額から国債費を引いた経費，すなわち，「基礎的財政収支対象経費」（1965 年度は 3 兆 6361 億円，2018 年度は 74 兆 4108 億円）について，歳出内訳の比率が高い順にみてみよう（その他の事項経費を除く）．1965 年度は，①地方交付税等 19.6%（7162 億円），②公共事業関係費 18.8%（6886 億円），③社会保障関係費 14.1%（5164 億円），④文教および科学振興費 13.0%（4757 億円），⑤防衛関係費 8.2%（3014 億円）となっている．半世紀を過ぎた 2018 年度は，①社会保障関係費 33.7%（32 兆 9732 億円），②地方交付税交付金等 15.9%（15 兆 5150 億円），③公共事業関係費 6.1%（5 兆 9789 億円），④文教および科学振興費 5.5%（5 兆 3646 億円），⑤防衛関係費 5.3%（5 兆 1911 億円）である．これらの比率の比較から窺われる点を 3 つ確認しておきたい．

第 1 に，社会保障関係費の比率が大きく伸びて 3 位から首位となった背景

---

12) 道盛大志郎「財政投融資とは何か」，川村雄介編『明解 日本の財政入門』（金融財政事情研究会，2016 年）286-293 頁を参照．
13) 財務省理財局『財政投融資リポート 2018〔平成 30 年 8 月〕』26 頁，33 頁．
14) 大蔵省財政史室編『昭和財政史 昭和 27 ～ 48 年度——予算（2）』第 4 巻（東洋経済新報社，1996 年）2 頁．
15) 財務省『日本の財政関係資料〔平成 30 年 10 月〕』1 頁．

には，日本の人口構成の変化がある．第8章で改めて説明するが，高度経済
成長期にくらべて総人口に占める65歳以上の老年人口は，数と比率のいず
れにおいても増加し，日本はいまや超高齢社会の先進国となっている．1965
年の日本の老年人口は618万1000人であり，総人口に占めるその比率は
6.3%であったが，2015年には3346万5000人，26.6%となっている[16]．した
がって，社会保障関係費の内訳のなかで高齢者の生活を支える部分の比率は
高くなっており，2017年度予算でみると，社会保障関係費の35.4%（11兆
4831億円）が年金給付費に，9.3%（3兆130億円）が介護給付費に充てられて
いる[17]．

　第2に，1965年度に公共事業関係費が社会保障関係費を比率で上回って
いたのは，高度経済成長期に社会資本の整備をはじめとする国土の総合開発
が積極的に押し進められたことを物語っているといえよう．なお，経済企画
庁によって「全国総合開発計画」が打ち出されたのは1962年であり，また
『日本列島改造論』の著者が「都市集中の奔流を大胆に転換して，民族の活
力と日本経済のたくましい余力を日本列島の全域に向けて展開すること」
「工業の全国的な再配置と知識集約化，全国新幹線と高速自動車道の建設，
情報通信網のネットワークの形成などをテコにして，都市と農村，表日本と
裏日本の格差を必ずなくすこと」を提唱した[18]のは1972年であった．

　第3に，文教および科学振興費が占める比率が半世紀を経て半減している
点も見逃せない．日本の高度経済成長は，旺盛なイノベーションにより牽引
された．イノベーションのいわば種子を発見する基礎研究や，その担い手と
なる人材の育成のために予算の充実が望まれる．

5　租税の本質とスミスの租税原則

　2018年度一般会計予算の歳入97兆7128億円の内訳[19]は，印紙収入を含

16）国立社会保障・人口問題研究所『2017 人口の動向 日本と世界』29-30 頁.
17）宇波編著『図説 日本の財政〔平成 29 年度版〕』112 頁.
18）田中角榮『日本列島改造論』（日刊工業新聞社，1972 年）2 頁.
19）財務省『日本の財政関係資料〔平成 30 年 10 月〕』2 頁.

めた税収が60.5％（59兆790億円），公債金が34.5％（33兆6922億円），その他の収入が5.1％（4兆9416億円）である（端数の整理上，内訳の合計は100％と一致しない）．公債金は政府の借金であるが，その他の収入には国有財産の売却益，病院や林野事業等の官業収入に加えて，先に説明した特別会計の整理によって生じる収入，日本中央競馬会等からの納付金が含まれる．1965年度の歳入3兆6581億円のうち税収は89.9％を占めていた[20]から，公債金の比率が高くなっていることは否めない．しかし，歳出を賄うための主要な原資が租税であることに変わりはない．

　政府が民間企業と同じような事業を営んで利潤を上げ，それを財政支出の原資に充てることは可能ではある．しかし，財政需要の充足性や公共財の性質（非競合性と非排除性）を考慮すると，政府は，おのずと租税——民間部門からの購買力の強制的な徴収——を財政支出の主要な原資とせざるをえない．この租税国家の考え方は課税の恣意性を排除すべく，国民が負担する租税は法律にもとづくこと（租税法律主義 principle of no taxation without law），またその用途も含めて議会による承認を得ること（財政民主主義 fiscal democracy）[21]を前提とする．

　租税の強制的性格は，上記のように，財政民主主義を踏まえた納税の自発的性格——政府に対して国民が仕方なく納めるものではなく，進んで出し合うものが租税である——の認識によって緩和されるとしても，租税の徴収は，やはり国民にとっては負担と映らざるをえない．そこで，望ましい租税とはどのようなものなのかが租税原則として問われることになる．スミスは，国民経済にとっての租税の負担の不可避を認めつつ，経済成長を可能な限り，阻害しないような租税は4つの原則——①公平，②明確，③納税の便宜，④徴税費の最小化——にもとづくべきであると説いた[22]．①の原則は4原則のなかで最も重要な位置を占めるが，負担の内容をめぐっては，納税者の担税力に比例した負担（能力説 ability-to-pay principle）と，納税者が享受する利

20）大蔵省財政史室編『昭和財政史 昭和27〜48年度』第4巻，2頁．
21）租税思想史上，ロックにまで遡る思考である．Locke, *Two Treatises of Government*, p. 362. 加藤訳『完訳 統治二論』463-464頁．

益に比例した負担（利益説 benefit principle）の2つがあり，スミス自身は両方に言及している．能力説は，いうまでもなく累進課税の論拠となる．②の原則は，租税の支払いの時期・方法・金額については恣意性を排除し，簡単かつ明瞭を旨とすべきとするものである．③の原則は，納税者にとって最も好都合な時期と方法を考慮して課税すべきとするものである．④の原則については，文字どおりの徴税費の最小化という内容に加えて，スミスは，租税によって国民の勤労へのインセンティブが妨げられるケースに論及している．

租税原則は，スミスの上記のものを補完あるいは拡充するかたちで，のちの経済学者によっても提唱された．たとえば，ワーグナーは，財政需要を満たすのに十分な租税収入が挙げられるか否かを重視し（課税の十分性），マスグレイブは，経済の安定と成長のために財政政策を機動的に発動できるような租税が望ましいと指摘している．

6 租税の種類——日本の租税制度の多様性

企業に労働力を提供して賃金を受け取る者の立場で，いま納税を考えてみると，給与明細には支給額から「所得税」や「住民税 inhabitant tax」が差し引かれている旨の記載があることに気づく．この2つの租税以外にも，いくつかの種類の租税が存在するが，各種の租税は，どのような基準にもとづいて区分されるのであろうか．

第1に，租税は，納税先の相違——国か地方公共団体か——にもとづいて「国税 national tax」と「地方税 local tax」に区分され，さらに後者は「都道府県税 prefectural tax」と「市区町村税 municipal tax」に区分される．第2に，納税の義務者と租税の負担者が一致するか否かに着目すると，両者が一致するものが「直接税 direct tax」，一致しないものが「間接税 indirect tax」として区分される．第3に，課税額の定め方の相違にもとづくと，課

---

22) 租税原則については，スミスの4原則以外に，ワーグナー（Adolf Heinrich Gotthilf Wagner, 1835-1917）とマスグレイブ（Richard Abel Musgrave, 1910-2007）の名を冠した原則が有名である．吉沢編著『図説 日本税制〔平成30年度版〕』14-15頁を参照．

第7章 政府の経済活動　　135

税額が1人あたり一律に決まっているものが「定額課税 fixed amount taxation」，課税対象額に同じ税率を適用する「比例課税」，課税対象額が大きくなるにしたがって高い税率を適用する「累進課税」に分けられる．第4に，租税として徴収された購買力の使途があらかじめ決まっているか否かによって，決まっているものが「目的税 earmarked tax」，決まっていないものが「普通税 ordinary tax」として区分される．第5に，租税の対象の相違にもとづいて，「所得課税 income taxation」「消費課税 consumption taxation」「資産課税 property taxation」に区分される．

　以上の5つの基準にもとづいて，いくつかの租税についてその特徴を指摘してみよう[23]．まず，個人の所得を対象とする「所得税」や企業の所得を対象とする「法人税 corporation tax」は，国税かつ直接税かつ普通税かつ所得課税であるが，所得税は累進課税であるのに対し，法人税は比例課税である．法人税の税率は，法人の種類——株式会社をはじめとする普通法人か協同組合か等——によって異なるが，普通法人の2018年度の基本税率は23.2％である．ただし，資本金1億円以下の普通法人については，その所得金額のうち800万円以下の部分には15％の軽減税率が適用される[24]．「住民税」は，地方税かつ直接税かつ普通税であり，前年の所得額への比例課税（所得割）と定額課税（均等割）の2つから構成され，やはり所得課税である．なお，住民税には，都道府県税にあたる「道府県民税 prefectural inhabitant tax」（税率4％）と，市区町村税にあたる「市町村民税 municipal inhabitant tax」（税率6％）の2種類がある[25]．「消費税 consumption tax」は，間接税かつ普通税かつ消費課税かつ税率8％の比例課税である．ただし，8％の税率は，国税分6.3％と地方税分1.7％に分かれるので，消費税は国税と地方税の2種類となる[26]．資産課税である「相続税 inheritance tax」は，国税か

---

23) 主要な税の詳細については以下を参照．*Learning More about Taxes*, Ministry of Finance, Japan, July 2010．吉沢編著『図説 日本税制〔平成30年度版〕』第3編「わが国の税制の現状（国税）」および第4編「わが国の税制の現状（地方税）」．
24) 吉沢編著『図説 日本税制〔平成30年度版〕』138-139頁．
25) 吉沢編著『図説 日本税制〔平成30年度版〕』240-241頁．
26) 吉沢編著『図説 日本税制〔平成30年度版〕』204頁，254頁．

つ直接税かつ普通税かつ累進課税である[27]．土地や家屋を対象とする「固定資産税 fixed asset tax」と「都市計画税 city planning tax」も資産課税であり，いずれも地方税の市町村税かつ直接税かつ比例課税である．ただし，固定資産税（税率1.4%）は普通税であるのに対して，都市計画税（税率の上限は0.3%）は，都市計画事業や土地区画整理事業等に使用される目的税である[28]．

いま略説したいくつかの租税の特徴からは，日本の租税制度の多様性が窺われる．それと同時に，国税のみと思いがちな消費税や，あるいは，住民税は「人頭税 poll tax」的な要素が窺われる定額課税を考慮すると，ハイブリッド型租税であることなど，租税制度の複雑さを思い知らされる．

7　租税負担をめぐる問題——所得税，法人税，消費税

2018年度一般会計予算の歳入のうち，税収が60.5%を占めていることは先に述べた．今度は，租税の種類を踏まえて，各種の租税が歳入に占める比率を高い順に確認すると，所得税19.5%（19兆200億円），消費税18.0%（17兆5580億円），法人税12.5%（12兆1670億円），その他の税10.6%（10兆3340億円）となっている[29]．所得税，消費税，法人税は合わせて歳入全体の5割を占める基幹税であることが分かる．この3つについて，租税負担の公平性の問題を考えてみたい．

財政の機能について説明したように，所得分配を調整する方法の1つが累進課税である．この累進課税は，まさに所得税に適用されている．その論拠は，所得が大きい者は担税力も大きいので納税額を大きくすべきであるという能力説，あるいは「垂直的公平 vertical equity」の考え方である．

では，所得税の累進性とは，どのようなものであろうか．たとえば，課税される所得と税率が次のような場合である[30]．①課税所得195万円以下のときは，税率は5%，②195万円超から330万円以下のときは10%，③330万

---

27) 吉沢編著『図説 日本税制〔平成30年度版〕』164頁.
28) 吉沢編著『図説 日本税制〔平成30年度版〕』250頁.
29) 財務省『日本の財政関係資料〔平成30年10月〕』2頁.
30) 吉沢編著『図説 日本の税制〔平成30年度版〕』100-101頁. なお，現行の所得税の税額表では1000円未満は切り捨てである.

第7章　政府の経済活動　　*137*

円超から 695 万円以下のときは 20%，④ 695 万円超から 900 万円以下のときは 23%，⑤ 900 万円超から 1800 万円以下のときは 33%，⑥ 1800 万円超から 4000 万円以下のときは 40%，⑦ 4000 万円超のときは 45% [31].

ただし，年収 2000 万円の A 氏の場合，⑥にしたがって税率が適用され，税額は 800 万円と決まるわけではない．A 氏の場合，①，②，③，④，⑤，⑥の 6 つの段階ごとに分けて税額を決定し，合計することになる．重要なのは，段階が上がるごとに下の段階の所得を差し引いた額に税率を掛けていくという点である（超過累進税率）．すなわち，① 195 × 0.05，②（330 − 195）× 0.1，③（695 − 330）× 0.2，④（900 − 695）× 0.23，⑤（1800 − 900）× 0.33，⑥（2000 − 1800）× 0.4 となり，①から⑥を合計すると，年収 2000 万円の A 氏の所得税は，520 万 4000 円（← 9 万 7500 円 + 13 万 5000 円 + 73 万円 + 47 万 1500 円 + 297 万円 + 80 万円）となる．

年収が 600 万円の B さんの場合，税額は，① 195 × 0.05，②（330 − 195）× 0.1，③（600 − 330）× 0.2 をそれぞれ計算して，合計した 77 万 2500 円（← 9 万 7500 円 + 13 万 5000 円 + 54 万円）になる．したがって，B さんと A 氏の年収に占める所得税の比率をみると，B さんは 12.9% であるのに対して A 氏は 26% となる．働くことの見返りは金銭的報酬のみに限られないが，金銭的報酬は，その見返りのなかで優先順位が高いことは確かであろう．高所得者ほど租税の負担が重くなる累進課税には，労働へのインセンティブを低下させる懸念があることは否定できない．

給与明細をみると，賃金の支払者である企業によって，あらかじめ所得税の税額が計算され，その分が支給額から差し引かれていることが分かる（源泉徴収 withholding at source）．しかし，自営業者や農業者の場合には，このような源泉徴収ができないため，税務当局は所得税の課税対象額を正確に捉えることが困難である．それゆえ，税務当局は，自営業者や農業者については申告にもとづいて所得税の税額を判断せざるをえない．だが，あくまでも自己申告を原則とする以上，意図的であるか否かを問わず，その税額には虚偽

31）1969 年の税率をみると，課税所得の段階数は 16 であり，6500 万円以上の 16 段階の最高税率は 75% であった．吉沢編著『図説 日本の税制〔平成 30 年度版〕』101 頁．

や不正が介在する余地がある．このような意味で，所得税は「水平的公平 horizontal equity」——所得額が同じであれば同額の租税を負担すべきである——を実現しがたく，賃金から源泉徴収される者とそれ以外の者とのあいだで，課税の不公平が問題とならざるをえない．直接税である所得税の場合，租税の対象となる所得額をすべての職業について正確に把握することが技術的に困難であるため，間接税を中心に租税の制度設計を行うことには，それなりの理由がある．頻繁な税務調査は，スミスが示した租税原則（徴税費の最小化）に鑑みると限界がある．技術的な困難を覚悟のうえで租税を徴収すると，結局，徴税費がかさみ，政府が使用できる正味の購買力は減少する．租税の制度設計は，行政機構の整備の程度や源泉徴収をはじめとする技術的改善の可能性に大きく制約されるのである．以上の理由から，関税や消費税を基幹税とするケースは，とくに発展途上国において多くみられる[32]．

　企業の所得を対象とする法人税は，一般会計予算の歳入のなかでは第3位の比率を占めている．市場経済社会では，民間部門の企業が家計とならぶ経済活動の主役である．労働者に限っていえば，所得税の課税対象である賃金は企業から支払われる以上，企業活動が旺盛であるか否かは，家計の消費動向への影響を含めて，一国全体の経済活動の水準を左右する．企業は，利潤追求を本質とする組織であるから，消費者の欲望につねに応じるような財の開発や新しい生産方法の開発を怠るならば，利潤の確保は難しくなるだろう．それゆえ，研究開発費は企業のいわば生命線である．このような視点からみると，企業にとって法人税をはじめとする租税は大きな負担となるので，政府は，裁量的財政政策の一環として法人税率の引下げや研究開発費に関する減税措置等を実施することがある．

　しかし，法人税率の引下げは，法人税が基幹税である場合，税収の大きな減少を招くおそれがある．一方では，企業の法人税負担の軽減がその事業展開のための資金的余裕をもたらし，企業業績の向上や景気の拡大に資するならば，法人税の減税を相殺して余りある税収全体の増加が見込めるかもしれ

32）栗原克文「発展途上国における税制・税務執行」，長崎大学『経営と経済』第86巻第3号（長崎大学経済学会，2006年12月）を参照．

第7章　政府の経済活動　　*139*

ない．いずれにせよ，法人税をめぐる議論は十分な歳入の確保を優先するのか，あるいは企業成長の促進を優先するのかという2つの基本的視点のせめぎ合いに収斂する．

　所得税と法人税は直接税であるが，間接税の代表的なものは消費税である．直接税と間接税が租税収入に占める比率は，直間比率とよばれる．日本では，すでに1940年の段階で直接税の比率は高かった[33]が，戦後になってアメリカの租税制度にならった結果，所得税や法人税などの直接税を租税収入の基本とするようになった．1989年に消費税が導入されたとはいえ，今日においても日本は，国際的には依然としてアメリカとならんで直接税の比率が高い国である[34]．

　消費税は，財やサービスの購入費にもとづいて課税されるから，所得税にくらべて課税対象額を確定するさいの煩雑さや不公平感は小さい．税率は，所得水準の高低にかかわりなく，一定であり，日本の現行税率は，すでにみたように8％である．消費支出をいま二分して，生活必需品を対象とする「基礎的支出」（支出調整の自由度が低い）と，贅沢品を対象とする「選択的支出」（支出調整が所得水準に左右されやすい）に分けて考えると，高所得の家計にくらべて，一般に低所得の家計では基礎的支出の比率は高くなるであろう．したがって，消費税の場合，その負担は低所得の家計ほど重くなるという逆進性の問題がある．他方では，消費税は，「ラチェット効果 ratchet effect」——所得の減少と消費支出の減少とのあいだにはタイムラグがある——を重くみると，景気循環の影響を被りやすい所得税や法人税よりも，税収が安定しているといえよう．

　日本で消費税が導入された背景には，増加傾向に歯止めがかからない社会保障関係費の財源を，いかにして確保するのかという問題があった．日本の現行の公的年金制度は，年金受給者の過去の蓄積分をベースに支給する「積

33）斎藤忠雄「現代財政の成立と日本財政の国際的特質——1890～1960年」，『新潟大学経済論集』第55・56号（新潟大学経済学会，1994年3月）25-26頁．

34）ヨーロッパ諸国では，日本の消費税に相当する「付加価値税 value-added tax」の税率が高いため，直接税と間接税の比率は半々に近い．小西『財政学』49頁を参照．

立方式」ではなく，勤労世代がリタイアした高齢者の生活を支える「賦課方式」である．加えて，社会保険の理想の姿は労働者と企業の双方によって負担される保険料による運営であろうが，今日の日本では，保険料だけでは年金の支給額を十分に賄うことはできず，多額の財政収入が投入されている．厚生労働省の見通しによれば，2020 年度の年金負担額は 53 兆 6000 億円であるが，そのうち保険料収入によって賄える分は 40 兆 4000 億円であり，残りの 13 兆 2000 億円が公費負担となる[35]．年金の実に 4 分の 1 弱に財政収入が投入されることになる．

　年金を受給する老年人口を支えるために，働き盛りの勤労世代の所得に直接依存し続けることは，世代間の経済格差を激しくするおそれがある．次章でみるような人口構成の変化は，現役世代の肩にのしかかる所得税や住民税の負担をますます重くするであろう．この傾向を緩和して，その負担の持続性を維持するためには，間接税である消費税のより一層の基幹税化を進めることはやむをえないのかもしれない．このように，消費税率の引上げの理由として社会保障関係費の財源問題が語られ，消費税のいわば目的税的性格がことさらに強調される[36]．しかし，消費税は大衆課税であることを忘れてはならないであろう．消費税の逆進性を緩和するとともに，社会保障の給付を受ける人びとから社会保障の原資を回収する事態を避けようとするならば，消費対象を特定して消費税率を軽くする軽減税率制度は有効である．しかし，この場合にも，煩雑な手続きに対応できる制度設計とその維持コストが問題となる．

8　均衡財政から赤字財政の容認へ

　政府の財政運営は，家計の運営と同じように，基本的に借入れに頼ることなく行われるべきである．このような考え方は，「均衡財政 balanced finance」とよばれる．一会計年度の歳出は，租税などの経常収入の枠を越えてはならないという考え方である．この均衡財政はスミスなどの古典派経済

35）社会保障編集入門委員会編『社会保障入門 2018』（中央法規出版，2018 年）38 頁.
36）宇波編著『図説 日本の財政〔平成 29 年度版〕』28 頁.

学者の共通認識であり，それゆえ，古典派は，基本的に公債の発行による財源の調達に批判的であった（公債排斥論）．新古典派経済学も古典派のこの認識を受け継いでおり，財政赤字を厭わない裁量的財政政策に否定的である．

　すでに述べたように，経済史上の一大転機はニューディール政策であった．経済学の歴史のうえでは，ケインズ（John Maynard Keynes, 1883-1946）の『雇用，利子および貨幣の一般理論』（1936 年）の刊行が自由放任主義から政府の積極的な経済介入に道をひらくことになる [37]．財政の第 3 の機能について述べたように，今日の政府は，国民経済の体調管理（景気の調整）というきわめて重い社会的責任を負っている．景気の浮揚のために，経常収入を超えて政府支出を意図的に増加する場合，その主要な原資は公債の発行に求められる．租税が強制的な購買力の政府への移転であるのに対し，公債は任意の移転であるから，政府にとって公債は，国民に当座の痛みを感じさせない好都合な財源調達手段である．

　日本では，戦前，突出した軍事費を賄う手段として公債が大量に発行された．戦後は，政府が安易に公債に頼ることを避けるため，法律によって公債の発行は原則上，禁止された．「財政法」の第 4 条第 1 項では，「国の歳出は，公債又は借入金以外の歳入を以て，その財源としなければならない」と明記されている．しかし，この第 1 項には続きがある．先の一文のあとに，「但し，公共事業費，出資金及び貸付金の財源については，国会の議決を経た金額の範囲内で，公債を発行し又は借入金をなすことができる」と記されている（圏点は引用者のもの）．この一文で容認された公債は「建設国債」とよばれ，その使途が限定されている点に留意する必要がある．公債の発行が別の理由で，たとえば，予期せぬ事態で租税収入が急激に落ち込み，その分を補う必要から行われる場合がある．この公債は，「財政法」第 4 条第 1 項で容認さ

---

37) J. M. Keynes, *The General Theory of Employment, Interest and Money*, in *The Collected Writings of John Maynard Keynes*, Vol. 7, edited by A. Robinson and D. Moggridge, Cambridge University Press, 1936 [1973]．間宮陽介訳『雇用，利子および貨幣の一般理論』全 2 冊（岩波文庫，2008 年）．「スミス革命」，「限界革命」とならんで，経済学の歴史上の一大転機を画した「ケインズ革命」の意義については，根井雅弘『「ケインズ革命」の群像——現代経済学の課題』（中央公論新社，1991 年）を参照．

れたものと区別する意味で「赤字国債」と通称されている．赤字国債は，1
年限りの特別法によって容認されるので，別名「特例国債」ともよばれている．赤字国債は 1965 年度に，建設国債は 1966 年度に初めて発行された．この両年度をもって，1947 年度以来の均衡財政は終わりを告げたことになる[38]．

---

38) 宇波編著『図説 日本の財政〔平成 29 年度版〕』12-13 頁.

第8章 労働問題

——少子高齢社会における多元的な共生——

1 少子高齢社会における人口問題

　生産の主体は，労働力を含む「生命力」を宿した人間であり，生産の究極の目的は各個人の自己保存のための消費である．この人間は，国民経済を覆う社会的分業という網のなかで他者との経済的な繋がりを築いているから，経済活動を論じる場合，人間を一社会あるいは一国における総体として捉える「人口 population」という視点が必要になる．人口は年齢と性を異にする人びとの集合であり，それらの構成比は時の経過とともに変動する．日本の人口は，2008 年 12 月の 1 億 2809 万 9049 人をピークに減少傾向に転じた[1]．日本が直面する「人口問題 population problem」を考えるためには，人間の数それ自体の増減に加えて，長期的にみて働き手の数とその経済的負担の増減についての見通しを得る必要がある．

　さて，ある国は人口が多ければそれだけ働く人も多く，また財やサービスを消費する人も多いと単純にいえるのであろうか．乳幼児は親から世話を受け，消費することはあっても働くことはできない．年齢を重ねて肉体的・精神的に生命力が衰えていく人びとについても，老境に入り，リタイアすれば，

＊　本章の基本文献：古郡鞆子『働くことの経済学』（有斐閣，1998 年），河野稠果『人口学への招待——少子・高齢化はどこまで解明されたか』（2007 年，中央公論新社），玉井金五・大森真起編『社会政策を学ぶ人のために〔3 訂〕』（2007 年，世界思想社），佐藤博樹・佐藤厚『仕事の社会学——変貌する働き方〔改訂版〕』（有斐閣，2012 年），駒村康平・山田篤裕・四方理人・田中聡一郎・丸山桂『社会政策——福祉と労働の経済学』（有斐閣，2015 年），久本憲夫『日本の社会政策〔改訂版〕』（ナカニシヤ出版，2015 年）．

1 ）金子隆一「日本の人口動向と社会」，森田朗監修／国立社会保障・人口問題研究所編『日本の人口動向とこれからの社会——人口潮流が変える日本と世界』（東京大学出版会，2017 年）31 頁，注 1．

145

消費はすれども一国の働き手とはいえなくなるであろう．このように考えると，人口は大きく年齢層別に，また人口全体に占める各年齢層の比率によってその姿を捉えることができる．「生産年齢人口 productive population」（15歳から64歳），「年少人口 young population」（0歳から14歳），「老年人口 aged population」（65歳以上）という3つの年齢層によって日本の人口の姿を捉えてみよう[2]．高度経済成長期に最も高い成長率13.3％を記録した1960年の総人口は9341万9000人であり，生産年齢人口は6000万2000人（総人口に占める比率は64.2％），年少人口は2806万7000人（30.0％），老年人口は535万人（5.7％）であった．それから半世紀を過ぎた2015年には，総人口は1億2709万5000人，生産年齢人口は7628万9000人（60.8％），年少人口は1588万7000人（12.5％），老年人口は3346万5000人（26.6％）となった（端数の整理上，内訳の合計は100％と一致しない）[3]．

1960年と2015年を比較してみて分かるのは，第1に，総人口と生産年齢人口はいずれも増加しているが，しかし第2に，年少人口は1220万人近くも減少した一方，老年人口は6倍以上増加したことである．「年少人口指数 child dependency ratio」と「老年人口指数 aged dependency ratio」（年少人口と老年人口がそれぞれ生産年齢人口に対して占める比率）を，上記の両年についてくらべてみると，年少人口指数は46.8％から20.6％へ26ポイント小さくなっているが，老年人口指数は8.9％から43.8％へと5倍近く大きくポイントを伸ばしている．すなわち，今日の日本が直面している「人口問題」とは，将来の生産年齢人口の先細り——年少人口の減少——という問題（少子化への歯止めの模索）と，現役世代である生産年齢人口の負担増——老年人口の増加——という問題（リタイア世代への公的・私的な経済的支援の模索）である．

2　労働力人口——その減少は，なぜ望ましくないのか

先に触れたように，一国の人口のすべてが働いているわけではない．表現

2）年齢別人口構造については，岡崎陽一『人口分析ハンドブック』（古今書院，1993年）22-23頁を参照．
3）国立社会保障・人口問題研究所編『2017 人口の動向 日本と世界』29-30頁．

146

をかえていえば，働くことが可能で，なおかつ働く意思をもっている人口は，おのずと総人口よりも少なくなる．以下では，総務省の「労働力調査」の基準にならって，労働力人口にまつわる区分や比率を紹介する．

働くことが可能な年齢の人口を 15 歳以上とし，そのうち働いて金銭的報酬を得ようとする人口は「労働力人口 labor force population」，そのような意思をもたない人口は「非労働力人口 non-labor force population」とよばれる [4]．「労働力人口比率（あるいは労働力率）labor force participation rate」は，労働力人口が 15 歳以上の人口に占める比率である．

ところで，労働力人口の全員が実際に仕事に就いているとは考えられない．なぜならば，労働力人口は「就業者 employed persons」と「完全失業者 unemployed persons」から構成されるからである．ここでいう就業者は，定職をもつ人というよりは，より広く統計的便宜の観点から規定された者を指す．具体的には，就業者とは，月末の 1 週間に収入が得られる仕事に就いた者のことである．完全失業者とは，仕事に就いていないが求職中であり，雇用の機会があれば，即仕事に就くことができる者を意味する．完全失業者が労働力人口に占める比率は，「完全失業率 unemployment rate」とよばれる．

いま紹介した労働力人口にまつわる区分や比率を，2017 年について確認してみよう（端数の整理上，総数は内訳の合計と一致しない場合がある）．労働力人口は 6720 万人（男性 3784 万人，女性 2937 万人），非労働力人口は 4382 万人（男性 1578 万人，女性 2803 万人），労働力人口比率は 60.5 ％，就業者は 6530 万人（男性 3672 万人，女性 2859 万人），完全失業者は 190 万人（男性 112 万人，女性 78 万人），完全失業率は 2.8 ％（男性 3.0 ％，女性 2.7 ％）である．完全失業者数は 2009 年の 336 万人から 8 年連続して減少し，完全失業率は 2010 年の 5.1 ％から 7 年連続して低下している [5]．この 2 つの数値の推移から，日本経済の

4）働く能力も意思もあり，実際に働いてはいるが，アンペイド・ワークである家事労働に従事している専業主婦は「非労働力人口」に区分される．

5）総務省統計局『労働力調査年報〔平成 29 年〕』（日本統計協会，2018 年）7 頁，9-11 頁，17-18 頁．

好調さと雇用の改善が窺われる．雇用の改善あるいは悪化をみる指標として
は，「有効求人倍率 active job openings-to-applicants ratio」も重要である．
「公共職業安定所 public employment security office」には求人情報と求職
情報が登録され，働き口をめぐって企業と求職者とのあいだを橋渡ししてい
る．この登録された企業の有効求人数を有効求職者数で除した数値が，有効
求人倍率である．この数値が1よりも大きければ，企業は雇用に積極的であ
り，1よりも小さければ，働き口は狭まり，求職者が多いと概して判断され
る．

　さて，一国の経済成長は，①働く人がどれだけ存在するか，②資本がどれ
だけ存在するか，③技術進歩の水準という，3つの要因によって左右される．
いま議論を単純化して考えてみると，労働力人口の減少は経済成長の直接の
足かせになるが，問題はそれにとどまらない．なぜならば，技術進歩に代表
される生産の効率性を高める要因は決して所与ではなく，一国で働く労働者
の労働の成果，とくに研究や開発に従事する労働者が蓄積する知識の総体に
ほかならないからである[6]．

　また，一国の総人口の動向は，労働力人口の動向とかならずしも一致しな
いであろう．しかし，年少人口が減少することは，外国人労働者や移民の受
入れを想定しない場合，明らかに将来の労働力人口の減少を予示するから，
やはり懸念材料になる．そうすると，一国の人口を増やすためには「出生率
birth rate」[7]を上げなければならないが，それは決して容易ではない．もと
もと子どもをもうけることは個人の私的領域に属する問題であり，とくに日
本のようにその前提として結婚が重視される社会では，国の政策によるコン

6）人口成長と経済成長の関係については，技術進歩の可能性をめぐる評価が問題となる．
　これについては，牧野文夫「人口減少と技術進歩」，大淵寛・森岡仁編著『人口減少
　時代の日本経済』（原書房，2006年），二神孝一・堀健夫「技術進歩と人口成長――
　出生率は低すぎるか？」，津谷典子・樋口義雄編『人口減少と日本経済――労働・年
　金・医療制度のゆくえ』（日本経済新聞出版社，2009年）を参照．
7）議論の引き合いに出されるのは，「合計特殊出生率 total fertility rate」である．これ
　は，15歳から49歳までの女性の全年齢について，年齢ごとの出生率を合計したもの
　である．岡崎『人口分析ハンドブック』44頁．ちなみに，2015年の日本の合計特殊
　出生率は1.45，アメリカは1.84，韓国は1.24である．国立社会保障・人口問題研究所
　編『2017 人口の動向 日本と世界』53頁．

トロールは一層困難なものになる．さらに，ある世代の人口の規模を一定に維持すること自体が難しい．このことを可能にする出生率は，「人口置換水準 population replacement level」とよばれる．容易に想起されるように，1組の男女が結婚して子どもを1人もうけるだけでは十分ではない．では，2人の子どもをもうければ十分であろうか．医療水準が低く，乳児の死亡率が高ければ，2人では明らかに不十分であるが，発展途上国と比較すると先進国では2に近づくことは確かであろう[8]．

いま紹介した人口の動きについての考え方から窺われるように，人口問題，とくに少子化問題の議論は複雑である．将来人口についての楽観的・悲観的な見通しのいずれにせよ，それが一国全体の経済活動の水準を左右する基礎資料となる限り，経済政策の立案には欠かすことができない．このことを認めたうえで，経済活動の持続性の視点から，現在の労働力人口の有効活用と将来の労働力人口の確保が同時に問題となる議論を8節で紹介する．

3 「就社」——学窓を出て企業へ

就職活動，とくに大学生の就職活動は，日本の場合，それに臨む大学生の目には時期を限られた，一度限りのライフイベントのように映る．本節では，第6章で生活設計を説明するさいに取り上げたアキラに再登場を願い，彼の就職活動と入社後の様子を垣間見ることで日本の雇用慣行について理解する一助としよう[9]．

東北から上京して私立大学に通っているアキラは，3年生の秋学期を迎えると就職活動について考えるようになり，業界研究と企業研究を始める．ゼミの仲間の大半は金融業界を志望したが，アキラは製造業，とくに製紙業や印刷業の業界に興味をもった．アキラは3年生の3月になると，企業説明会

8）男女のあいだの出生比の影響をも考慮する必要がある．石井によれば，日本の人口置換水準は「概ね2.1程度」とされる．石井太「仮想的人口シミュレーションとその政策議論への応用」，国立社会保障・人口問題研究所編『日本の人口動向とこれからの社会』261-262頁．

9）日本の雇用慣行については，古郡『働くことの経済学』第10章「雇用慣行と訓練」，久本『日本の社会政策』第2章「日本的雇用システム」が詳しい．

第8章 労働問題　149

に参加し，エントリーシートとよばれるセルフプロモーションの様式に記入して志望する複数の企業へ送った．4年に進級後は，志望する企業に勤めているゼミのOB・OGから企業情報を収集する一方，筆記試験・面接の準備等に時間を奪われたため，就職活動とゼミの卒論研究の両立に苦労した．アキラは，6月1日以降に大企業数社の選考を受け，そのうちの2社から月の後半には内々定を得た．当初の希望どおりに，印刷会社を就職先として選んだアキラは，10月1日の内定式で正式の内定通知を受け取った．しかし，ゼミの仲間のなかには，志望する企業から内定を得ることができず，卒業後はアルバイト生活を送りながら，就職活動に再チャレンジする者もいた．

　就職活動を振り返ったアキラは，日本では通年採用の企業は少なく，大企業のほとんどは同じような採用スケジュールのもとで，新しい労働力を補充していることに気づく．また，アキラのゼミにはアメリカからの交換留学生が参加していたが，その留学生がゼミの発表でアメリカの雇用慣行に言及したことを，アキラはふと思い出す．それは，アメリカの企業は最初から職務内容を特定して労働者を採用しているとの内容であった（ジョブ型雇用 job-based employment）．アキラは，就職活動や人事担当者との面接をつうじて，日本ではアメリカとは異なり，職務内容が特定されていない雇用が主流であることを知る（メンバーシップ型雇用 membership-based employment）．

　無事に卒業論文を提出して大学の課程を終えたアキラは，4月1日の入社式に臨む．アキラは実際には，入社前研修の名のもとに入社式の10日前には会社に顔を出し，先輩社員のもとで3月末に定年退職する社員用の記念品の購入を手伝っていた．人事課の社員データをたまたま目にしたアキラは，大卒で入社して定年退職を迎える社員の比率が高いこと（長期雇用 long-term employment）や，新規採用の正社員数は会社の業績にほぼ連動して増減しているとはいえ，とくに2001年4月の入社人数が他の年度とくらべてかなり少ないことに気づく．

　アキラはマーケティング部門への配属を希望したが，配属されたのは人事課であった．入社式後，アキラは，同期の新入社員と一緒に夕方から労働組合の歓迎会に出席した（企業別労働組合 enterprise-based union）．4月から新入

社員合同の研修が1カ月ほど続いたあと，人事課での「OJT（on-the-job training）」とよばれる職場内訓練が始まった．これは，先輩社員から助言を受けながら，実際の書類の作成などをつうじて仕事を覚える制度である．アキラは，このOJTの一環として社員の給与計算を先輩社員と行っているとき，勤続年数が上がるごとに賃金水準は上昇し，そのピークは50代半ばであることを知る（年功賃金 seniority-based wages）．

新卒一括採用は，海外では馴染みが薄い日本独自の採用形式である．従来から指摘されてきたように，大企業の正規労働者を対象とする「長期雇用」「企業別労働組合」「年功賃金」の3つもまた，日本独自の雇用慣行として挙げられる．近年，このような慣行は揺らぎをみせ始めているが，労働経済学の分野で常識とみなされるほどに，これらの慣行が労働者側と経営者側の双方に受け入れられてきた理由は何であろうか．長期雇用と年功賃金の2つに絞ってその理由の一端を考えてみよう．

労働者側からみると，第1に，長期雇用は失業の不安の解消に資する．第2に，年功賃金は，年齢を重ねるにつれて増加する家計支出に対する確実な見通しを与えるため，家計の生活設計にとって有利である．経営者側からすれば，年功賃金は，勤続年数に支給額が比例する退職金制度とともに，中堅労働者とくらべると相対的に低い賃金水準から出発する若年労働者が他の企業に転職するのを防ぐ錨の役割を果たす．長期雇用は，労働者に投じられる能力開発ためのコストが退職により，無駄になる可能性を小さくする．さらに，長期雇用は労働者の企業に対する帰属意識を高める一方で，企業内部で分業にもとづく協業をすすめるうえで重要な労働者間のコミュニケーション関係の構築に役立つ．

しかし，以上のように，労使の関係を緊密なものにする雇用慣行は，逆に，その緊密さが機動的な企業経営を阻害するという問題をもはらむ．企業経営の業績の向上を強く求める株主は，余剰人員の解雇や不採算部門の切り捨て，代表取締役の企業外からの招聘などを経営陣に迫るかもしれない．日本的雇用慣行の揺らぎは，企業活動の国境を越えたグローバルな展開に伴う，外国人労働者の採用や外国人の経営参加により，一段と強まる傾向にある．

第8章 労働問題　*151*

4 失業の区分と対策——摩擦的失業，構造的失業，需要不足失業

労働者が企業で働くことの対価である賃金は，家計の消費と貯蓄の主要な源泉である．それゆえ，労働者が継続して働くことができるか否かは家計の安定を大きく左右する．先に長期雇用を説明したが，そのような雇用慣行でさえも働き手に対して決して雇用を保障するものではない．求職している者（供給側）と働き手を探している企業（需要側）が対峙する，「労働市場」における失業の問題を考えてみよう．以下では，2節での説明を想起して，失業という場合，雇用されていない者が求職しているにもかかわらず，その機会を見出せない状態を指すものとする．このような失業はその原因に着目すると，①「摩擦的失業 frictional unemployment」，②「構造的失業 structural unemployment」，③「需要不足失業 demand-deficient unemployment」の3つに分けることができる．

「摩擦的失業」とは，企業と求職者とのあいだの情報の非対称性から生じる失業である．前節で取り上げたアキラの就職活動の様子から窺われるように，働き口は誰かから与えられるものではなく，自分自身で探すものである．求職者は，自己の能力や適性，働きがい，報酬等にもとづいて就職先企業を探す一方，企業もまた採用条件にかなう求職者を探している．しかし，結婚と同じように，思いを寄せた相手と，すぐに人生のパートナーになるわけではない．求職者も企業も相手のことをよく知るためには，ある程度の時間が必要であり，このことが原因となって失業が生じる．

「構造的失業」とは，企業が採用したい人材の条件と，求職者の条件が乖離していることから生じる失業である．条件の乖離は，年齢や地域に加えて労働力の質においてもみられる．たとえば，日本の遠洋漁業は，世界各国が「排他的経済水域 EEZ (exclusive economic zone)」を設定して以降，一時の勢いを失い，漁船員は少なからず転職を余儀なくされた．しかし，漁業を離れた者が製造業，たとえば，電子産業へすぐに転職できたわけではないだろう．

「需要不足失業」とは，文字どおり，需要の不足に起因する失業である．ただし，この失業は，需要の不足のみでは説明しきれない点に留意する必要がある．第2章での価格調整メカニズムの議論に立ち返り，賃金という労働

の価格についても右下がりの需要曲線と右上がりの供給曲線を想定して考えてみよう．賃金を縦軸に，雇用量を横軸にとると，2つの曲線の交点で労働の需給は一致し，賃金と雇用量が決まる．ここで景気の悪化による需要の不足は，労働供給曲線の位置はそのままで，労働需要曲線が左下方へシフトすることによって示される．そうすると，第2章での説明と同じように，需給均衡点は移動して，景気悪化前よりも賃金は低下し，それに見合った雇用量が実現するであろう．それゆえ，本来ならば，失業は生じないはずである．では，なぜ失業が生じてしまうのか．失業が生じるのは，労働の価格である賃金が低下しないからである（賃金の下方硬直性 downward wage rigidity）．賃金の大きさが景気悪化前の水準に固定されていると，それに対応する労働供給量は，景気悪化後の労働需要曲線のシフトによって示される労働需要量をどうしても上回ってしまう．なぜならば，景気悪化後に，企業が景気悪化前と同じ高い賃金に直面する場合，労働の需要量を減らすはずだからである．需要不足失業とは，労働需要が減少しても，その価格である賃金が低下しないことから生じる失業ということになる．

　いま3つのタイプの失業を説明したが，それでは，失業のタイプ別にどのような対策が考えられるのであろうか．摩擦的失業の軽減については，情報の非対称性が原因であるから，求職と求人に関する正確な情報が求職者と企業とのあいだで迅速に伝達される必要がある．公共職業安定所の存在理由はこの点にあるが，ここでも規制の緩和は望ましいであろう．人材紹介業への民間企業の参入が進むならば，官民の垣根を越えた人材情報ネットワークの構築と拡充が可能になり，労働市場における情報の非対称性の緩和に役立つであろう．もちろん，『厚生労働白書〔平成29年版〕』のなかの「職業紹介等に関する制度の見直し」についての記載から明らかなように，職業紹介の規制緩和には，虚偽の求人申込み等により，求職者に不利益をもたらす企業を労働市場からいかにして排除するのかという問題もある[10]．規制の緩和が新たな規制を生まざるをえない点に，労働行政の難しさがある．需要不足失業

---

10) 厚生労働省編『厚生労働白書〔平成29年版〕——社会保障と経済成長』（日経印刷，2017年）207-208頁．

については，景気浮揚のための需要の喚起がその対策となる．それゆえ，第4章と第6章でそれぞれ説明した金融政策，裁量的財政政策への期待が大きくなるであろう．構造的失業については，衰退産業からの退出を迫られる労働者の学びなおしを，職業訓練の機会の提供などをつうじて，いかに効果的に支援するのかが重要な課題となる．

　失業に対する公的なセーフティーネットは雇用保険制度であり，その柱は失業給付である[11]．失業給付は，失業中の労働者の生活を支えることで，当座の生活の不安を緩和し，再就職のための準備を促す．また，雇用保険制度を日本の現行法制に即して捉えてみると[12]，失業給付事業以外に「求職支援法事業」（失業給付の対象にならない者への職業訓練のチャンスの提供など），「雇用安定事業」（雇用調整助成金の交付など），「能力開発事業」（労働力の質を高める組織の運営など）の3つがあり，雇用保険制度は，雇用の促進と一体化した総合的な失業対策を志向していることが分かる．

　失業者の再就職を支援する公的な制度は，日本のような人口減少社会では，労働力の活用という視点からみて確かに望ましい．しかし，経済学は複眼的な見方をする以上，別の議論にも留意する必要がある．雇用保険料は労使がともに負担するが，その負担の比率は企業のほうが高い．政府の失業対策の充実は，雇用保険料の引上げというかたちで，そのコスト負担の増加を就労中の労働者のみならず，企業に対しても求めるであろう．企業の負担増に加えて，様々な労働法制は，市場経済社会における経済的自由主義に枠をはめ，企業の自由な経済活動を制約する可能性をはらむ．一見冷徹にみえるものの，企業の自由な経済活動を尊重するような，あるいは，その意味で限定された失業対策こそが失業率の低下に繋がるのではないかという議論の方向性はありうる．こうして私たちは，失業をめぐる議論のなかに，経済的自由主義と政府の活動領域の拡大を志向する介入主義とのせめぎあいを見出すことにな

11）社会保障編集入門委員会編『社会保障入門2018』（中央法規出版，2018年）164-165頁.

12）『社会保障の手引〔平成30年版〕——施策の概要と基礎資料』（中央法規出版，2017年）第12編「社会保険制度」第2章「雇用保険」および第13編第1章「雇用促進のための援護措置」，第2章「職業能力開発」を参照.

る.

5 賃金の大きさを決める要因

　賃金はどのようにして決まるのかを考える場合，前節で述べたように，市場経済社会では基本的に労働についての需要と供給の関係が基本となる．しかし，それはあくまでも基本である．経済学の歴史を振り返ってみると，経済学者の視点あるいは力点の置き方の違いにおうじて賃金をめぐる議論に幅が出てくることが分かる [13]．たとえば，古典派のリカードゥは，「賃金生存費説 subsistence theory of wages」を唱え，実際に労働者に支払われる「労働の市場価格 market price of labor [sic.]」は，労働者とその家族を維持するのに不可欠な生存費の大きさである「労働の自然価格 natural price of labor [sic.]」に等しくなると指摘している [14]．同じく古典派のミルによれば，賃金の大きさは労働に対する需要と供給によって決まるとはいえ，需要は企業が賃金の支払いに充てることができる資本部分，すなわち，賃金基金によって定まり，供給は労働人口によって定まる．それゆえ，賃金の大きさは賃金基金を労働者数で除したものに等しい（賃金基金説 wages-fund theory）[15]．また労使双方の力関係あるいは交渉力に着目する「賃金勢力説 power theory of wages」[16] などもある．

　賃金の決定論については，労働の需給関係を基本にして，以上のような様々な考え方により議論の幅が広がるが，企業単位での賃金の大きさは各企業が定める「賃金規程 wage regulations」にもとづいて決まることになる．日本の企業の場合，賃金は，いくつかの構成項目に分けて考えられるので，

---

13) 賃金決定論の学説史的変遷については，たとえば，舞出『理論経済学綱要〔改訂〕』第 4 編「分配」第 2 章「労銀」第 2 節「労銀の決定」を参照.

14) Ricardo, *On the Principles of Political Economy and Taxation*, pp. 93-94. 堀訳『経済学および課税の原理』109-110 頁.

15) Mill, *Principles of Political Economy*, Vol. 2, p. 338. 末永訳『経済学原理』第 2 分冊，277-278 頁.

16) なお，マーシャルが賃金交渉に不利に働く労働力の特殊性について「余分な資力と労働の供給を長い時間差し控える力が欠如していること」を挙げている点は興味深い. Marshall, *Principles of Economics*, p. 472. 永澤訳『経済学原理』第 4 分冊，93 頁.

第 8 章 労働問題　　*155*

その内容を確認してみよう.

　賃金は, まず, 「基本給 base salary」と「諸手当 various allowances」に
大別される. 基本給は, 職種・勤続年数・学歴などを基準にして算定される
賃金の主要部分である. 諸手当は付加的・二義的な部分であり, 具体的には
通勤手当や残業手当, 家族がいる場合に支給される扶養手当などからなる.
月ぎめで支給される月給の場合, 基本給と諸手当が賃金の二大構成要素であ
る. この2つに加えて, 夏や冬の決まった時期に支給される賞与や期末手当
とよばれる「一時金 bonus」, 離職するときに支払われる「退職金 retire-
ment allowance」などを合わせて, 総合的に賃金の大きさを考えることが
できる.

　さて, ここで改めて賃金の大きさの決定因を考えることにしよう. 最初に,
日本の雇用慣行の特徴の1つである年功賃金を振り返ってみよう. 企業に勤
務して間もない若年のときには比較的賃金水準は低いが, 勤続年数を重ねる
につれて賃金は上昇していく. この年功賃金には, 労働者の結婚や子どもの
出生を契機に増加する家計支出をカバーするという側面がある. この側面に
着目すると, 年功賃金には, 家計の必要生活費（≒生存費）をベースとする
リカードウ的な発想を認めることができる.

　第5章で説明したように, 企業は基本的に利潤を追求する組織であり, 企
業業績の向上に何らかのかたちで結びつく賃金制度をつねに志向しているは
ずである. それゆえ, 賃金の骨格部分にあたる基本給にしても, 職種や勤続
年数といった基準のみならず, 仕事の内容（職務）やその仕事を限定された
条件（時間やコスト）のもとで無駄なく遂行すること（能率性）, 職務の遂行に
よる企業業績の向上の程度（貢献度）がおのずと基準となる. しかし, 職
務・能率性・貢献度を賃金の基準として重視する場合でも, 企業はゴーイン
グ・コンサーンであるから, 労働者に対して支払うことが可能な賃金総額に
は限りがあるはずである. 表現をかえていえば, 企業の成長に伴って支払う
ことが可能な賃金総額は拡大するであろうが, しかし, 拡大しない限りは,
賃金の上昇は認められないという発想である. ミル自身は, 過剰人口論の視
点から労働人口の抑制による賃金の上昇を展望したが, 雇用されている労働

者数を一定とするならば，賃金の上昇は確かに企業成長に伴う賃金基金その
ものの増加によって可能になる．このような発想は，企業間競争が国内・国
外を問わず，激しさを増している今日，賃金の決定因を考える場合に興味深
い視点となりうる．

　もちろん，本節で述べてきたように，実際の賃金の決定は多様な要因の影
響を受ける．賃金基金説から導かれるような単なる割り算ではなく，労働者
側は可能な限り，賃金の上昇を要求し，経営者側は可能な限り，賃金の据え
置きや切り下げを要求して交渉のテーブルにつく．労働者側の利害を代表す
る労働組合の本質的な存在理由は，経営者側に対して，将来の企業成長に必
要な設備投資をはじめとする資金の確保を見据えつつ，賃金の支払いに充当
可能な賃金基金部分を正確に把握するように要求し，その支払いを促すこと
にある．

6　労働者の2つの働き方──正規雇用と非正規雇用

　私たちが受け取る賃金の実際の大きさは，業種や職種ごとに異なり，労使
の交渉力を反映して異なる．しかし，そうはいっても，私たちは暗黙のうち
に，同じ仕事に対しては同じ報酬が支払われているはずであるという前提を
認めていないであろうか．労働者の働き方の違いに着目して，この前提を問
いなおしてみよう．

　日本の大学生は，ほぼ一斉に同じ時期に就職活動に臨む．「就社」という
選択をせずに，アルバイト生活を送る者もいる．場合によっては，アルバイ
トという働き方さえ選択できないケースもあるかもしれない．第2章で説明
したように，市場経済社会は自由な競争社会であり，求職する側，労働力を
求める企業の側のいずれもが自由に相手を選ぶことができるからである．労
働の報酬を得るためには，まず仕事をみつけなければならないという厳然た
る事実がある．仕事をみつけようとするとき，正社員という働き方（正規雇
用 regular employment）と，アルバイトやパート，派遣労働という働き方（非
正規雇用 non-regular employment）に関して，選択あるいは選別がある．

　2017年の就業者数6530万人のうち，自営業主と家族従業者を除いた者，

第8章　労働問題　　*157*

すなわち，賃金を受け取って働く「雇用者 employee」の数は 5819 万人である．役員を除いた雇用者数は 5460 万人であり，2007 年にくらべると 275 万人増加している．さらに，正規雇用と非正規雇用で働く者の数を，2007 年と 2017 年の両年について比較してみると，正規雇用は 3449 万人から 3423 万人へと 26 万人減少しているのに対し，非正規雇用は 1735 万人から 2036 万人へと 301 万人も増加している．2017 年についてのみ，正規と非正規雇用を男女別にみると，男性は正規 2310 万人，非正規 647 万人，女性は正規 1114 万人，非正規 1389 万人である[17]．女性の場合，正規雇用よりも非正規雇用が多く，また非正規雇用の女性の数は，男性のその数の 2 倍を超えていることが分かる．正規雇用であろうと非正規雇用であろうと，その労働の報酬が同じであれば問題はないのかもしれない．しかし，実態は非正規雇用に厳しいものがある．

2016 年についてみると，正規雇用の年収は非正規雇用の年収の約 1.8 倍であり，同一の職種について時給で比較してみても格差が認められる．企業規模が 1000 人以上の大企業をみると，勤続年数が長くなるにつれて時給の格差は拡大し，たとえば，保育士や機械組立工，機械検査工の場合，勤続年数が 10 年を超えると，時給の格差は 1.5 倍前後に拡大する．また，臨床検査技師や旅客掛のように 2 倍には満たないものの，1.5 倍を優に超える職種もある[18]．このような賃金格差を念頭に置いたうえで，働く者の側の視点に企業の側の視点も交えて，正規雇用と非正規雇用のそれぞれの特徴を対比してみよう．

第 1 に，正規雇用については，雇用契約は無期であるが，非正規雇用は更新の可能性があるとはいえ有期の雇用契約であり，雇用の継続の不安は正規雇用よりも大きい．第 2 に，正規雇用の労働者は，企業という組織の正規のメンバーである以上，その「就業規則 rules of employment」で定められたフルタイムでの労働や残業のように，企業組織の明示的あるいは暗黙のルー

17）総務省統計局『労働力調査年報〔平成 29 年〕』13 頁，28 頁．端数の整理上，総数は内訳の合計と一致しない場合がある．
18）内閣府『経済財政白書〔平成 29 年版〕』94-95 頁，98-100 頁．

ルに服することをもとめられる．これに対して，非正規雇用の労働者は同僚
ではあっても，企業組織の正規のメンバーではないから，労働時間をはじめ
としてルールによる縛りは強くない．第3に，正規雇用には定年退職を迎え
るまでの長期雇用という含意がある．長期雇用が前提となるならば，企業は，
人材育成に要する有形・無形のコストの負担を厭わないであろう．正規雇用
の労働者は，入社した段階からOJTをはじめとする社内訓練や社外研修の
対象となり，企業業績の向上に資する技能や熟練といった労働能力（人的資
本 human capital）を高めていく．人的資本を蓄積した社内の「正社員」であ
る労働者には，昇進の機会がひらかれることになる．これに対して，非正規
雇用の労働者は，最初から定年退職まで勤め上げることを想定されていない
から，企業の幹部への登用を見据えた育成の対象になりにくい．第4に，正
規雇用の場合，勤続年数というスケールで一律に推定される人的資本の蓄積
が1つの理由となって賃金は上昇カーブを描く．非正規雇用の場合，そもそ
も勤続年数が相対的に短くなるうえに，特定の企業組織の内部で評価されう
る人的資本の十分な蓄積を見込めないため，賃金は，正規雇用にくらべて低
く抑えられる．第5に，正規雇用にくらべて非正規雇用の賃金が低いという
ことは，他面からみると，賃金総額の大枠を想定する企業に対して，全体の
賃金コストの範囲内で雇用する労働者数を調整する余地を与える．このこと
は，とくに企業業績が急激に悪化した場合，企業にとって長期雇用の対象外
である非正規雇用の労働者は，賃金コストを圧縮する手段の1つになりうる
ことを意味する．

7 非正規雇用が抱える問題——経済面の不安と結婚への足踏み

　前節では，正規雇用と対比しつつ非正規雇用の特徴のいくつかを説明した．
先に述べた限りでは，賃金の相対的な低さに象徴されるように，非正規雇用
は問題を抱えた働き方であるように思えてくる．しかし，非正規雇用の問題
点を考える前に，"non-regular"という言葉の含意から，この働き方に期待
されてきた役割を再考してみたい．
　正規ではない雇用とは，そのような雇用形態にある労働は，家計から労働

第8章 労働問題　159

力の提供を受ける企業の視点に立つと正社員をサポートする補助的な労働にすぎないことを含意している．また，正規ではない雇用は，労働力を提供する家計にとっても補助的・二義的な位置づけを含意している．非正規雇用という言葉には，主たる家計支持者ではない者が，たとえば，パートタイム労働に従事する主婦のように，家計の補助のために働きに出るという内容を想起させるものがある．前節の最後に触れたように，企業は，景気循環に対応すべく，二重の意味で補助的な位置づけに甘んじる使い勝手のよい労働者を，必要に応じて雇い入れ，必要がなくなれば解雇するかもしれない．

　主婦の側からすれば，主たる家計支持者は夫であり，家計を補助するために働きに出なければならない理由は，住宅ローンの支払いといった家計の生活設計のなかで逓減し，消滅する支出に備えるためかもしれない．また，老親の介護などを含めたアンペイド・ワークである家事労働を担う主婦にとって，時間配分の制約上，それこそ労働時間の縛りが厳しい正規雇用のペイド・ワークに従事することの負担は大きいであろう．

　いま説明したのは，結婚して家庭を築いた女性が家計の補助のために，非正規雇用に従事するケースである．このケースが大半の非正規雇用に当てはまると主張したいわけではない．非正規雇用の問題点を明らかにするために，3つの調査結果を確認してみよう．

　第1は，正規雇用と非正規雇用という働き方の別と結婚との関係についての調査結果である（労働政策研究・研修機構「若年者の就業状況・キャリア・就業能力開発の現状②」2014年）．結婚して異性のパートナーがいる有配偶者の比率は，30歳から34歳の男性についてみると，正規雇用57.8％，非正規雇用23.3％であり，両者では30ポイント以上の開きがある．非正規雇用のうち，パート・アルバイトに限定すると比率はさらに低くなり，13.6％である．20歳から24歳までの比率（正規8.6％，非正規4.5％，パート・アルバイト2.6％）と，25歳から29歳までの比率（正規31.7％，非正規13.0％，パート・アルバイト7.4％）をも合わせて考えると，3つの各年齢層における比率の開きは，年齢を重ねるにつれて大きくなることが分かる[19]．正規雇用か非正規雇用かという働き方の相違は，男性の年齢が高くなるにつれて結婚に有利にあるいは不利に働

くのであろうか.

　第2は, 結婚相手に求める条件についての調査結果である (内閣府「結婚・家族形成に関する意識調査」2010年). 20代と30代の男女が結婚相手に求める条件の首位は, ともに性格である. 2位以下は, 男性の場合, 恋愛感情, 容姿, 家事能力, 趣味の降順であるのに対して, 女性の場合には, 経済力, 恋愛感情, 健康, 趣味の降順となっている[20]. また女性は, 男性以上に職種や学歴という項目を重視する傾向が強いが, 経済面に限ってみると, 高学歴で安定した職業に就いており, なおかつ家計に安定をもたらす健康な身体であるかどうかが結婚相手を見極めるポイントになるのであろうか.

　第3は, 結婚への意志と独身の理由についての調査結果である (国立社会保障・人口問題研究所「出生動向基本調査〔独身者調査〕」2015年). 結婚への意志に関して, 18歳から34歳の未婚者のうち, 「いずれ結婚するつもり」であると返答したのは, 男性85.7%, 女性89.3%とであり, 男女ともに高い比率を示している. 25歳から34歳の未婚者に独身でいる理由を尋ねた結果は, 男性の場合, 「適当な相手にめぐり会わない」が首位, 「まだ必要性を感じない」が2位の理由である. 看過できないのは, 3位の理由として, 「結婚資金が足りない」が挙げられていることである[21].

　経済面での不安が少なからず結婚を足踏みさせているならば, その不安は雇用の不安定に起因すると考えられる. 結婚にさいして, 女性から経済力を期待される男性の立場に鑑みると, 経済的に安定しない非正規雇用で働いている限り, 結婚に積極的になれないという男性の本心が, 以上の調査結果からは窺われる[22]. さらに問題なのは, 日本の場合, 婚外子の比率が低い[23]ので, 結婚と出生が有意な関係をもつとすれば[24], 男性労働者, とくに非正

---

19) 内閣府『少子化社会対策白書〔平成30年版〕』(日経印刷, 2018年) 22頁. ただし, 就業形態の区分について, 「正社員」を正規雇用, 「非典型雇用」＝「パート, アルバイト, 労働者派遣事務所の派遣社員, 契約社員・嘱託など, 正社員以外の呼称で働いている被雇用者」を非正規雇用と読みかえている.

20) 厚生労働省編『厚生労働白書〔平成27年版〕——人口減少社会を考える～希望の実現と安心して暮らせる社会を目指して』(日経印刷, 2015年) 71頁.

21) 内閣府『少子化社会対策白書〔平成30年版〕』17-18頁.

22) みずほ総合研究所編『データブック 格差で読む日本経済』49-50頁.

第8章 労働問題　*161*

規雇用の男性労働者の経済的苦境は，出生率の上昇の足かせになりかねないことである．男性労働者の経済的苦境は，当人にとって結婚か未婚かという選択肢のなかから未婚を選ばざるをえないものにし，そのことが生まれる子どもの数を制約するおそれがある．もちろん，今後，妻が夫と並んで家計を支えるのが当たり前となり，先に紹介した結婚に関する男女の意識にラディカルな変化が訪れる可能性はある．しかし，いずれにせよ，年少人口の減少傾向が長引くことは，結局，将来の生産年齢人口と労働力人口の，双方を減少へ向かわせるので望ましくない．

8　出産・育児と就業のトレードオフの緩和——育児休業と短時間勤務

前節のはじめに，主たる家計支持者が夫であり，家計の補助者が専業主婦というケースを紹介した．このケースでは，基本的に夫の賃金は，主婦と子どもを養うのに必要な生活費をカバーするものと想定され，夫は企業でのペイド・ワーク，妻は家計でのアンペイド・ワークというように，結婚した男女の役割分担が歴然としている．すなわち，夫の経済力がまがりなりにも家計を支えられる限り，育児や介護の問題は基本的に個々の家計の内部で対応可能である．また，1組の男女から生まれる子どもの人数が複数であれば，その男女が介護を受ける立場になったときに子どもが背負う介護のリスクは，一人っ子の場合にくらべて小さくなるであろう．

上記のリカードウ的な生存費賃金[25]をベースとする日本の年功賃金は，

---

23) 2015年の婚外子の出生数は2万3032人であり，出生数に対する婚外子の比率は2.29％であった．国立社会保障・人口問題研究所編『2017 人口の動向 日本と世界』67頁．なお，2006年について婚外子の比率を外国と比較してみると，イギリス43.66％，フランス49.51％，ドイツ29.96％，スウェーデン55.47％，アメリカ38.50％であるのに対して，日本は2.11％である．厚生労働省編『厚生労働白書〔平成27年版〕』184頁．

24) この関連性については，たとえば，善積京子『婚外子の社会学』（世界思想社，1993年）を参照．善積がかつて指摘したように，日本がフランスの社会学者デュルケーム（Émile Durkheim, 1858-1917）の，いわゆる外的拘束性の強い社会であり，婚外子をもうけることに対する世間の目がその抑制を促していることは否定できない．問題は，なぜそのような外的拘束性が弛緩しないのかであるが，子育てのコスト面からのみでは論じ切れない点に，そのアポリアがある．

個々の企業の業績が右肩上がりであると同時に，国民経済全体が急激な経済成長を遂げている時代には持続可能性は高かったとしても，そのような前提が崩れ始めるとき，おのずと変革を迫られる．妻が結婚後も夫とともに働き続ける理由は，職業キャリアを積み重ねたいという生き方と，家計での金銭的報酬の意義の変化——経済的に夫に支えられるのではなく，夫とともに家計を支える——により，説明することができる．しかし，この男性と対等な働き方を求める女性の姿勢は出産や育児を機に揺らぎかねないことが，従来，研究史では指摘されてきた．日本の女性は，大学などの高等教育を終えると一斉に就職するため，女性の労働力人口比率はいったん高くなるが，出産や育児を理由に離職する 30 代で落ち込む．離職した女性は，子育ての負担が軽くなるにつれて再び職に就くので，女性の労働力人口比率は，再度 40 代で高くなったのち，年齢を重ねるにつれて下降する．これは，女性の労働力人口比率に関する M 字カーブとよばれるものである[26]．

　出産や育児を契機に女性が離職するのは，企業でのペイド・ワークと家計でのアンペイド・ワークとのあいだで適切なバランスをとることの難しさを物語っている．このバランスをとることの難しさを女性が痛感すればするほど，女性は，将来世代を担う子どもを産むことに不安を覚えるであろう．その結果，2 つの労働はトレードオフの関係に置かれ，その両立という選択肢は選びがたいものとなる．このような女性の選択肢の限定は，当人にとっては不本意であろう．なぜならば，子どもをもうけることと職業キャリアの形成は，いずれの経済的価値が当の女性にとって，諦めたほうの経済的価値を上回るのかといった考え方では，優劣をつけがたいからである．他方で，先

---

25) リカードウの生存費賃金が，以下の言説から明らかなように，主たる家計支持者として男性労働者を想定し，また労働者自身と家族の扶養に必要なコストを含んでいることは興味深い．「労働者が彼自身と，労働者数を持続するのに必要な家族を維持する力は……［労働者が受け取る］貨幣が購買する食料と必需品，慣習から彼に不可欠となっている便宜品の分量に依存する」（［ ］は引用者の補足，圏点は引用者のもの）．Ricardo, *On the Principles of Political Economy and Taxation*, p. 93. 堀訳『経済学および課税の原理』109 頁．

26) 古郡『働くことの経済学』5 頁，四方理人「労働市場——日本型雇用システムと労働問題」，駒村・山田・四方・田中・丸山『社会政策』161 頁．

に指摘した女性の選択肢の限定は，日本がすでに迎えている少子高齢社会における女性労働力の活用という視点からみても望ましくない．育児休業や短時間勤務の制度化の意義は，女性が直面する出産・育児と就業をめぐるトレードオフの関係を緩和し，女性の就業の継続性を高めようとした点にある．

　さて，第1子出産前に働いていた女性のうち，出産後も継続して就業している女性の比率を確認すると，2010年代前半期では，1990年代後半期にくらべて15ポイントも上昇して，53.1％となっており，その7割が育児休業制度を利用している．育児休業制度の活用が出産を契機とする離職を抑えているのであろう．実際に，女性の育児休業の取得率は，1999年度は56.4％であったが，2016年度には81.8％まで高まっている．これに対して，両年度の男性の育児休業の取得率は0.42％，3.16％にすぎない[27]．育児休業中は，雇用保険の「育児休業給付金」が支給されるとはいえ，企業への労働力の提供がないため，賃金は得られない．また，主たる家計支持者は夫と妻のどちらなのかが，家計収入の安定性という視点からみて，就業の継続を判断する有力な基準になるから，男女間の歴然たる賃金格差が存在する限り[28]，女性の育児休業の取得率が男性にくらべて高くなるのはやむをえないであろう．しかし，出産後の女性のスムーズな職場復帰を促し，育児における男女の共同参画を進めるためには，男性の育児休業の取得率を高める必要がある．賃金格差は，正規雇用と非正規雇用とのあいだのみならず，男女間でも，その縮小が望まれる問題である．

　育児休業制度は，当然ながら，出産した女性労働者を対象としているが，妊娠に至るまでの段階での支援は出産後の支援に劣らず重要である．子どもを実際に授かることができるか否かは夫婦のからだに関わる問題であり，子どもをもとうと努力をしたが，結果的に授からないことがありうる．不妊に

27）厚生労働省編『厚生労働白書〔平成29年版〕──社会保障と経済成長』（日経印刷，2017年）198-200頁．ただし，公務員の育児休業取得率は男女ともに高い．2016年度についてみると，国家公務員の場合，男性は8.2％，女性99.9％であり，地方公務員の場合，男性3.6％，女性99.1％である．内閣府『男女共同参画白書〔平成30年版〕──走り出せ，性別のハードルを超えて，今』（勝美印刷，2018年）120頁．

28）たとえば，2017年の女性労働者の賃金水準は男性労働者の4分の3程度である．内閣府『男女共同参画白書〔平成30年版〕』111-112頁．

関する情報を提供し，相談を受けつける機関として「不妊専門相談センター」が設置されており，また不妊治療に対する公費助成は制度化されて，2016年度の公費助成の支給実績は14万1890件となっている[29]．しかし，不妊の問題は，女性労働者にとってはタイミングの問題でもあるに違いない．子どもを望む女性労働者が自然妊娠をしやすい時期に管理職に就いたため，その責任ある立場上，妊娠を先延ばしにせざるをえず，自然妊娠が難しい年齢に達してしまうケースなどが考えられる．照準を合わせるべき本質的問題は，妊娠を望む女性労働者が職務上の地位の制約を受けることなく，自然妊娠が容易な時期に妊娠できるような，公的あるいは企業による制度設計である．

9 少子高齢社会における多元的な共生

人間は，他の動物と同じく生きものである以上，個人差はあるにせよ，年齢を重ね，老境に入るにつれて心身の衰えは増していく．老後の経済的不安を緩和するために年金制度が存在し，また心身の衰えに備えるために介護保険が制度化されて久しい．しかし，老親が子どもに頼ることなく，身の回りの世話のすべてをペイド・ワークであるサービス労働に依存することは，よほど経済的に余裕がない限り，難しい．老親自身が子どもによる世話を強く望む場合も考えられる．

少子高齢化は，前節で論じた出産や育児の問題に加えて，以上のような介護の問題をつうじて労働者に働き方の変容を迫る．家計が直面する介護というライフサイクル上の課題によって，就業の継続か離職かの選択を迫られるのは女性だけではない[30]．第6章で取り上げたアキラとハルコ夫妻のように，どちらも一人っ子であれば，老親の介護の負担は兄弟姉妹がいる場合にくらべて大きくなり，さらに共働きであれば，各々の両親の介護をどのように分

---

29) 内閣府内閣府『少子化社会対策白書〔平成30年版〕』119-120頁．内閣府『男女共同参画白書〔平成30年版〕』184頁．
30) 2017年の介護・看護を理由とする離職者数（過去1年以内）10万人のうち，その7割が女性である．内閣府『男女共同参画白書〔平成30年版〕』120-121頁．

担するのかという問題は，夫と妻の就業の継続や働き方をめぐる問題と絡み合って複雑なものになるであろう．このように少子化は，家計における介護負担の問題にも重大な影響を及ぼす．

　労働者が育児や介護のようなアンペイド・ワークに真摯に取り組むためには，企業あるいは同僚とのあいだで，時間配分をめぐる折り合いをつけなければならない．ここで，個々の企業の内部に，育児や介護のための休業が権利として取引される疑似市場を想定して，この問題を考えてみよう．結婚して子どもを望んでいる労働者あるいは老親をもつ労働者は，休業権を得る潜在的な需要者の側に位置づけられる．これに対して，未婚の労働者や若年の労働者は，休業権の潜在的な供給者の側にいる．需要者側と供給者側は，家計における労働者各人のライフサイクルの変化に応じて相互に立場が入れ替わる可能性はあるものの，若年労働者が未婚のまま，健康な心身を維持しつつ職業キャリアを順調に伸ばしていく場合，そのような立場の入れ替わりを経験することなく，定年退職を迎えるかもしれない．この休業権をめぐる取引では，需要と供給の一致を図る調整者として，企業の管理職が「みえる手」を行使するだけでは不十分である．休業権がスムーズに取引されるためには，スミスが指摘したような，「想像上の立場の交換 imaginary change of situation」[31] が不可欠の前提となるであろう．すなわち，男女や年齢の別なく，労働者各自が相手の立場に身を置き換えて休業権の取引に伴う問題——とくに，その出し惜しみという過少供給の問題——を回避できるような制度設計が求められる．このような制度設計の1つとしては，たとえば，すべての労働者が自分もいずれ休業権の需要者になりうることを容易に想像できるように，休業権という取引の対象を育児や介護を目的とする休業に限定することなく，労働者各自の価値観にもとづいて自由に過ごすための休業——ボランティアをはじめとする社会貢献や，芸術あるいはスポーツ等に集中的に取組むための休業——にまで，拡大することが考えられる．

---

31) A. Smith, *The Theory of Moral Sentiments*, edited by K. Haakonssen, Cambridge University Press, 1759[2002], p. 26. 高哲男訳『道徳感情論』（講談社学術文庫，2013年）52頁.

近年，「ワーク・ライフ・バランス work-life balance」という考え方に注目が集まっている [32]．文字どおり，「仕事」と「生活」のバランスをとることの問題であろうが，しかし，この2つは，それぞれ別個に経済学における需要と供給のように分けて，その均衡を説くことができる問題ではない．なぜならば，日々の "life" の営みそれ自体のなかに，「自己保存」としての経済活動が含み込まれているからである．この点を踏まえたうえで，ワーク・ライフ・バランスを再考すると，次のように説明することができる．すなわち，ワーク・ライフ・バランスとは，ペイド・ワークである労働とアンペイド・ワークも含めた私的な活動において，いずれかを犠牲にすることなく，いずれをも可能な限り両立できるように人びとが主体的に時間配分を行い，それによって「自己保存」の質を高めることである．

　少子高齢社会における人口問題を念頭に置くとき，就業と育児や介護との両立を支援するための，公的あるいは企業ごとの取組みは，ワーク・ライフ・バランスをめぐる重要な社会的課題の1つになりうる．しかし，仕事と対比される生活の内容を育児や介護に限定することは，ワーク・ライフ・バランスが含意する多元的な共生という発想とは相容れないものである．少子高齢社会における多元的な共生は，家族をもつ生き方，家族をもたない生き方を選択する自由を相互に尊重することによって支えられる．育児や介護以外の理由による休業に加えて，柔軟な働き方（短時間勤務や在宅勤務等）は，パートナーや子どもをもたない選択をした働き手が，自己保存の質の充実を図るさいにも，等しく活用されるべきであろう．

　企業において育児休業制度を利用する者が同僚に負い目を感じたり，家族をもたない生き方を選ぶ者が家族をもつ同僚に引け目を感じたりすることは，そのような自己感情に苛まれた時点で目にみえない従属の関係にみずからを陥れることになる．かつて人類に対する情愛の人ミルは，人間の進歩の目的

---

32) ワーク・ライフ・バランスについては以下の文献を参照．山口一男・樋口美雄編『論争　日本のワーク・ライフ・バランス』（日本経済新聞社，2008年），佐藤博樹・武石恵美子編『ワーク・ライフ・バランス支援の課題——人材多様化時代における企業の対応』（東京大学出版会，2014年）．

を次のように表現していた．すなわち，「進歩の目的は，人を互いに他者が
いなくてもよい状態に置くことだけではない．人が従属を伴わない関係のな
かで他者とともに，もしくは他者のために働くことができるようにすること
でもなければならない」（圏点は引用者のもの）[33]．このミルの言説について，
経済的な従属の次元を超えた従属をも射程に収めていると解釈することは，
やはり深読みかもしれない．しかし，ワーク・ライフ・バランスの発想を
「生活のアート」という表現で先取りしていたミル，そのミルの上記の言説
は，少子高齢社会における多元的な共生の本質を鋭く突いたものとして，傾
聴に値する．

---

33) Mill, *Principles of Political Economy*, Vol. 3, p. 768. 末永訳『経済学原理』第 4 分冊,
132-133 頁.

第9章 対外経済

——国境を越える経済的自由主義——

1 経済学の歴史の起点——重商主義

　貿易とは，国と国とのあいだで行われる財とサービスの取引である．経済学の歴史を紐解くと，一国の経済発展の基盤として貿易を重視する考え方や農業を重視する考え方に出会う．貿易を重視する考え方は，重商主義とよばれるが，その本質は一国の富裕を貴金属貨幣の保有数量で評価し，またその貨幣を獲得する手段として貿易に着目した点にある．経済学の歴史を語るとき，通常，この重商主義がその起点に置かれる．重商主義は，ヨーロッパ世界において15世紀後半から18世紀後半までの長い思想史的命脈を保った[1]．重商主義にもとづいて，ヨーロッパ各国の政府が採用した代表的な政策は，高率関税の賦課や数量規制，補助金の交付などであった．政府は，これらの保護主義的政策によって輸入の抑制と輸出の奨励を図り，「順なる貿易差額 favorable balance of trade」——輸出額と輸入額のプラスの差——の増大をめざした．

　スミスは『国富論』のなかで重商主義を厳しく批判した．スミスは，特定の産業界の利益を公益と偽る人びとと，資本を特定の用途に誘おうとする政府の存在を語ったのち，国内の特定産業の保護のために設けられる貿易障壁

＊　本章の基本文献：浦田秀次郎・小川英治・澤田康幸『はじめて学ぶ国際経済』（有斐閣，2010年），岩本武和・奥和義・小倉明浩・河﨑信樹・金早雪・星野郁『グローバル・エコノミー〔第3版〕』（有斐閣，2012年），永易淳・江阪太郎・吉田裕司『はじめて学ぶ国際金融論』（有斐閣，2015年），飯島寛之・五百旗頭真吾・佐藤秀樹・菅原歩『身近に感じる国際金融』（有斐閣，2017年），国際通貨研究所編『外国為替の知識〔第4版〕』（日本経済新聞出版社，2018年）．

1 ）小林昇「重商主義——その経済理論の概括」，『イギリス重商主義研究1（小林昇経済学史著作集第3巻）』（未来社，1955年［1976年］）9頁．

が消費者の利益を損なうことや，そのような保護は資源配分の非効率を招く
ことを指摘していたのである[2]．しかし，経済史を一瞥するならば分かるよ
うに，重商主義的な思考や政策は，世界経済全体が不況に見舞われるときや，
国内の競争力の低い産業が市場から資源の移動を命じられてもなお政府の支
援を渇望するときなどには，しばしば政策論議の表舞台に再登場する．たと
えば，大恐慌を契機として 1930 年代にイギリスをはじめとする先進国では，
関税率の引上げやブロック経済化の動きがみられた．2017 年 1 月に発足し
たアメリカのトランプ（Donald John Trump, 1946- ）政権は保護主義的な通商
政策に傾斜しているが，これもまた経済ナショナリズムである新重商主義の
再来といえるのかもしれない．第 3 章で述べたように，アメリカは，世界の
名目 GDP の 4 分の 1 弱を占める経済超大国である．世界各国が貿易をつう
じて緊密に結びついている現状においては，世界経済の景気動向はアメリカ
の通商政策の帰趨を抜きにしては語りえないであろう．

　これまでの章では，一国の内部での経済活動の様子をみてきたが，本章で
は，一国の経済活動が他の国々の経済活動と結びつく局面について説明する．
すなわち，議論の軸足を国民経済に定めて，その対外経済について説明する．

2　貿易の必要性──スミス，リカードウ，ヘクシャーとオリーン

　なぜ貿易は必要なのだろうか．あるいは貿易はなぜ行われるのだろうか．
貿易は，まず何よりも，国境がないものと仮定した場合に鮮明になるコスト
の問題として論じられる．この点について，スミスは次のように述べている．
すなわち，「もしもある外国がある商品を私たち自身がつくるよりも安く供
給できるのであれば，私たちは，彼らにくらべて多少とも優っている勤労の
生産物の一部によって，その商品を当該の国から買うほうがよい」[3]．他方で，
スミスによれば，貿易には，国内で需要がない財の余剰分を外国へ送り，そ
の対価として国内で需要がある財を獲得できるというメリットがある．さら

---

2) Smith, *Wealth of Nations*, Vol. 1, pp. 456-457, p. 459. 大河内監訳『国富論』第 2 分
　冊，317-320 頁，322 頁．
3) Smith, *Wealth of Nations*, Vol. 1, p. 457. 大河内監訳『国富論』第 2 分冊，319 頁．

にスミスは，貿易のメリットとして国内市場の飽和によって阻まれる分業が貿易によって促進される点を挙げている[4]．

イギリス古典派の第2世代であるリカードウは，先の問いにどのように答えるのであろうか．リカードウの回答は，今日，「比較生産費論 theory of comparative costs」とよばれる考え方である．いま毛織物とワインという2つの財について，生産要素は労働力のみであるとする．この2財をA国とB国が次のような条件で生産するものとしよう．A国では，毛織物1単位の生産に90人，ワイン1単位の生産に80人が必要であるのに対して，B国では，毛織物については100人，ワインについては120人が必要である．このとき，A国は，毛織物とワインの両方の財についてB国よりも生産性が高いから，B国との貿易にはメリットはないようにみえる．ここで仮定を変えて，B国が毛織物を1単位生産するのに100人ではなく，80人で済むものとしよう．この場合に，A国はワインの生産に，B国は毛織物の生産に特化してそれぞれに労働者を振り向けるならば，2国で生産される財は，A国のワイン 2.125 単位（← 170 ÷ 80）とB国の毛織物 2.5 単位（← 200 ÷ 80）となり，両国がそれぞれ2財を生産するときの合計（ワイン2単位と毛織物2単位）よりも多くなる．2国は，2財のいずれか一方について生産性が高い場合，互いに生産を諦めた財を求めて，特化した財を交換することに利益を見出す（絶対的生産費差のケース）．

しかし，再確認すると，リカードウの数値例によれば，A国にとって毛織物とワインは，ともにB国よりも生産性が高い絶対的優位財であった．リカードウは常識に抗うかのように，このケースにおいても2国は貿易に利

4）「外国貿易のおかげで，国内市場が狭隘であっても，技術や製造業の分業が最高度の域にまで成熟することが，どの部門においても妨げられない」．Smith, *Wealth of Nations*, Vol. 1, pp. 446-447．大河内監訳『国富論』第2分冊，297頁．後年，ミント（Hla Myint, 1920-2017）は，貿易は，余剰の利用可能性をひらくというスミスの着想から，東南アジアなどの未開発地域では，先進国との貿易によって国内では無価値であった資源（錫やゴム等）の利用可能性がひらかれるという「余剰のはけ口 vent for surplus」論を提唱することになる．H. Myint, *Economic Theory and the Underdeveloped Countries*, Oxford University Press, 1971．渡辺利夫・小島眞・高梨和紘・高橋宏訳『低開発国の経済理論』（東洋経済新報社，1973年）．速水佑次郎『開発経済学〔新版〕——諸国民の貧困と富』（創文社，2000年）116-117頁を参照．

益を見出すと説く．2財の生産性をくらべてみると，A国の毛織物の生産性はB国の約1.1倍（←100÷90）にすぎないのに対し，ワインの生産性は1.5倍（←120÷80）と高いから，A国の優位の程度はワインにおいて大きく，逆にB国からみると，劣位の程度は毛織物において小さい．A国にとってはワインが，B国にとっては毛織物が比較優位財であり，両国は，それぞれ比較優位財の生産にのみ労働力を投じることで生産量の増加を期待できる（比較生産費差のケース）．A国のワインの生産量は2.125単位（←170÷80），B国の毛織物の生産量は2.2（←220÷100）となり，両国が各々2財を生産するときとくらべると，ワインは0.125単位分，毛織物は0.2単位分増加する．こうしてリカードウは，2国が生産を得意分野に特化して，貿易を行うことの利益を確認したのである．

　リカードウの比較生産費論は，いまなお貿易論の基礎理論の地位を占めている．この比較生産費論は，イギリスが産業革命を経て世界の他国に類をみない生産力と国際競争力を我がものとした時代に，自由貿易を選び取るべき選択肢として推奨するのに役立ったといえよう．リカードウの主著のなかの設例では，A国は農業国の典型であるポルトガルであり，B国こそが工業立国となるべきイギリスにほかならなかった[5]．

　リカードウは，生産要素は労働力のみという前提で議論を展開した．彼の議論の要諦は，単一の生産要素である労働力を投入したときの生産量の差をもたらす技術水準の差に着目し，貿易の必要性を説く点にある．これに対して，生産要素として新たに機械などの資本を加えるとともに，2国の技術水準が同一であるという想定のもとで，貿易の必要性を論じたのがスウェーデン人のヘクシャー（Eli Filip Heckscher, 1879-1952）とオリーン（Bertil Gotthard Ohlin, 1899-1979）である[6]．「ヘクシャー・オリーン理論 Heckscher-Ohlin Theory」[7]とよばれる考え方でポイントとなるのは，第1に，2国間の生産要素の存在量の差であり，第2に，同一の技術水準のもとで2国が財の生産に投じる生産要素の使用量の差である．

5）Ricardo, *On the Principles of Political Economy and Taxation*, pp. 133-136. 堀訳『経済学および課税の原理』156-158頁．

いま，スマートフォンとブラウスという2つの財をそれぞれ生産しているC国とD国を想定し，スマートフォンは，その生産のさいに労働者1人あたりの資本量がブラウスよりも大きいとしよう．このとき，スマートフォンは「資本集約財 capital-intensive goods」，ブラウスは「労働集約財 labor-intensive goods」とよばれる．また，鉱物資源や人口などについて世界各国の地誌を一瞥すれば，生産要素の種類と量は国によって千差万別であることが分かる．この点を踏まえて，C国はD国よりも労働力に恵まれている「労働豊富国 labor-abundant country」，逆にD国はC国よりも資本に恵まれている「資本豊富国 capital-abundant country」であるとみなす．そうすると，労働者1人あたりの資本量でみた「要素賦存 factor endowments」の比率は，C国よりもD国のほうが大きいことになる．

生産要素の利用の対価についてみると，資本豊富国のD国では，労働力は想定上，稀少であるため，需要と供給の関係から資本の利用は安価であるのに対して，労働力の利用は高くつく．それゆえ，D国では，ブラウスの生産よりもスマートフォンの生産は割安である．逆に，労働豊富国のC国では，ブラウスの生産よりもスマートフォンの生産のほうが割高になる．こうして，C国にとってはブラウスが，D国にとってはスマートフォンが比較優位財であると判断され，2国はそれぞれの比較優位財を生産し，取引することに利益を見出すはずである．以上の説明をオリーン自身の簡潔な表現で要約するならば，「高価な諸要素を大きな割合で含む諸財は輸入され，安価な諸要素を大きな割合で含む諸財は輸出される」[8]のである．

---

6) E. [F.] Heckscher, "The Effect of Foreign Trade on the Distribution of Income," in *Readings in the Theory of International Trade*, selected by a committee of the American Economic Association, 5th impression, George Allen and Unwin Ltd., 1919 [1966]. B. [G.] Ohlin, *Interregional and International Trade*, in *Swedish Economics*, edited by B. Sandelin, Vol. 5, Routledge, 1933 [1998]．ヘクシャーの論文「所得分配に及ぼす外国貿易の効果」の邦訳は，オリーンの著作の邦訳書に収録されている．木村保重訳『改訳 貿易理論——域際および国際貿易』（晃洋書房，1980年）．なお，この木村訳は，1967年に刊行された *Interregional and International Trade* の revised edition を底本としている．

7) ヘクシャー・オリーン理論の詳細については，天野明弘『貿易論』（筑摩書房，1986年）第3章「比較優位の決定因」を参照．

第9章 対外経済 　173

3　貿易の構図──垂直貿易と水平貿易

　すでに触れたように，比較生産費論におけるリカードゥの設例は，イギリスがめざすべき経済発展の方向を暗示するものであった．ポルトガルは典型的な農業国として取り上げられたが，ポルトガル以外にも，アメリカなどが原材料の生産国として言及されているのに対し，イギリスは工業国として位置づけられている．また，リカードゥの設例では，イギリスはワインのみならず，典型的な工業製品である毛織物の生産性において農業国ポルトガルに劣るとされている．比較生産費論に関する，このリカードゥのレトリックは，イギリスにとって一見したところ不利な条件のもとでもイギリスは貿易から利益を得ることを明らかにする．さらに，比較生産費論という光明は，自由貿易のメリット──国内の自給自足経済のもとでは実現できない財の消費の可能性──を貿易参加国に示す．そうすると，比較生産費論にもとづく自由貿易論は，生産の効率性という強力な論拠に支えられて，イギリスへ農産物や原材料を輸出する農業国とその原材料を加工して工業製品を輸出する工業国イギリスという貿易の構図を描き出すものとなる．このような貿易の構図は，「垂直貿易 vertical trade」とよばれる．経済史の知見によれば，イギリスにおいて産業革命を牽引した綿工業の対外経済面における姿は，外国から綿花を輸入し，それを加工して綿糸を生産し，その綿糸からさらに綿布を生産し，外国へ輸出するという垂直貿易であった．日本もまた，政治体制の転機を迎えた明治期以来，加工貿易立国を志向してきたが，とくに第2次世界大戦後の高度経済成長期には，垂直貿易の姿が鮮明になった．

　しかし，貿易の構図は垂直貿易だけではない．たとえば，日本は，ドイツやアメリカへ自動車を輸出している反面，そのドイツやアメリカから自動車を輸入している．このように，同じ産業の工業製品が国々のあいだで取引される貿易は，「水平貿易 horizontal trade」とよばれる．今日においては，「発展途上国 developing country」──農産物や原材料などの1次産品の生産国──と「先進国 advanced country」──工業製品の生産国──とのあ

8）Ohlin, *Interregional and International Trade*, p. 29.　木村訳『改訳 貿易理論』29頁.

いだの垂直貿易という構図，あるいは先進国同士の工業製品の取引という水平貿易の構図は，曖昧になりつつある．発展途上国においても，付加価値の高い工業製品の生産が志向され，その先進国への輸出の拡大が模索されはじめて久しい．では，なぜ農業国あるいは発展途上国は1次産品の輸出国に甘んじることなく，工業製品の輸出国をめざすのか．農産物に限定して，1次産品の特性を確認しておきたい．

農産物の生産において決定的に重要な生産要素は，まさに「土地」である．機械の場合，完全に同じ性能をもつ生産財を追加的に購入し，工場に据えつけることは可能であるが，完全に同じ自然条件（たとえば，肥沃度）の土地を追加的に利用できる可能性は低い．さらに，農地の経済的特質として，「収穫逓減 diminishing returns」――一定の面積の農地は，労働力と資本の投下量に比例した農産物をもたらさない――を挙げることができる．また，一般に農産物の場合，工業製品の場合以上に，市場の動向を反映した生産の増減を図ることは困難である．第2章で説明したように，農産物は需要の価格弾力性が小さい財であり，天候などの偶発的要因の影響を被りやすい．豊作でも価格の低下が需要の増加を伴わないため，農産物を廃棄するケースさえみられる．工業製品の場合には，所得が増加すれば需要の増加を見込めるのに対し，農産物の場合，工業製品ほどの需要の増加は期待できない．以上のような農産物の経済的特質，すなわち，工業製品にくらべて生産量の増減が困難であることや，価格面の弱さ――不安定な価格と需要の伸びしろの小ささ――についての認識が，農産物の生産者のみならず，その生産に依存する輸出国民のあいだに広まるとき，その国は工業化を強く志向するようになる．

4　保護貿易の論拠――生産の効率性をあえて度外視する理由

通商政策の基本的な選択肢は，自由貿易か保護貿易かの2つしかない．自由貿易は国境を越えた取引に何らの障壁もない貿易であるのに対して，保護貿易は，輸入される財の数量が政府によって制限されるなどの管理される貿易であり，重商主義がその典型である．もちろん，完全な自由貿易と保護貿易は，完全競争市場と独占市場を両極とする市場のバリエーションの議論と

第9章　対外経済　*175*

同じく，その両極のあいだに様々なバリエーションを含むものである．

　さて，輸入を制限する手段の第1は「関税 tariff」である．関税とは，輸入品に課せられる租税であるが，その課税分だけ輸入品の国内販売価格は高くなるので，競合する国内製品の販売は有利になる．その反面，消費者は，同じ種類の財について自由貿易であれば，国の内外をつうじて最も安価であるものを購入する機会を奪われる．また関税はそれが税である限り，政府の収入を増やすことになる．第2の輸入制限手段，関税以外の輸入制限手段は「非関税障壁 non-tariff barrier」と総称される．具体的には，輸入数量を直接に統制する「輸入割当制 import quota system」や，関税に上乗せして課せられる特別税である「輸入課徴金 import surcharge」を挙げることができる．加えて，工業規格や検疫，税関の手続き，系列取引などのように，輸入制限を本来の目的とはしないものの，実質的に輸入制限の効果をもつ制度や慣行を含めて，一国における非関税障壁の総体を考えることができる．

　なお，非関税障壁は，自由貿易を是とする立場からは撤廃すべき障害物として捉えられる．しかし，その撤廃には慎重な検討が必要である．たとえば，食品検疫の目的は安全な食料の輸入であるが，この検疫という規制は，第6章の10節で取り上げた消費者問題の議論に繋がる．食品検疫は，安全な消費のための政府による規制の一例である．この種の規制が厳しければ，消費者は，安価な外国産の食料品を消費する機会を逸するであろう．逆に規制が形式主義に陥り，輸入食料品の危険性が消費者の生命を脅かすような事件の発覚によって明らかになる場合も考えられよう．非関税障壁の撤廃や規制の緩和に関するアプローチが難しいのは，安価な財の輸入と財の安全性の確認という，消費者の利益に直結するこの2点のあいだで折り合いをつけがたいからである．

　輸入される財の安全性は，自由貿易を制限する1つの理由になるであろうが，以下では，保護貿易を是とする論拠について考えてみたい．繰り返しになるが，自由貿易は世界的規模での効率的な生産を促進すると同時に，最も安価な財を選択する機会を消費者に提供する．自由貿易のそのようなメリットを度外視して，保護貿易が選択される理由とは何であろうか[9]．

第1の理由は,「幼稚産業 infant industry」の育成である.農産物をはじめとする1次産品の輸出国が工業化を希求する場合,外国からの資本の借入れや技術の導入が図られるとしても,生産される財の国際競争力は一朝一夕にして先進国とならぶものではない.したがって,政府は,自国の新たな工業を独り立ちできるまで保護すべきか否かを検討する必要に迫られる.かつてドイツ歴史学派の先駆者リスト(Friedrich List, 1789-1846)は,スミスやリカードウが提唱した自由貿易論の地理的・時代的制約を問題にした.リストは,自由貿易という選択肢は,ドイツや北アメリカにくらべて経済発展が遅れているスペイン・ポルトガル・ナポリや,逆に進んでいるイギリスにとって有利であるが,ドイツや北アメリカは,競争力の弱い新興工業を育成すべく保護貿易を選択すべきであると説いた[10].

第2の理由は,国の安全保障である.これは,国の経済的・政治的自立に関わる財の生産については外国からの輸入に依存すべきではないという議論である.この議論では,天変地異や国際政治における緊張の高まりなどに伴う,対外的な経済従属は望ましくないとの立場から,生産の効率性を犠牲にしても,ある種の国内産業の存続は国益にかなうと主張される.たとえば,スミスは,「防衛は富裕よりもはるかに重要であるから,航海条例はイングランドのすべての商業法のなかで,おそらく最も賢明なものであるといえよう」[11]と指摘していた(圏点は引用者のもの).この「航海条例 act of navigation」は,イギリス本国と他国間の財の輸送をイギリス船舶に限定する内容を含むものであった.経済的自由主義を説くスミスがあえてこの航海条例を高く評価したのは,私有財産秩序の維持という政府の活動領域に鑑みると,イギリスの防衛が自国の船員と船舶の数に左右される以上,自国の海運業を

---

9) この問題については,原正行「貿易摩擦」,池間誠・原正行・井川一宏『国際経済』(有斐閣,1987年)135-143頁を参照.

10) リストによれば,フランスは自由貿易の段階に近づいているが,イギリスのように,完全な自由貿易を採用する段階には至っていない. F. List, *The National System of Political Economy*, translated by S. S. Lloyd, Longmans, Green, and Co., 1909, p. 93. 小林昇訳『経済学の国民的体系』(岩波書店,1970年)178-179頁.

11) Smith, *Wealth of Nations*, Vol. 1, pp. 463-465. 大河内監訳『国富論』第2分冊,328-331頁.

第9章 対外経済　*177*

保護することは国益にかなうからであった．また，農産物保護立法の改正問題についてリカードウと論争したマルサスは，農産物輸入の自由化と，さらにその自由化により，食料品を外国に依存することの危険性に触れて，「諸国民の嫉妬と憂慮 jealousies and fears of nations」を考慮すると，自国の農産物が不足する場合に農産物の自由な輸出が認められるはずはないと指摘していた[12]．マルサスにとって食料自給率の低下は，生産の効率性の基準では測りきれない国益に関わる重大問題であった．

　第3の理由は，衰退産業のソフトランディングである．これまで繰り返し指摘したように，自由貿易論の最大の論拠は生産の効率性であり，国際競争力を失った産業の維持は，生産要素の効率的な使用という視点からみて望ましくない．しかし，衰退産業における労働者の解雇は，労働者が新たな雇用先をすぐに見つけられない場合，労使双方にとって厳しいものになりかねない．衰退産業を対象とする関税の設定とその段階的な引下げは，労働力をはじめとする生産要素が衰退産業から別の成長産業へ移動する猶予を与えることに等しく，それゆえに，労使間の軋轢を小さくするのに役立ちうる．

　第4の理由は，伝統産業を尊重し，維持しようとする価値観である．高率関税によるコメ作りの保護を主張する者は，みずみずしい稲穂が広がる農村風景が失われることへの人びとの危機意識を強調するかもしれない．なお，第2章で説明した外部性の視点からみると，コメ作りは景観という外部経済を，林業は水資源の保全という外部経済をもたらすがゆえに，保護すべきであるという議論もありうる．

　以上紹介した理由のうち，第1と第3については保護貿易の必要性を恒久

---

12) T. R. Malthus, *The Grounds of an Opinion on the Policy of Restricting the Importation of Foreign Corn: Intended as an Appendix to "Observations on the Corn Laws,"* in *The Works of Thomas Robert Malthus*, Vol. 7, edited by E. A. Wrigley and D. Souden, William Pickering, 1815 [1986], p. 156. 楠井隆三・東嘉生訳『穀物条例論——地代論』（岩波文庫，1940年）68-69頁．なお，マルサスの農産物輸入制限論は，リカードウの工業重視の発展志向と対比される，彼独自の農工併存の発展志向にもとづくものであった．この点については，たとえば，服部正治『自由と保護——イギリス通商政策史〔増補改訂版〕』（ナカニシヤ出版，2002年）第4章「食糧自給と農業保護——トマス・ロバート・マルサス」を参照．

的に説くものではなく，リストの考察にならえば，自由貿易も保護貿易も時代と場所を問わず，つねに正しいとみなすことは誤りであり，国民経済の実情に合わせて2つの選択肢を巧みに使い分ける必要がある．リストは，経済の実情を判断すべく，各国民経済における生産形態の変遷に着目した「経済発展段階論 stage theory of economic development」を援用した．リストの貿易論は，第1章の経済学における分業で説明したように，「経済理論」や「経済史」が「経済政策」の議論に対して，政策選択のための判断材料を提供することを示唆する好例といえよう．

5 国際収支——対外経済の概略をつかむ

「国際収支統計 balance of payments statistics」とは，一国が1カ月間あるいは1年間に他国とのあいだで行った取引を項目別に集計したものであり，フローの概念である[13]．私たちは，この国際収支統計をみることによって対外経済の概略をつかむことができる．国境を越える取引の内容としては，日本から船舶を輸出してその代金を受け取るケースや，逆に日本が航空機を輸入して代金を支払うケース，観光目的で来日するフランス人が旅館に宿泊して料金を支払うケース，イギリスのファッション企業が日本に直営店を設立するケースなど，様々なケースが考えられる．このような取引の内容は，左の欄を「貸方 credit」，右の欄を「借方 debit」とする国際収支表の項目ごとに整理される．記載の仕方を確認するために，大項目である「経常収支 current account」と「金融収支 financial account」を取り上げて説明してみよう．記載の仕方のポイントは，次のとおりである．すなわち，①1つの取引について，かならず貸方と借方の両方に同額を記載すること，②貸方の各項目には，財とサービスの輸出，所得の受取り，金融資産の減少，金融負

---

13) 日本の国際収支統計は，財務省と日本銀行によって作成されている．現行の統計は2014年から，「国際通貨基金 IMF（International Monetary Fund）」の「国際収支マニュアル〔第6版〕」（2008年）に依拠している．国際収支統計については，飯島寛之「国際収支と対外資産負債残高」，飯島・五百旗頭・佐藤・菅原『身近に感じる国際金融』，国際通貨研究所編『外国為替の知識〔第4版〕』第5章「国際収支と外国為替」を参照．

第9章 対外経済 *179*

債の増加を記載すること，③借方には，財とサービスの輸入，所得の支払い，金融資産の増加，金融負債の減少を記載すること，以上の3つである．

　そうすると，たとえば，客船という財1隻の輸出金額300億円は経常収支の貸方に，旅客機という財1機の輸入金額250億円は経常収支の借方に記載することになる．同じようにして，様々な財の輸出金額と輸入金額を記載し，輸出総額から輸入総額を差し引くと，経常収支の項目の1つであり，のちに説明する「"goods"の輸出入に関する収支」が黒字であるか赤字であるかが分かる．他方で，客船という財の輸出代金300億円——国外からの貨幣の流入——は，金融資産の増加として金融収支の借方に記載する．これに対して，旅客機の輸入代金250億円——貨幣の国外への流出——は，金融資産の減少として金融収支の貸方に記載する．さらに，日本のある企業がフランスの同業他社を完全子会社化するために，その発行済み株式総数を100億円で購入する場合を考えてみよう．この場合には，フランスへ送った購入代金分だけ金融資産は減少するので，100億円を金融収支の貸方に記載したのち，フランスから株式を取得したので金融資産の増加として金融収支の借方に同額の100億円を記載する．いずれにせよ，貸方の項目に記載されたある金額は，それと同額が借方のどこかの項目に記載されるので，貸方の合計と借方の合計は一致する．

　さて，国際収支表の大項目は，統計を作成するうえで避けられない数字の不一致を調整するための「誤差脱漏 net errors and omissions」の項目を除くと，①「経常収支」，②「資本移転等収支 capital account」，③「金融収支」の3つからなる．

　経常収支は，(i) 財の輸入と輸出についての「貿易収支 goods」，(ii) 輸送や海外旅行，通信などを対象とする「サービス収支 services」，(iii) 海外の子会社からの配当金を含めた投資収益などを捉える「第1次所得収支 primary income」，(iv) 政府による食料・医薬品の無償援助や労働者の送金のような一方的取引を対象とする「第2次所得収支 secondary income」の4つからなる．なお，貿易収支とサービス収支を合わせたものが「貿易・サービス収支 goods and services」である．

資本移転等収支は，（i）社会資本の整備のための資金援助や相続あるいは贈与による財産の移転等をまとめた「資本移転 capital transfers」，（ii）著作権をはじめとする権利などの「非金融非生産資産 nonproduced nonfinancial assets の取得（＝借方）と処分（＝貸方）」の2つに分けられる．

金融収支は，（i）外国での子会社の設立，企業の買収等を対象とする「直接投資 direct investment」，（ii）株式・債権の取引を対象とする「証券投資 portfolio investment」，（iii）先物取引の売買に伴う利益と損失などを対象とする「金融派生商品 financial derivatives」，（iv）現預金や貸付け・借入れなどを捉える「その他の投資 other investment」，（v）政府や日本銀行が保有する対外資産の増減を対象とする「外貨準備 reserve assets」の5つからなる．

国際収支表の大項目のあいだの関係を式で示すならば，「経常収支＋資本移転等収支－金融収支＋誤差脱漏＝0」となる．この式は，「経常収支＋資本移転等収支＋誤差脱漏＝金融収支」と書き変えることができる．一国の対外経済活動の姿を捉えるために，資本移転等収支と誤差脱漏を除いて考えると，結局，「経常収支＝金融収支」と表記することができる．ここで，先に取り上げた財の輸出入と日本企業による直接投資の事例を想起しよう．客船や旅客機の輸出入という財の取引（経常収支）は，その輸出代金の受取りと輸入代金の支払いという貨幣の移動（金融収支）をかならず伴う．直接投資の場合は，株式の購入代金が株式そのものに置き換わったにすぎず，金融資産の大きさに変わりはない．この点に留意するならば，経常収支と金融収支は，表裏一体の関係にあることが分かる．

2016年度の国際収支統計[14]によれば，貿易収支は5兆7726億円の黒字（輸出額70兆6786億円，輸入額64兆9060億円），サービス収支は1兆3816億円の赤字[15]，2つを合わせた貿易・サービス収支は4兆3910億円の黒字であり，経常収支は20兆3818億円の黒字であった．経常収支の黒字に大きく貢献したのは，第1次所得収支の18兆827億円である．金融収支24兆9299

14）財務省財務総合政策研究所『財政金融統計月報』第785号（2017年9月）3-7頁．計数は四捨五入のため，計数間の不一致がある．

第9章 対外経済　*181*

億円のうち，直接投資（対外直接投資と対内直接投資との差）は，その67％（16兆7002億円）を占めている．対外直接投資は，対内直接投資3兆863億円の6倍を上回る19兆7864億円であり，対外M&Aをはじめとする企業の旺盛な海外展開を窺わせるものとなっている．このような対外直接投資に加えて，対外証券投資が積極的に行われてきた結果，日本がストックである巨額の「対外純資産 net external assets」——年末時点で対外資産残高から対外負債残高を差し引いたもの——を有していることは，想像に難くない．2016年末時点での日本の対外資産残高は997兆7710億円であり，対外純資産は349兆1120億円である．日本は，1991年末にドイツを抜いて以来，世界最大の対外純資産国の地位にある[16]．

6 為替レート——変動相場制と固定相場制

　主権国家の内部では，経済活動を円滑なものにするため，貨幣は単一の通貨単位に統一され，また特定の通貨に通用性が与えられている．このような事情から，企業などが国境を越えて他国の経済主体と取引する場合，自国通貨と他国の通貨を交換し合わなければならない．この通貨間の交換比率が「為替レート exchange rate」である．為替レートの表記方法としては，「自国通貨建て」（たとえば，日本側からみると，1ドル＝△△△円）と「外国通貨建て」（1円＝□□□ドル）の2種類がある．

　いま，「1ドル＝110円」の自国通貨建て為替レートを想定する．この為替レートを基準にして，ドル1単位を得るために必要な邦貨の額が110円から100円へ小さくなるときは，ドルに対して「円高」とよばれる．このように外貨に対して自国の通貨の価値が高まることを「増価 appreciation」という．円高になると，アメリカで1ドルの財の日本での価格は110円から100円に下落するので，輸入の増加が促される反面，日本で110円の財のアメリ

15）ただし，サービス収支のうち，旅行収支は1兆3099億円の黒字であった点は注目されてよい．財務省財務総合政策研究所『財政金融統計月報』第785号，4頁．観光立国という表現は大げさであるとしても，外国人旅行者の消費が日本経済の活性化に好影響を及ぼしていることが推察される．

16）財務省財務総合政策研究所『財政金融統計月報』第785号，16-17頁，19頁．

カでの価格は 1.1 ドルに上昇するため輸出は不利になる．また，ドル 1 単位との交換に必要な邦貨の額が 110 円から 125 円へと大きくなるときは，「円安」とよばれる．円安のように，外貨に対して自国通貨の価値が低くなることを「減価 depreciation」という．円安のときには，アメリカで 1 ドルの財の日本での価格は 110 円から 125 円に上昇するので，輸入は抑制される．逆に，日本で 110 円の財のアメリカでの価格は 0.88 ドルと安くなるため，輸出は有利になる．なお，ドルに対する円高は表現をかえていえば，円に対する「ドル安」であり，円安は「ドル高」である．

ところで，企業が外貨を必要とするケースとしては輸入代金の支払いのケースが，家計あるいは個人が外貨を必要とするケースとしては外国旅行が考えられる．たとえば，ロブスターを日本へ輸出するアメリカの水産会社は，その代金が円で支払われるとしても最終的に円をドルに換えるであろう．そうでなければ，日本の取引相手が代金をあらかじめ円からドルに換えて用意しておくであろう．アメリカ旅行のさいには，円の自由な使用は日本国内よりも制約されるため，ドルを持参する必要がある．逆に，円が必要となるケースも容易に想像できるであろう．訪日するアメリカ人旅行者は，ドルをあらかじめ円に換えておくはずであり，日本酒をアメリカへ輸出する酒蔵は，その代金をドルで受け取るとしても最終的には円に換えるであろう．このように，財やサービスの取引にさいして外貨であるドルを必要とする経済主体とならんで，邦貨である円を必要とする経済主体もいるため，異なる通貨間での交換が行われることになる．

さて，為替レートは，外貨と自国通貨をそれぞれ必要とする経済主体が参加する「外国為替市場 foreign exchange market」において決まる．第 2 章で説明したように，この場合の市場も特定の場所を指すわけではなく，市場参加者が価格を指針として形成する関わり合いの総体である．外国為替市場では，とくに電子ネットワークなどの通信手段により，盛んに取引が行われている．外国為替市場の取引は，金融機関のあいだでの取引と，金融機関が企業や家計を相手に行う取引に大別できる．後者の取引レートは，前者の取引レートにもとづいて設定されるので，単に為替レートという場合，前者の

第 9 章 対外経済　183

「インターバンク・レート interbank rate」を指す.

　為替レートの決定のメカニズムは，財一般についての価格と取引量の決定メカニズムと同じである[17]. 自国通貨建ての為替レート，たとえば，ドルの円価格を縦軸にとり，横軸にドルの需要量と供給量をとると，右下がりのドル需要曲線と右上がりのドル供給曲線を描くことができる. この2つの曲線の交点＝均衡点で為替レートが決まる. この均衡点に対応する為替レートを「1ドル＝110円」としよう. ここで，ドルに対する需要が増加するならば，その需要の増加は，供給曲線の位置は動かさずに，需要曲線のみが右上方へシフトすることによって表される. この需要曲線のシフトにより，均衡点は移動し，それに対応する為替レートは円安・ドル高，たとえば，「1ドル＝125円」になるはずである. また，ドルに対する需要は変わらずに，ドルの供給が増加する場合は，需要曲線の位置は変えずに，供給曲線を右下方へシフトさせることによって示される. この場合にも均衡点は移動するが，その新しい均衡点に対応する為替レートは，「1ドル＝100円」というような円高・ドル安になるであろう.

　以上のように，為替レートが外国為替市場での通貨の需給関係により，日々刻々と変化する制度は「変動相場制 floating exchange rate system」とよばれる. これに対して，「固定相場制 fixed exchange rate system」とは，その名のとおり，為替レートがあらかじめ定められている制度である. しかし，この制度は，政府がある特定の為替レートでの取引を市場参加者に強制するというものではない. 固定相場制は，変動相場制をもとにして考えると，為替レートが需要と供給の関係で決まる仕組みを利用しつつ，需要と供給に政府が影響を及ぼして為替レートを調整しようとする制度である. すなわち，政府自身が外国為替市場での取引に参加することにより（為替介入），あらかじめ定めた目標値に実際の為替レートを可能な限り近づける制度のことである. 第2次世界大戦後の日本では，「1ドル＝360円」という固定相場制の時代がほぼ四半世紀間続いた. 日本が変動相場制に移行したのは，1973年

---

17) 詳細については，岩本武和「国際収支と為替レート」，岩本・奥・小倉・河﨑・金・星野『グローバル・エコノミー〔第3版〕』86-89頁を参照.

の2月のことである.

7 為替レートを左右する要因——国際収支，購買力，金利，為替介入

変動相場制のもとでは，為替レートはまさに "floating" であり，1日の取引での「最高値」と「最安値」をみることによってレートの変動幅を確認することができる．為替レートは，なぜこのように変動するのであろうか．為替レートも経済活動一般の例に漏れず，自然的あるいは政治的・経済的な要因から直接，間接の影響を受け，その影響の複雑な絡み合いによって決まってくる．本節では，為替レートに関して，通貨の需要と供給の関係を前提にしつつ，その需要と供給に影響を及ぼす要因を考えてみよう．

アメリカのドルは，国際的な取引の決済に使用される「基軸通貨 key currency」であり，これまでの説明でもドルの円価格を取り上げてきた．この基軸通貨がもつ国際的信用という性質は，為替レートの政治的変動を理解するためのカギとなる．たとえば，ある国での政治体制の動揺や戦争の勃発により，関係諸国の国内経済のみならず，世界経済の先行きが不透明になると，ドル買いが進行するといわれる．その理由は，アメリカが経済超大国かつ国際政治の主要なアクターであるため，そのアメリカの通貨の価値は，有事のさいに，他国の通貨にくらべて安定を保つに違いないと人びとが認めているからであろう．以下では，変動相場制のもとで為替レートを左右する経済的要因——もちろん，その背後には，天変地異や政治的不安定といった要因もまた潜んでいるのであるが——を，大略4つ説明する．

第1の要因は，国の対外取引の実態そのものである．この要因をみるには国際収支統計が役に立つ．ある国の対外取引，すなわち，財とサービスの売買およびそれに伴う貨幣の移動や，資金の移動を金額で総覧できるようにしたものが国際収支表であった．5節での議論に戻って確認するならば，貿易・サービス収支の黒字が，あるいはそれと並んで第1次所得収支の黒字が経常収支の黒字をもたらす場合には，日本側は，受け取った基軸通貨のドルを円に換えるはずである．このことはドルの供給の増加，ドル売り・円買いが盛んになることを意味するから，為替レートは円高・ドル安の傾向になる

第9章 対外経済　*185*

であろう．また，対外直接投資が盛んになれば，外貨，とくに基軸通貨のドルに対する需要は大きくなり，この場合にはドル買いのための円売り，円安・ドル高の傾向が予想される．

　第2の要因は，2国間の通貨の購買力の比率である．いま，アメリカと日本で生活するのに必要な複数の種類の財を入れた箱Xの価格が，アメリカでは3000ドル，日本では33万円であると仮定する．このとき，一物一価の法則を前提にすると，為替レートは，両国でドルと円がそれぞれ同じ購買力をもつように「1ドル＝110円」に決まる．すなわち，為替レートとは，2国間の通貨の購買力の比率である「購買力平価 purchasing power parity」の，別名にすぎないことになる[18]．現実の為替レートを「1ドル＝100円」と想定し，箱Xの日本とアメリカの価格差を求めると，1.1倍（←33万円÷30万円）になる．この価格差の存在は，アメリカから箱Xを日本へ輸入して販売すると，3万円の利ざやが得られることを意味している．このように国と国とのあいだの価格差に着目して利ざやを得る取引は，「裁定取引 arbitrage」とよばれる．この取引の過程で円の供給は増加して，円売り・ドル買いが盛んになり，結局，円安・ドル高は，為替レートが「1ドル＝110円」になるまで進行し，このレートに至ったときに利ざやは消滅する．

　第3の要因は，2国間の金利の格差である．一般に余剰資金の有利な運用先を求める者は，第6章の6節で触れたように，貯蓄形成の3つの基準（安全性，収益性，流動性）にもとづいて，株式などの金融商品の購入や預金の種類を決める．これは，①どのような金融資産を，②異なる通貨建てで，③どのような比率で保有するのかというポートフォリオの問題である．安全性と流動性の程度に差異はないと強く仮定すると，収益性のみが余剰資金を運用するさいの基準となるから，資金は，その国際間の移動に制約がなければ，国境を越えて有利な運用先に投じられるであろう．すなわち，金利の低い国

18）購買力平価説は，スウェーデンの経済学者カッセル（Karl Gustav Cassel, 1866-1945）によって広く知られるようになった．カッセルの購買力平価説の学説史的説明については，宮田亘朗「カッセルの購買力平価説」，香川大学『経済論叢』（第57巻第3号，1984年12月）が詳しい．

から金利の高い国へと移動する．日本の金利とくらべて，アメリカの金利が上昇傾向にあれば，日本からアメリカへ資金が移動するが，そのさいに円の供給は増加し，円売り・ドル買いになるであろう．こうして，円安・ドル高の為替レートの傾向が予想される．

　第4の要因は，政府や中央銀行による為替介入である．固定相場制に関連して説明したように，政府や中央銀行は為替レートについて望ましい水準を設定し，その実現をめざして自らが外国為替市場で通貨の取引を行うことがある．固定相場制とは，もともと恒常的かつ積極的な為替介入によって為替レートが支えられている制度である．変動相場制のもとでも，政府がドル高の是正という外国との政策協調を図る必要上，円買い・ドル売りの為替介入が，あるいは，低迷している輸出のテコ入れをはかるといった目的のために円高の是正をめざすときには，円売り・ドル買いの為替介入が行われるであろう．

　繰り返しになるが，実際の為替レートは，上記の要因を含めた様々な要因の複雑な絡み合いのもとに決まるから，1つの要因や考え方にもとづいて為替レートの動きを論じ切ることはできない．為替レートの変動の要因にしても考え方にしても，天野が指摘したように，対立的なものではなく，補完的なものとして捉える必要がある[19]．たとえば，財の輸出入にくらべて，金融商品の国際取引に伴う通貨の交換の必要性とその取引量のほうが大きければ，第1の要因から，さらに第3の要因へ目を向けなければならない．また，長期的な為替レートの変動については第2の要因が重視されるが，その場合，通貨の購買力の増減（＝物価の変動）がまず問題になるから，インフレとデフレをめぐる日本銀行の金融政策の方向性と無関係ではない．

8　日本の貿易の特徴——加工貿易の変質

　3節で貿易の構図を取り上げたさいに垂直貿易と水平貿易を説明したが，日本の貿易には，どのような特徴がみられるのであろうか．

---

19) 天野『貿易論』237頁.

第9章　対外経済　*187*

2016 年の貿易額上位 5 カ国の金額（ドル表示）とシェアを確認するならば，次のとおりである．輸出については，1 位中国 2 兆 1353 億（13.7％），2 位アメリカ 1 兆 4510 億（9.3％），3 位ドイツ 1 兆 3380 億（8.6％），4 位日本 6446 億（4.1％），5 位オランダ 5695 億（3.6％）であり，輸入については，1 位アメリカ 2 兆 1878 億（13.7％），2 位中国 1 兆 5247 億（9.5％），3 位ドイツ 1 兆 552 億（6.6％），4 位イギリス 6365 億（4.0％），5 位日本 6070 億（3.8％）である．日本は世界第 4 位の輸出国であり，第 5 位の輸入国である[20]．

　次に，2017 年の日本の輸出入について，シェアの高い順に商品項目を確認してみよう（その他の項目を除く）[21]．輸出については，1 位輸送用機器 23.3％，2 位一般機械 20.0％，3 位電気機器 17.5％，4 位原料別製品 11.1％，5 位化学製品 10.5％である．6 位から 8 位までの原料品，鉱物性燃料，食料品は，合算しても 3.6％にすぎない．第 2 次世界大戦前の日本の輸出を支えたのは繊維産業であった．しかし，その「織物用糸・繊維製品」の比率は 0.9％であり，また高度経済成長期の重厚長大産業の代表であった「鉄鋼」と「船舶」の比率はそれぞれ 4.2％，1.7％となっている．これに対して，輸送用機器の「自動車」は，一般機械の「原動機」3.5％や，化学製品の「プラスチック」3.2％，電気機器の「半導体等電子部品」5.1％とくらべても，単体で 15.1％と最も高いシェアを占めており，日本の輸出の主力商品であることが分かる．

　輸入については，容易に予想されるように，鉱物資源をはじめとする原材料の比率が高い．すなわち，1 位鉱物性燃料 21.1％（そのうち原油および粗油 9.5％，液化天然ガス 5.2％），2 位電気機器 16.0％（そのうち通信機 4.1％，半導体等電子部品 3.7％），3 位化学製品 10.0％，4 位一般機械 9.6％，5 位食料品 9.3％，6 位原料別製品 9.1％（そのうち鉄鋼 1.2％），7 位原料品 6.2％（そのうち非鉄金属鉱

20）日本貿易振興機構『ジェトロ世界貿易投資報告〔2017 年版〕——転換期を迎えるグローバル経済』（2017 年 10 月）10 頁．
21）一般社団法人日本貿易会『日本貿易の現状 Foreign Trade 2018』（2008 年 3 月）79-80, 107-108 頁．なお，輸出におけるその他の項目の比率は 13.9％（そのうち科学光学機器 3.1％），輸入におけるその他の項目の比率は 14.5％（そのうち科学光学機器 2.3％，衣類・同付属品 4.1％）である．

1.8％，鉄鉱石1.4％，木材0.5％），8位輸送用機器4.2％（そのうち自動車1.7％）となっている．

　いま確認したデータから分かるように，確かに日本は天然資源，とくに鉱物資源に乏しい国であるがゆえにエネルギー資源の多くを海外に依存し，原材料を輸入して製品を輸出する加工貿易国である．このことを私たちが改めて思い知らされたのは，2011年の東日本大震災であった．震災前の2010年の鉱物性燃料の貿易収支は1860億ドルの赤字であったが，2011年には2580億ドル，2012年は2890億ドルへと赤字は拡大した．2013年からその赤字額は減少していくものの，貿易収支は2011年以降，2016年にふたたび黒字に転じるまで赤字であった[22]．

　さて，商品別の輸出と輸入を比較してみると，近時の日本は電子部品や自動車を輸出しつつ，同種のカテゴリーのものを輸入していることが分かる．2017年の製品輸入額は47兆7638億円であり，製品輸入比率は2008年の50.1％とくらべて63.4％，10ポイント以上高くなっている[23]．今日の日本の貿易の特徴には，単純に加工貿易あるいは垂直貿易という用語では語りえないものがあり，水平貿易の性格が強くなってきている．しかし，そうはいっても，たとえば，日本のＴ社が自動車をヨーロッパ諸国へ，逆にドイツのＢ社が日本へ自動車を輸出するという先進国のあいだでの水平貿易の姿のみを想起するだけでは日本の貿易の姿を見誤ることになる．日本が水平貿易の関係を強力に構築してきたのはアジアの国々とのあいだである．この水平貿易について，その関係の構築を促した事情を以下では考えてみよう．

　前節では，為替レートを左右する要因の1つとして，購買力平価を説明した．いま箱Ｘのなかから日本の代表的な輸出財Ｚを取り出し，その1単位あたりの生産コストはアメリカでは変化しないが，日本では低下したとする．生産コストの低下が財の価格の低下に反映されるならば，財Ｚを基準にした，円の対ドル購買力平価（日本国内の財Ｚの価格／アメリカ国内の財Ｚの価格）

---

22) 日本貿易振興機構『ジェトロ世界貿易投資報告〔2017年版〕』24-25頁，『日本貿易の現状 Foreign Trade 2018』124頁．
23) 『日本貿易の現状 Foreign Trade 2018』110頁．

は低下するであろう．財Zについての日本とアメリカの価格差は，自由貿易を前提とする限り，財Zに対するアメリカ側の輸入の増加，ドルの供給の増加，ドル売り・円買いを引き起こし，その結果，為替レートはドル安・円高の傾向が予想される．財の生産コストの低下は技術進歩を含むイノベーションによって可能になるが，企業は国の内外の別なく，つねに競争圧力に晒されており，イノベーションを怠るわけにはいかない．しかし，価格競争にしのぎを削る輸出企業の，個々の合理的な行動が全体としてみると，購買力平価の低下を促し，自国通貨の外貨に対する増価というかたちで，輸出環境を厳しいものにすることは興味深い．

　円高は，1次産品や製品の輸入には有利であるが，反面では輸出財を生産する企業の経営を圧迫し，企業はその活路の1つを海外での現地生産に求めることになる．海外生産の候補地として企業が着目したのがアジアの国々であり，現地で生産された最終消費財のみならず，部品などが日本へ輸出されることにより，日本とアジアの国々とのあいだでも水平貿易の関係の構築が促された[24]．

9　ブレトン・ウッズ体制の回顧——アメリカという「リヴァイアサン」

　人間は自己保存に腐心する生きものである．その人間がつくる国家もまた自己保存に腐心するならば，人間と人間のあいだに闘争があるように，国家と国家とのあいだにも貿易をめぐる闘争がありうる．経済史を紐解くと，1929年の大恐慌に対処するため，世界各国が採用した通商政策が貿易闘争ともよばれるべきものを引き起こしたことが分かる．為替レートの引下げと関税の引上げは報復を招き，各国の保護主義への志向は強まった．とくにイギリスやフランス，日本は，自国と関係が深い国や地域とのあいだで「ブロック経済 bloc economy」を形成し，市場の確保に努めた[25]．たとえ

24）もちろん，労働力の安価なアジアの国々のみが日本の主要な対外直接投資先であったわけではない．現地生産は現地雇用を伴うので，円高要因以外に，輸入国との貿易摩擦の緩和という視点から対米・対欧直接投資が重視されることになる．杉山『日本経済史 近世—現代』492-493頁．

ば，1932年にオタワ協定を締結したイギリスは，「イギリス連邦特恵関税制度 British Commonwealth preference tariff system」によって，連邦内の各国・各地域との経済的な相互依存関係の強化を図ったが，特恵関税とは特定の貿易相手国や地域に対してのみ関税率を優遇するものである．こうしてイギリスは，「スターリング・ブロック Sterling Bloc」の外に対しては高い貿易障壁を設ける一方，ブロック内の各メンバーに対しては工業製品を輸出し，各メンバーからは1次産品を輸入する貿易システムの構築をめざした．各国間，各ブロックのあいだの貿易闘争は，結果的に世界貿易の規模の縮小を招くことになる．

　以上のような貿易闘争は，国家間の緊張を高めて武力による世界的闘争，すなわち，第2次世界大戦の遠因となったと指摘されることが多い．しかし，ここで貿易闘争とは各国の自国第一主義，国家の自己保存のための，いわば擬制された自然権の行使の必然的帰結であると解釈するならば，そのような権利を経済的かつ軍事的超大国となったある国の前で，あるいはその国が中心となる国際組織のなかで相互に制限し合うことにより，各国間の熾烈な貿易闘争は回避できるのではないだろうか．この問題を為替レートの安定化の議論のなかで考えてみたい．

　IMFは，1944年にアメリカのブレトン・ウッズ（Bretton Woods）で締結された協定により発足した．このIMFは，まさに怪物「リヴァイアサン Leviathan」になぞらえることができる経済超大国アメリカの存在を前提としたものではなかったであろうか．IMFの最も重要な任務は，各国間の為替レートの安定——為替レートの切下げ競争の予防——であり（IMF協定第1条），そのために加盟国に対して固定相場制の採用，すなわち，自国通貨と基軸通貨となるドルあるいは金との交換比率の固定化を義務づけた（IMF協定第4条）．他方でアメリカは，純金1オンスに対して35ドルという交換条件——

25）ブロック経済については，福澤直樹「資本主義世界経済体制の転回」，金井雄一・中西聡・福澤直樹編『世界経済の歴史——グローバル経済史入門』（名古屋大学出版会，2010年）144-145頁，内藤友紀「大恐慌とその影響」，河﨑信樹・奥和義編著『一般経済史』（ミネルヴァ書房，2018年）180-184頁を参照．

第9章　対外経済　　*191*

1ドルは純金 0.888671 g という金価値をもつ——のもとで，ドルと金との交換に応じることを義務として負った[26]．アメリカというリヴァイアサンは，その圧倒的な経済力によって，またそれを象徴する金保有高と金ドル本位制によって国際通貨体制の守護神となったのである．

しかし，このブレトン・ウッズ体制は，アメリカの経済的地位の低下に伴い，そのほころびをみせ始める．第2次世界大戦後のアメリカの経済復興援助は，敗戦国である日本やドイツの経済の回復を促す一因となり，両国は，第3章で触れたように，驚異的な経済成長を遂げて戦勝国のイギリスやフランスをも凌駕する経済大国となった[27]．だが，アメリカの友好国のこのような急激な経済成長は，アメリカの輸出競争力の相対的低下を招き，アメリカ自身が復興を遂げた国々から工業製品を大量に輸入するようになる．さらにアメリカは，ソ連や中国などの計画経済諸国への対抗上，国の内外で軍事費を増大させると同時に影響圏の拡大を狙って経済援助を惜しまなかった．以上のような要因が重なり合ってドルは海外へ流出したが，これにアメリカ企業の積極的な対外直接投資が拍車を掛けた[28]．

ところで，経常収支の赤字は，アメリカ以外の IMF 加盟国にとっては固定相場制の維持に直結する問題，猶予を許されない問題であった．ここで先に説明した変動相場制の仕組みを想起しながら，この問題を考えてみよう．変動相場制のもとで日本が好景気に沸いて，輸入が増加したと仮定しよう．このとき支払用のドルの需要が増えるが，変動相場制のもとでは円売り・ドル買いが盛んになり，為替レートは円安・ドル高へと向かう．しかし，ブレトン・ウッズ体制は固定相場制である限り，また日本が「1ドル＝360円」

---

26) 土屋六郎『戦後世界経済史概説』（中央大学出版部，1986年）153頁，160頁.

27) たとえば，日本，ドイツ，イギリス，フランス4カ国の重化学工業品の輸出額（ドル表示）を，1955年と1970年の両年についてくらべてみると，次のようになる．1955年は，日本7億5300万，ドイツ42億3100万，イギリス46億9000万，フランス17億5700万である．これに対して1970年は，日本135億5000万，ドイツ255億500万，イギリス126億1200万，フランス102億3500万である．高松亨「生産力水準の長期的・国際的比較」，石井・原・武田編『日本経済史5』63頁.

28) アメリカから流出するドルの年々の累積高がアメリカの金準備を大きく上回る結果，「ドル不安」が生じることになる．このドル不安とアメリカの国際収支の悪化の問題については，土屋『戦後世界経済史概説』162-165頁を参照.

の固定レートを守る限り，《好景気による支払用のドルの需要の増加⇒政府
の外貨準備の取り崩し，すなわち，1ドル＝360円でのドルの供給⇒外貨準
備の払底のおそれ⇒ドル需要の抑制の必要⇒引締政策⇒好景気の不本意な鎮
静化》とならざるをえない．

　しかし，基軸通貨ドルの供給国であるアメリカ自身は，旺盛な需要の抑制
を図るための引締政策や国際収支改善策[29]の実を上げることなく，結果的に
問題の解決を先延ばしにした．ドルの大量発行とその海外への大量流出が，
やがてアメリカの金準備が想定するもの以上の水準に達したとき，すなわち，
ドルと金との交換という義務をアメリカが果たせなくなったとき，アメリカ
というリヴァイアサンによって支えられたブレトン・ウッズ体制は，おのず
と終わりを告げることになる．それが1971年8月15日のニクソン（Richard
Milhous Nixon, 1913-1994）大統領による金とドルの交換停止の宣言[30]であり，
その後のドルの大幅な切下げと変動相場制への移行であった．アメリカは，
IMF加盟国が果たすべき社会契約（＝国際収支の改善）を，アメリカ自身がリ
ヴァイアサンであったがために果たすことを怠り，そのことによって国際通
貨体制の守護神の地位を降りたのである．アメリカはまた，先に指摘したよ
うに，友好国に対する良しも悪しくも利他心という幻想に囚われたリヴァイ
アサンでもあった．

10　自由貿易の推進主体——GATTとWTO

　貿易論の基礎にある考え方は，今日においてもリカードウが提起した比較
生産費論であり，世界各国は，国境を越えた自由な取引から国内における自
給では望みえない財を享受することができる．また，第3章でみたGDPの
考え方から分かるように，貿易はその国の経済成長を左右する要因でもある．

---

29)　土屋が指摘しているように，アメリカ自身によるドル防衛に関わる国際収支改善策の
　　1つに，アメリカ商品の輸送にさいしてのアメリカ船の優先利用というものがあった．
　　土屋『戦後世界経済史概説』166頁．これは，対外援助についてのアメリカ製品の優
　　先買付の政策とならんで興味深い内容である．
30)　土屋は，「金とドルは戦後の国際通貨体制の両輪であり，両者の交換停止は金・ドル
　　本位制の終焉を意味していた」と指摘している．土屋『戦後世界経済史概説』179頁．

第9章　対外経済　　193

さらに，ヘクシャーとオリーンの貿易についての考え方をまたずとも，資源の分布状況が国や地域によって千差万別であること，それ自体が効率性という基準以前に貿易の必要性を予示させるものであり，とくに日本のように鉱物資源に乏しい国にとって貿易は枢要なものになる．しかし，「欧州連合 EU（European Union）」のような地域統合体が出現した今日においても，国民国家の枠組みで政治や経済を語ることが基本である世界では，自由貿易のメリットがいかに強調されようと，いったん各国の経済活動の水準が低下すれば，自国経済の安定を優先しようとする保護主義的な主張が渦巻くことになる．

　1930 年代のブロック経済の時代を回顧するならば，保護貿易は，現在のトランプ政権下のアメリカと中国との貿易に関する激しい応酬を引き合いに出すまでもなく，他国からの報復を招く可能性が高く，そのことが巡りめぐって世界貿易それ自体の縮小を招くであろう．それゆえ，真に貿易の名に値するのは，実は自由貿易のみであり，貿易が自由貿易という真の姿を取り戻すためには，取引される財の安全性をどの程度チェックするかなどの難題はあるとはいえ，各国が制限している貿易を一歩ずつ自由化の方向へ改めていかなければならない．

　しかし，関税などの障壁を低くする，あるいは撤廃することだけで望ましい貿易の自由化が達成されるわけではない．ある財の輸入国がその関税を引き下げたとしても，その財の複数の輸出国に対して異なる税率を設定し続けるならば，同種・同質の財のあいだでの国の内外の競争条件を制限することになる．それゆえ，貿易の自由化を進めるさいには，第 1 に，自国が取引する貿易相手国のすべてに対して同じ条件を設定すること，第 2 に，国内で生産される財と同種・同質のすべての輸入財に対して同じ条件での販売を認めること，この 2 つを指針にしなければならない．ブレトン・ウッズ体制は，第 2 次世界大戦後の世界経済の再建をめざして構想された．それはまた，世界各国が通商政策に関して内向きの姿勢に傾くことの危険性とともに，自由貿易への歩みを上記の 2 つの指針にしたがって推進することの重要性を，まがりなりにも認識したことの成果であった．

ブレトン・ウッズ体制は，前節でみた IMF に加えて，主として経済開発のための融資を行う「国際復興開発銀行 IBRD (International Bank for Reconstruction and Development)」と，自由貿易を推進する「関税および貿易に関する一般協定 GATT (General Agreement on Tariffs and Trade)」の３つによって支えられた．この３つのうち，GATT は「協定」という表記から窺われるように，仮につくられた一時しのぎの組織であり，1948 年の発足当初は，国際組織としては曖昧さを拭えなかった[31]．それにもかかわらず，GATT は，8 回を数える多国間貿易交渉において関税の引下げをはじめとする自由貿易の推進のための成果を挙げ，1995 年には「世界貿易機関 WTO (World Trade Organization)」の創立により，発展的解消を遂げた．GATT の国際組織としての曖昧さは，世界各国の利害が鋭く対立する貿易交渉の場面において，妥協や政治的取引を繰り返すことで貿易の自由化を着実に進めるのには，むしろ有利であったのかもしれない．

　自由貿易の推進主体は GATT から WTO へと代わったが，WTO は，具体的にどのような任務を果たすことで自由貿易の推進に努めているのであろうか．

　WTO が果たすべき任務としては，まず貿易上の様々なルールの総体である「WTO 協定」の実施が挙げられる．この任務は，加盟国に対して協定の内容に反しない政策の立案と実施を促すという任務，すなわち，貿易問題についての各国の姿勢や対応をモニタリングし，公表する任務，加盟国間で生じる貿易をめぐる様々な争いの解決のために，紛争処理の一連の手続きを進める任務と切り離すことができない[32]．

　いま，後者の紛争処理について，A 国が B 国の政策は WTO 協定に違反していると主張し，その問題の解決を望んでいると仮定しよう．最初に，A

31）「国際貿易機関 ITO (International Trade Organization)」の創立がめざされ，そのための条約が 1948 年に調印されたにもかかわらず，各国の国内政治に翻弄されて，結局，その創立は断念された．GATT の歴史については，池田美智子『ガットから WTO へ──貿易摩擦の現代史』（筑摩書房，1996 年），津久井茂『WTO とガット──コンメンタール・ガット 1994』（日本関税協会，1997 年）を参照．

32）これについては，中川淳司『WTO──貿易自由化を超えて』（岩波書店，2013 年）第 5 章「WTO の紛争解決手続」を参照．

第 9 章　対外経済　*195*

とBの2国間で協議が行われるが，そこで合意が得られなければ，「紛争解決小委員会 dispute settlement panel」の設置・審議へと進む．この委員会での審議内容にA国が不満をもつならば，A国はさらに，「上級委員会 appellate body」での審議を求めることができる．これは，司法制度における上級審への不服申立てに相当する．以上の2つの委員会での審議を踏まえて「紛争解決機関 dispute settlement body」による勧告がなされるが，B国がそれを履行しない場合，A国はB国に対抗措置をとることが認められる．このようにWTOは，加盟国相互間の貿易問題について，たとえ対抗措置という選択肢が選ばれるとしても，その結果に至るまでにデュー・プロセス（＝WTOのルールにもとづく手続き）を踏むことを求めている．

　また，世界の国々が，国境を越えた経済活動の相互依存を密にし，協調を図りながら経済成長を遂げるように後押しする国際機関としては，すでに紹介したIMFやIBRDなどが存在する．このような経済問題に対処する国際機関と協力関係を築くことも，WTOの任務である．

　5節での，日本の国際収支統計の説明から窺われるように，今日，世界各国の対外経済においてサービスの取引や資本の移動は，財の取引と並んで重要な位置を占めている．それゆえ，自由貿易の推進者としてのWTOは，GATTの実績を踏まえつつ，財の取引に関してはいうに及ばず，財の取引以外の様々な貿易問題のために新たな交渉のテーブルを用意しなければならない．多国間貿易交渉の場を提供することは，GATTの継承機関としてのWTOの存立に関わる重要な任務である．交渉のテーブルに乗せるべきテーマは，従来から議論されている先進国の農産物保護政策に加えて，サービス貿易，知的所有権の保護，開発と環境をめぐる問題などへ拡大している[33]．「ドーハ開発アジェンダ Doha Development Agenda」とよばれる貿易自由化交渉は，2001年に始まったが，まだ終結していない[34]．GATTの時代の

---

[33] この点について渡邊は，WTOによって多国間貿易協定の対象範囲は，「みえるものの貿易 visible trade」から，「みえざるものの貿易 nvisible trade」へ拡大したと述べている．渡邊頼純『GATT・WTO体制と日本〔増補2版〕——国際貿易の政治的構造』（北樹出版，2012年）36-37頁．

ケネディ・ラウンド（1964年から1967年まで）や東京・ラウンド（1973年から1979年まで），ウルグアイ・ラウンド（1986年から1994年まで）にくらべると，ドーハ開発アジェンダの交渉期間が長期化していることが分かる．しかし，逆にいえば，その交渉において加盟国が抱えている貿易問題を相互に理解し合うなかで，貿易の自由化にまつわる本質的な問題の再考を迫られており，そのために時間が費やされているように思われる．

　かつてリカードウは，イギリスなどの先進国は製造業に特化し，小麦をはじめとする農産物は海外から安価なものを輸入すればよいことを示唆した．しかし，日本を含めて，先進国とよばれる国々ではいまなお，農業に対する保護を緩めることはできても止めることは難しい．経済学者が語る国内の衰退産業から成長産業への生産要素の自由な移動は，確かに容易ではないのである．ひるがえって，企業の国境を越えた活動の進展や，情報・通信技術のイノベーションの進展をみると，従来まで強調されてきた移動の困難がますます稀薄化しつつあることは否めない．

　ゴーイング・コンサーンを本質とする法人企業は，本質的に国民国家あるいは国民経済という枠組みに縛られない存在である．利潤の追求をめざして，労働力をはじめとする生産要素を条件の最もよい場所で調達しようとする企業経営者も，その企業の株主も，特定の国民である必要はなく，租税でさえも特定の国に納め続ける理由はない．自由貿易とは，国境を越えた経済的自由主義の表現にほかならないが，自由貿易がめざす地平では，国境を越えた企業間競争の帰結である寡占や独占が国民経済の内部におけるのと同様に問題になるであろう．

　財や資本や労働力が国境を越えて自由に移動する時代，グローバルな経済活動の時代は，私たちの目に，多様性を無上の価値とする寛容な時代として映る．だが，その時代は同時に，多様性とは相容れないはずの世界的規模での一元化や序列化が促される時代であるかもしれない．シュンペーターにな

34）ドーハ開発アジェンダの交渉の推移については，経済産業省『通商白書2017──自由貿易，イノベーション，包摂的成長を支える新しい通商政策へ』（勝美印刷，2017年）289-292頁を参照．

らって考えるならば，市場経済社会の強靭な生命力は，価格メカニズムが作用する制度的枠組みの不純性にあるのかもしれない．吉田によれば，シュンペーターは『資本主義・社会主義・民主主義』のなかで「社会構造，様式，態度は，容易に溶けない硬貨のようなものである」と述べていた[35]．シュンペーター自身は，経済活動の特定の制度的枠組みと，その内部から生成する別の制度的枠組みへの移行の問題に関心を有していた．先の硬貨の比喩は，単に制度的枠組みそれ自体の持続性の議論を示唆しているだけではない．硬貨の比喩は，既存の制度的枠組みの内部で新たに生成する別の制度的枠組みの要素が，前の枠組みの要素の一部を残存させて生かすこと，市場経済社会は，その生命線である経済的自由主義とともに，非市場的な慣習や慣行を包摂することでその強靭さを保ってきたことをも，示唆している．硬貨は，純度の高い金貨よりも合金のほうが硬い．

　市場経済社会における経済的自由主義の貫徹，非市場的な慣習や慣行をことごとく撤廃することは，逆に，その生命力の強靭さを弱めるのであろうか．統一的ルールにもとづく統一的な取引をめざして，非市場的な慣習や慣行を例外として可能な限り排除していくWTOの貿易自由化の姿勢は，制度的枠組みの不純性がもつ意味を再考しようとするシュンペーター的な姿勢とは，相異なるものである．ドーハ開発アジェンダの交渉が暗礁に乗り上げている背景には，このような不純性の喪失が，いまや市場経済社会の活力を失わせる段階に迫っているのではないかという，人びとの無言の懸念があるように思われる．この無言の懸念は，経済活動の共通のルールにもとづく規律化は社会的・文化的な多様性を損なうのではないかという懸念と，表裏をなすものである．

---

35) 吉田昇三『ウェーバーとシュムペーター——歴史家の眼・理論家の眼』（筑摩書房，1974年）190頁．J. A. Schumpeter, *Capitalism, Socialism, and Democracy*, in *Corporate Governance*, Vol. 3, edited by D. A. Wren and T. Sasaki, Pickering & Chatto, 1943 [2009], p. 22. 中山伊知郎・東畑精一訳『資本主義・社会主義・民主主義〔新装版〕』（東洋経済新報社，1995年）15頁.

人名索引

ア 行

天野明弘　187
池田勇人　43
オリーン（Bertil Gotthard Ohlin）　170,
172-3, 194

カ 行

カッセル（Karl Gustav Cassel）　186
神谷美恵子　15
クセノフォン（Xenophon）　103, 112
クナップ（Georg Friedrich Knapp）
58
クラーク（Colin Grant Clark）　44-5
ケインズ（John Maynard Keynes）
142
ケネー（François Quesnay）　9-13,
15-7, 28, 36, 48
ケネディ（John Fitzgerald Kennedy）
118-9
コール（George Douglas Howard Cole）
114
コルベール（Jean Baptiste Colbert）
120

サ 行

サミュエルソン（Paul Anthony Samuel-
son）　6
ジェヴォンズ（William Stanley Jevons）
33
シスモンディ（Jean Charles Léonard
Simonde de Sismondi）　103, 112
シュンペーター（Joseph Alois Schumpet-
er）　54, 66, 198
スミス（Adam Smith）　2, 4, 12-5, 17-8,
22, 35-6, 51, 55, 82, 84, 94-5, 103, 106,
125-7, 133-5, 139, 141, 166, 169-71, 177
セー（Jean-Baptiste Say）　17, 103, 126

タ 行

デュルケーム（Émile Durkeim）　162
トランプ（Donald John Trump）　170,
194

ナ 行

ニクソン（Richard Milhous Nixon）
193
西村多嘉子　107

ハ 行

バーリ（Adolf Augustus Berle）　88
花森安治　117
ヒューム（David Hume）　56, 61
ベーム－バヴェルク（Eugen von Böhm-
Bawerk）　5
ヘクシャー（Eli Filip Heckscher）　170,
172-3, 194
ペティ（William Petty）　44-5
ホッブズ（Thomas Hobbes）　1-2, 13
ポンパドゥール夫人（Madame de Pompa-
dour）　16

マ 行

マーシャル（Alfred Marshall）　3-4,
26-7, 155
マスグレイブ（Richard Abel Musgrave）
135
間宮陽介　21
マルサス（Thomas Robert Malthus）　2,
17, 178
ミーンズ（Gardiner Coit Means）　88
南亮三郎　17
御船美智子　99
ミル（John Stuart Mill）　13-5, 18, 43,
155-6, 167-8
ミント（Hla Myint）　171
メンガー（Carl Menger）　2
モンテスキュー（Charles Louis de
Secondat, Baron de la Brède et de
Montesquieu）　83

ヤ 行

吉田昇三　198

ラ 行

ラウントリー（Benjamin Seebohm

Rowntree) 107
リカードゥ（David Ricardo） 102,
　155-6, 163, 170-2, 174, 177-8, 193, 197
リスト（Friedrich List） 177, 179
ルイ 14 世（Louis XIV） 120
ルイ 15 世（Louis XV） 16-7
ルーズベルト，フランクリン（Franklin
　Delano Roosevert） 126
レプケ（Wilhelm Röpke） 6

ロック（John Locke） 57, 134
ロックフェラー（John Davison Rockefel-
　ler Sr.） 35

ワ 行

ワーグナー（Adolf Heinrich Gotthilf
　Wagner） 135
ワルラス（Marie Esprit Léon Walras）
　30

事 項 索 引

ア 行

IMF　　179, 191, 195-6
IBRD　　195-6
アウトソーシング　　90
赤字国債　　143
安価な政府　　125
アンペイド・ワーク　　100, 160, 162, 167
家の秩序だった管理　　102-3
イギリス連邦特恵関税制度　　191
育児休業取得率　　164
育児休業制度　　108, 164, 167
委託売買　　64
一時金　　156
1 次産品　　175, 177, 190-1
一物一価の法則　　33, 186
一致系列　　52
一般会計予算　　130
一般均衡分析　　30
イノベーション　　54, 133, 190, 197
イングランド銀行　　68
インターバンク市場　　72
インターバンク・レート　　184
インフレ　　73, 187
迂回生産　　5
受取　　104
売りオペ　　72
ウルグアイ・ラウンド　　197
営業余剰　　49
NDP　　48
M&A　　88, 182
M 字カーブ　　163
円売り　　186-7
円買い　　185, 187, 190
円高　　182, 190
エンプロイアビリティ　　23
円安　　183, 186-7, 192
欧州連合　　194
オエコノミア　　102
OJT　　151, 159
オタワ協定　　191
親会社　　92

カ 行

買いオペ　　72
外貨　　183
外貨準備　　181
会計監査　　83
会計年度　　130
外国為替市場　　9, 183
外国通貨建て　　182
介護保険　　165
外需　　51
外食産業　　101
外食率　　102
介入主義　　154
回復　　51
外部経済　　37, 178
外部性　　37
外部不経済　　37-8
開放経済　　9
価格　　7, 22-3, 25
価格受容者　　33
価格設定者　　34, 36
家計　　7, 60, 77, 106, 111, 159
家計調査　　104
家計簿　　99, 106
加工貿易　　189
貸方　　179
可処分所得　　60, 100, 105, 129
家事労働　　100-1
　　──の外部化　　101-2, 115
寡占　　34, 197
価値の尺度　　56
価値の貯蔵　　57
GATT　　195
株式　　60, 64
　　──の持ち合い　　88
株式会社　　35, 79, 96
　　──の存立構造　　79, 83
株式公開買付　　88
株式市場　　82, 87-8
株主総会　　82
貨幣の国定説　　58
貨幣の商品説　　58

為替介入　187
為替レート　182, 184, 187, 190
環境と開発に関する世界委員会　16
環境問題　15, 122
監査役　82-3, 87
関税　139, 176
関税および貿易に関する一般協定　195
間接金融　60-1, 100, 106
間接税　49, 135
完全競争　33-5, 38
完全競争市場　36
完全失業者　147
完全失業率　53, 147
完全情報　33
管理通貨制度　59
基幹税　137, 139
機関投資家　65
企業　7, 77, 111
　　――の社会的課題　96
　　――の社会的責任　96
　　――の不祥事　94
企業間関係　92, 94
企業間競争　36
企業間協調　36
企業形態の歴史的変遷過程　80
企業系列　90, 92
企業集団　88-9, 92
企業別労働組合　150-1
貴金属貨幣　57, 169
基軸通貨　185, 191, 193
稀少性　3
規制　95, 153
基礎的財政収支対象経費　132
基礎的支出　140
キチン循環　53
基本給　156
休業権　166
供給曲線　24-5, 28, 31, 153, 184
供給の価格弾力性　28
供給量　24
協業　4
競合性　127
競争社会　23, 35, 126, 157
協同組織金融機関　62, 64
業務監査　83
漁業協同組合　64

居住者　47
均衡　25, 29
均衡価格　25, 29, 31, 36, 39
均衡財政　141, 143
均衡取引量　25, 31
銀行の銀行　69
勤続年数　159
金本位制　58
金融　60
金融機関　62
金融収支　179-80
金融政策　51, 71, 74, 154, 187
金融政策決定会合　70
クズネッツ循環　54
国の安全保障　177
『暮しの手帖』　117
繰入金　105
繰越金　105
経営者支配　88
経営の透明性　86
景気　51, 76, 142
　　――の拡張期　52
　　――の後退期　52
景気基準日付　53
景気循環　8, 51, 57, 128
景気調整機能　128
景気動向指数　52
軽減税率　136, 141
経済学および課税の原理　102
経済格差　37, 39
経済学の学際性　12
経済学の制度化　17
経済活動　3, 8, 41-2, 48, 51, 198
経済財　2-3
経済史　18, 179
経済主体　7
経済循環　12-3
経済人　23
経済政策　18, 71, 179
経済成長　13, 43, 104, 148
経済成長率　42, 46, 50-1
経済的自由主義　36, 103, 125, 154, 177,
　　197-8
経済的な相互依存の関係　13, 31
経済ナショナリズム　170
経済のサービス化　45, 101

経済発展段階論　179
『経済発展の理論』　66
『経済表』　9, 11, 15-6, 30
経済問題　5
経済理論　18, 179
経常収支　179-81, 185, 192
決済　68
ケネディ・ラウンド　197
減価　183
減価償却費　10
現金通貨　59
健康寿命　29
減税　128
建設国債　142
源泉徴収　138
原前払い　10
建築循環　54
現地生産　190
硬貨　59
公害　38, 43
公開市場操作　71-2
航海条例　177
交換の媒介　56
公企業　78
好況　51
公共財　37-8, 127
公共職業安定所　148, 153
公共部門　8
好景気　128
合計特殊出生率　148
公債金　134
公債排斥論　142
合資会社　79
公私合同企業　78
構造的失業　152, 154
後退　51
公的金融機関　62, 65
公的需要　51
合同会社　80
購買力平価　186, 189
合名会社　79
ゴーイング・コンサーン　94, 96, 156, 197
CO-OP 商品　115
国際経済学　9
国際収支統計　179, 181, 185, 196

国際収支表　185
国際消費者機構　116
国際通貨基金　179
国債費　132
国際復興開発銀行　195
国税　135
国内純生産　46, 48
国内総生産　41
国富　41
『国富論』　2, 12, 106, 169
国民経済　8, 41, 45, 61, 145, 179, 197
国民生活センター　121
国民総所得　46
国立銀行条例　63
個人企業　78
固定資産税　110, 137
固定資本　4, 10, 48
固定資本減耗　10, 48-9
固定相場制　184, 187, 192
個別供給曲線　24
個別需要曲線　24
雇用者　158
雇用者報酬　49
雇用保険　129, 154, 164
『雇用，利子および貨幣の一般理論』
　142
雇用労働　100-1
婚外子　161
混合経済の社会　24
コンドラチェフ循環　54
コンプライアンス　96

サ 行

サービス収支　180-1
在庫　54
在庫品　49
在庫変動　49
歳出　130
財政　38, 127, 129
財政赤字　142
財政政策　51, 71, 135
財政投融資計画　131
財政法　70, 142
財政民主主義　134
裁定取引　186
歳入　130

事項索引　203

財の同質性　33-4
財閥　91
裁量的財政政策　129, 139, 142, 154
暫定予算　130
参入の難易度　34
GNI　47
GDP　41-2, 128, 170, 193
　　──の三面等価　48, 50
時間軸政策　75
私企業　78
市区町村税　135
資源配分　24, 32-3, 36-7, 170
資源配分機能　127
自国通貨建て　182
自己責任の社会　23
自己売買　64
自己保存　1, 5, 13, 15, 36, 43, 77, 103,
　167, 190
資産課税　136
市場　21
　　──の価格調整メカニズム　26, 32,
　125, 129
　　──の経済学　36, 40
　　──の限界　38, 118
　　──の失敗　36
　　──の成功　40
市場供給曲線　24
市場金利　72
市場経済　6, 22
市場経済社会　19, 22-3, 32, 35, 39, 71,
　77, 94, 99, 125, 198
市場需要曲線　24
JISマーク　120
自然的自由のシステム　125
持続可能な開発　16
下請系列　90
市町村民税　136
実支出　105
実支出以外の支払　105
実質GDP　42-3, 104
実収入　105
実収入以外の受領　105
地主階級　9
支払　104-5
支払準備率　67
資本　3

資本移転　181
資本移転等収支　180
資本財　4
資本市場　72
資本集約財　173
『資本主義・社会主義・民主主義』　198
資本豊富国　173
社外監査役　84
社会契約　2
社会資本　8, 41, 133
社外取締役　84
社会保障関係費　132, 140-1
借方　179
社長会　89
収穫逓減　175
就業規則　158
就業者　147, 157
自由財　3
私有財産秩序　8, 22, 39, 99, 125-6, 177
重商主義　169, 175
自由貿易　51, 172, 174, 177, 190, 194,
　197
住民税　108, 135, 141
需給均衡点　25, 31, 153
ジュグラー循環　53
出生率　148
需要曲線　24-5, 28, 31, 153, 184
需要の価格弾力性　26-7
需要不足失業　152-3
需要量　24
純財産の変動　105
純生産物　10
順なる貿易差額　169
準備預金制度　72
純輸出　49-51, 128
上級委員会　196
証券会社　60, 62, 64
証券投資　181
証券取引所　85
少子高齢社会　164, 168
上場　85
消費　1, 8, 128, 152
消費課税　136
消費財　4-5, 57, 100
消費支出　105, 110
消費者基本法　119

消費者行政　119
消費者研究所　116
消費者主権　23, 112
消費者庁　119
消費者同盟　116
消費者同盟国際機構　116
消費者の社会的責任　122
消費者の４つの権利　118
消費者保護基本法　119
消費者問題　111, 118
『消費者レポート』　116
消費税　136-7, 139-41
　　──の逆進性　141
消費生活協同組合　114
消費生活協同組合法　114
消費生活センター　121
消費生協　114-5
商品テスト　116-7, 121
情報の非対称性　36, 38, 82, 86, 112,
　152-3
食の外部化率　102
食品検疫　176
諸手当　156
所得課税　136
所得再分配機能　128
所得税　49, 129, 135-7, 139, 141
所得倍増計画　43
ジョブ型雇用　150
所有と経営　79, 81, 88
指令・計画経済　5-6
人口　145
人口置換水準　149
人口問題　145-6, 149, 167
新卒一括採用　151
信託　64
信託銀行　62, 64
人的資本　159
人頭税　137
信用緩和政策　74
信用金庫　64
信用組合　64
信用創造　66, 69
森林組合　64
垂直的公平　137
垂直貿易　174, 187, 189
水平的公平　139

水平貿易　174, 187, 189-90
スターリング・ブロック　191
スタンダード石油　35
ステイクホルダー　94-5
ストック　41
生活　99
　　──のアート　15, 168
生活設計　8, 50, 100, 108-9, 149, 151
正規雇用　50, 157-8
政策委員会　70
生産階級　9
生産財　4, 175
生産年齢人口　146
生産物市場　22
生産要素　3, 5, 22, 29, 32, 39, 94, 178
生産要素市場　22
『政治算術』　44
政治的な資源配分　38, 129
成長志向　2
西南戦争　68
製品差別化　34
政府　7-8, 51, 71, 187
　　──の活動領域　125, 154
　　──の銀行　70
　　──の社会的責任　125
政府関係機関予算　130
政府最終消費支出　49
政府支出　50, 128
生命力　1, 7, 39, 99, 101, 113, 145
世界経済　9, 15
世界貿易機関　195
絶対的生産費差のケース　171
設備投資　53, 60, 66
せり人　25
ゼロ金利政策　74
専業主婦　101
専業主夫　101
先行系列　52
全国銀行データ通信システム　68-9
先進国　174, 189
選択的支出　140
増価　182, 190
総固定資本形成　49-50
増税　128
想像上の立場の交換　166
相続税　39, 136

事項索引　205

組織　3
租税　8, 127, 134
　──の制度設計　139
租税原則　135, 139
租税国家　134
租税制度の複雑さ　137
租税法律主義　134

タ 行

第1次産業　44-5
第1次所得収支　180, 185
第1子出生時の母の平均年齢　108
対外経済　9
対外純資産　182
対外直接投資　182, 192
耐久消費財　48
大恐慌　126, 170, 190
第3次産業　44-5
退職金　156
代替財　28
対内直接投資　182
第2次産業　44-5
第2次所得収支　180
代表取締役　83-4, 151
兌換紙幣　58
谷　51
WTO　195, 198
短期金融市場　72
地域生協　114
地下経済　46
遅行系列　52
地方銀行　62
地方税　135
中央銀行　50, 58, 62, 68, 187
中間生産物　42, 47
超過供給　26
超過需要　26
長期雇用　150-2
直接金融　60, 64, 100, 106
直接税　49, 135
直接投資　181
貯蓄　8, 57, 152
賃金基金説　155, 157
賃金生存費説　155
賃金の下方硬直性　153
通貨　59, 182

通商政策　170, 175, 190
積立方式　141
定額課税　136
定款　83
定期祭市　21
停止状態　14
敵対的買収　88
デフレ　73, 187
電子契約法　121
電子マネー　59
伝統的・慣習的経済　5-6
東京オリンピック　53
東京証券取引所　85
東京・ラウンド　197
当座預金　59
投資　57, 128
投資家　61, 64, 86, 96
道徳哲学　12
道府県民税　136
ドーハ開発アジェンダ　196, 198
特殊な金融機関　62
独占　34, 197
独占禁止法　38, 92, 120
独占的競争　34
特別会計予算　130
独立生産者　77
特例国債　143
都市銀行　62
都市計画税　137
土地　3, 5, 39, 41, 100, 175
都道府県税　135
取締役会　82, 84
ドル売り　185, 187, 190
ドル買い　186-7
ドル高　183, 186-7, 192
ドル安　183, 190

ナ 行

内需　51
中食　101
2国間の金利の格差　186
日本銀行　51, 59, 62, 71-2, 187
日本銀行金融ネットワークシステム　68
日本銀行券　59, 69
日本銀行当座預金　69, 71
日本銀行法　70

日本消費者協会　118
『日本列島改造論』　133
ニューディール政策　127, 142
ネット銀行　63
年金　109
年功賃金　151, 162
年少人口　146, 148
年少人口指数　146
年前払い　10
農業協同組合　64
能力説　134, 137
ノンバンク　62

ハ 行

排除性　127
排他的経済水域　152
発券銀行　69
発行市場　85
発展途上国　122, 139, 174
万国博覧会　53
万人の万人に対する戦争　1
比較生産費差のケース　172
比較生産費論　171, 174, 193
東インド会社　17, 82
非関税障壁　176
引受け　64
非競合性　127, 134
非居住者　47
非金融非生産資産　181
非経済財　2
非市場的な慣習や慣行　198
非消費支出　105
非正規雇用　50, 157-9, 161
人びとの自主的な意思決定　23
非排除性　127, 134
ビルトイン・スタビライザー　129
比例課税　129, 136
非労働力人口　147
貧困問題　122
ファルツ継承戦争　68
フェア・トレード　122
フォワード・ガイダンス　75
付加価値　42, 175
賦課方式　141
不換紙幣　59
不完全競争　34, 36

不完全競争市場　38
不況　51
福祉国家　126
不景気　128
不生産階級　9
普通銀行　62
普通税　136
普通預金　59
物価の安定　70, 73
物品貨幣　58
物々交換　55
腐敗制限　57
部分均衡分析　29-30
フリーライダー　127
BRICs　46
ブレトン・ウッズ体制　192-3, 195
フロー　41, 179
プロセスイノベーション　29
ブロック経済　190
分業　4, 171
分業社会　13, 18, 99
紛争解決機関　196
紛争解決小委員会　196
平均寿命　109
平均初婚年齢　108
平均余命　109
閉鎖経済　9
ベイド・ワーク　100, 160, 162, 167
ベヴァリッジ報告　126
ヘクシャー・オリーン理論　172
ペティの法則　45
変動相場制　184, 187, 192
貿易　169
貿易・サービス収支　180-1, 185
貿易収支　180-1, 189
貿易摩擦　190
邦貨　182
法人企業　78
法人税　49, 53, 136-7, 139
『法の精神』　83
ポートフォリオ　106, 186
保険会社　62, 65
保護貿易　176
募集・売出し　64
補助金　49
補正予算　130

事項索引　　207

本源的生産要素　3-5
本予算　130

マ　行

マイナス金利政策　75
摩擦的失業　152
マッカーシズム　116
みえざるものの貿易　196
みえるものの貿易　196
民間金融機関　62
民間最終消費支出　49
民間需要　51
民間部門　8, 127
無限責任社員　79
無担保コールレート（オーバーナイト物）
　72-4
名目 GDP　42, 46
メンバーシップ型雇用　150
目的税　136
持株会社　35, 62, 91

ヤ　行

山　51
有限会社　80
有限責任社員　79
有効求人倍率　148
友好的買収　88
融資　66
郵政事業の民営化　63
優良企業　86
輸入課徴金　176
輸入割当制　176
幼稚産業　177
預金　66
預金通貨　59, 66

欲望の多様性　1
欲望の二重の一致　55-6
予算　127, 130
予算単一の原則　131
余剰資金　60, 186
余剰のはけ口　51, 171

ラ　行

ライフサイクル　108, 165
ラチェット効果　140
リヴァイアサン　191, 193
利益説　135
リコール制度　119
利己心　25-6, 36
流通市場　85
流動資本　4, 10
量的緩和政策　74
旅行収支　182
累進課税　128-9, 135-8
労働市場　22, 152
労働集約財　173
労働所有権論　57
労働豊富国　173
労働力　3, 5, 7, 39, 100, 145, 159, 171
労働力人口　147-8, 162
労働力人口比率　147, 163
労働力調査　147
老年人口　133, 146
老年人口指数　146
6 大企業集団　89, 93
ロッチデール公正先駆者組合　113, 115

ワ　行

ワーク・ライフ・バランス　167-8
ワンセット主義　90-1

著者紹介

髙橋 信勝（たかはし のぶかつ）

1971 年　宮城県に生まれる
1993 年　明治大学政治経済学部政治学科卒業
2000 年　明治大学大学院政治経済学研究科
　　　　経済学専攻博士後期課程退学
現　在　明治大学政治経済学部教授
専　攻　経済学史，経済思想
主要著作
『マルサスと同時代人たち』（共著）日本経済評論社，2006 年
『経済思想の源流』（共著）八千代出版，2008 年
『ウエスタン・インパクト――近代社会経済思想の比較史』（共著）
　東京堂出版，2011 年
『経済思想――その歴史的視点から』（共著）学文社，2015 年
『マルサス人口論事典』（共著）昭和堂，2016 年

経済認識の扉

2019 年 6 月 25 日　第 1 版 1 刷発行
2022 年 5 月 16 日　第 1 版 2 刷発行

著　者――髙 橋 信 勝
発行所――森 口 恵 美 子
印刷所――壮 光 舎 印 刷
製本所――渡 邉 製 本
発行所――八千代出版株式会社
　　　　〒101
　　　　-0061　東京都千代田区神田三崎町 2-2-13
　　　　TEL　03-3262-0420
　　　　FAX　03-3237-0723
　　　　振替　00190-4-168060

＊定価はカバーに表示してあります。
＊落丁・乱丁本はお取替えいたします。

ISBN 978-4-8429-1749-8　　　　© 2019 N. Takahashi